민족의 스승
김교신의 삶과 교육

강선보
김정환
박의수
송순재
양현혜
임희숙

김교신 선생(1901~1945)

머리말

김교신은 누구인가?

우리 근대사에서 그를 발견하고 탐구하였던 김정환(전 고려대 명예
교수, 2019년 작고)은 김교신을 "종교를 교육의 기초로 생각하고, 민족
적 기독교를 모색하고, 그런 인식에서 평생 민족사학의 평교사로 일
관하다 조국 광복을 넉 달 앞두고 사망한, 빼어난 능력과 사상을 갖
춘 교사"로 평하면서 다음과 같이 덧붙였다.

　　… 김교신이라 하면 종교를 떠나서 생각할 수 없고, 또 교육을 떠
　나서 생각할 수 없다. 그의 삶에서 종교와 교육은 하나가 되었다. 그
　는 "종교는 나의 본업이요, 교육은 나의 부업이다"라고도 했다. 그런
　데 이 부업에 더 열성적이었다. 그리고 이 부업을 지키다 세상을 떠
　났다. 본업은 부업 없이는 이루지 못할 것임을 인식했기 때문이다…

주지하다시피 김교신은 무교회주의자이다. 김정환의 해석과 평가처럼 그는 종교인이자 교육가였지만 교육적 사명을 종교적 사명 못지않게 중시하였는데, 그 이유는 교육의 열매가 종교의 열매 못지않게 크다고 여겼기 때문이었다. 이처럼 종교적 차원과 더불어 교육에 쏟아 부은 김교신의 정성과 그 성과는 참 이례적이고 놀라운 것이었다. 그럼에도 불구하고 교육적 차원의 연구는 학위논문 이상의 수준에서 더 이상 깊이 있게 천착되지 못했다. 그것은 김교신의 종교적 삶과 신학이 무교회주의를 둘러싼 여러 우여곡절에도 불구하고 심도 있게 연구되고 그에 상응하는 역사적 평가를 받게 된 것에 비해 유감스러운 부분으로 남아있었다.

김교신이 주업 못지않게 중시했던 교육적 차원의 연구가 거의 없다가 70년대부터 김정환(당시 고려대 사범대학 교육학과 교수로 재직)에 의해 조금씩 연구되기 시작하였다. 그리하여 김정환이 발표한 김교신 교육관련 글들이 『김교신』(한국신학연구소, 1980)과 그 개정판인 『김교신: 그 삶과 믿음과 소망』(한국신학연구소, 1994)에 삽입되어 널리 소개되기에 이르렀다. 특히 김정환은 고려대 재직 당시 교육학개론과 교사론 시간에 교사로서의 김교신을 열정적·감동적으로 강의하였다. 따라서 고려대에서 김정환의 교육학 강의를 수강한 학생들은 모두다 김교신을 위대한 교사로 알고 있다. 아래의 일화는 그와 관련되기에 소개한다.

2015년에 양정중·고에서 "〈2015 양정의 스승〉 김교신 선생님 (1901-1945) 서거 70주년 기념포럼"이 개최되었는데 이화여대 양현혜 교수와 고려대 강선보 교수가 발표자와 논평자로 참석하였다. 포럼 말미에 당시 참석한 양정 교직원들 및 졸업생들과의 질의응답시간에 강선보 교수가 "혹시 이 자리에 참석하신 분들 중에 학창시절에 김교신에 관한 강의를 들으신 분이 계시나요?"라고 질문하자 교사 한분이

손을 들었다. 그래서 강선보 교수가 "혹시 고려대 사범대학을 졸업하
셨나요?"라고 되묻자 그렇다고 하였다. 김정환 교수의 강의를 들은 것
이었다!

김정환의 이야기가 다소 길어진 것은, 그가 교육적 측면에서 김
교신을 강의하고, 연구하고, 평가하는데 선구적 기여를 하였기 때문
이다. 그가 열정적으로 대학 강단에서 김교신을 강의하고 연구발표
하면서 70년대 이후부터 전국의 교육대학원을 비롯해 일반대학원과
신학대학원 등에서 김교신의 교육에 관한 논문들이 나오기 시작하
였다.

이렇듯 김교신에 대한 교육적 관심의 증폭에도 불구하고, 김교신
의 교육관련 단행본이 아직껏 한 권도 없다는 필자들의 공통적인
아쉬움이 본 저서를 꾸미게 된 계기가 되었다. 즉 2016년 '김교신선
생기념사업회' 주관으로 이화여대에서 개최된 김교신 추모학술대회
(주제: 김교신, 한국교육의 길을 묻다)에 강남대 박의수 교수와 고려대
강선보 교수가 발표하고, 그 이후에 양현혜 교수와 의견교환을 하던
중에 김교신의 교육관련 논문들을 한데 모아 교육저서를 발간하자
는 데 뜻을 같이하였다. 뒤이어 김교신 교육논문을 발표한 감신대의
송순재 교수, 한신대의 임희숙 교수와 의기투합하여 김교신 교육저
서를 발간하기로 하였다. 물론 여기에 고 김정환 교수의 소중한 원
고도 유가족과 한국신학연구소 출판사의 동의하에 함께 게재할 수
있게 되어 더욱 빛을 발하게 되었다. 이 자리를 빌어 유가족과 한국
신학연구소에 깊은 감사를 드린다.

이러한 배경 하에서 출판하게 된 이 책의 몇 가지 의미를 다음과
같이 새겨보고 싶다.

우선, 상술한 바와 같이, 이 책은 김교신과 관련된 최초의 교육단
행본이라는 점에서 큰 의미가 있다. 그동안 종교인으로서의 김교신

보다는 교육가로서의 김교신 연구가 미진했던 것이 사실이다. 이 책이 종교인이면서 교육가였던 김교신의 면모가 어느 한 쪽으로 치우치지 않고 전체적으로 드러날 수 있도록 길잡이가 되어주고, 나아가 본격적인 김교신 교육저작들을 위한 마중물로서 의미를 지니기를 희망해 본다.

둘째, 대학원생이나 학자가 김교신 교육연구를 하고자 할 때 학자들의 선행연구물이 별로 없어 김교신 원전을 중심으로만 논문을 작성해야만 하는 어려움이 있었던 것이 사실이다. 이에 학자들의 김교신 교육연구물들을 함께 모아둔, 일종의 김교신 교육연구의 기초자료집 성격의 단행본이 있으면 좋겠다는 생각들을 여러 연구자들이 하여왔는데 이 책이 바로 이러한 요구에 부응할 수 있어 초기 연구자들에게 큰 도움을 줄 수 있을 것으로 기대한다.

셋째, 이 책의 연구자들은 신학자들과 교육학자들이다. 물론 동일 주제 하에 공동연구를 한 것은 아니지만, 서로 다른 전공의 시각에서 김교신의 교육적 측면을 분석했다는 점에서, 큰 틀에서 보면 신학자와 교육학자의 연구협업이라 할 수 있다. 이것이 토대가 되어 신학자와 교육학자가 공동연구자가 되어 머리를 맞대고 김교신의 전체적인 면모를 더욱 깊고도 넓게 탐구할 수 있기를 바란다.

오늘날의 한국교육은 여전히 위기상황이다. 그 해결 실마리를 과연 어디에서 찾아야 할 것인가? 우리는 그 희망의 빛을 김교신에게서 찾아보고 싶다. 교육(敎育)의 어원을 분석해 보면 그 핵심이 '모범'과 '사랑'임을 알 수 있다. 교육의 성자인 페스탈로찌는 "최선의 교육내용과 방법은 사랑 그 이상도 그 이하도 아니다"라고 하였다. 모범적인 삶을 살고, 제자 사랑이 너무나 애틋했던 김교신은 '김교신이라는 인간 그 자체가 최선의 교육내용이자 방법'이었다. 진정 우리의 교육이 사회의 등불이 되고자 한다면, 김교신 같은 교사들이 학교현장에서 풀뿌리처럼 자생해야 한다. 우리 모두는 그러한 자질을 지닌 예비교사들을 발굴하고, 키우고, 보호해야 한다. 우리는 그 가능성을 교사 김교신에게서 보았고, 따라서 이 책이 그러한 가능성의 실현에 조금이라도 보탬이 되기를 바랄 뿐이다.

끝으로 본 저서의 출판에 흔쾌히 동의해 주시고 지원해 주신 박영스토리의 노현 대표이사님과 예쁘게 편집해 주신 편집부 여러분들에게 깊은 감사를 드린다

2021년 4월 20일
저자들의 위임을 받아
강 선 보 씀

차 례

김교신의 생애

김정환·송순재

김교신의 생애

김교신은 1901년 4월 18일 함흥 사포리에서 유교 중산층 가문인 아버지 김염희(金念熙)와 어머니 양신(楊愼) 사이에서 장남으로 태어났다. 한일합방 10년 전이다. 당시로서는 유력한 가문으로 함흥차사 박순과 함께 함흥에 갔다가 죽음을 면한 김덕재의 후예라 한다.

3살 때 부친이 폐암 투병 끝에 세상을 떠나자 홀어머니 밑에서 자라났다. 하지만 대대로 집안이 넉넉하여 경제적 어려움은 없었다. 1912년 함흥 주북의 한씨 가문으로 네 살 연상인 한매(韓梅)와 결혼했다. 열한 살이니 조혼이나 이는 당시 부잣집 관행이었다. 자녀로는 2남 6녀를 두었다. 부인과 함께 평생 동거동락하면서 헌신적으로 가정을 일구었고 또 가정을 하나의 살아있는 교육공동체로 만들어 냈던 것으로 전해진다.

어릴 적부터 서당에 다녀 상당한 수준의 학업을 쌓았고, 이를 기반으로 함흥공립보통학교와 중등교육기관인 함흥공립농업학교에 진학했다. 19세가 되던 해인 1919년 3월 학교를 마쳤다. 3·1운동 때에는 밤 새워 태극기를 만들어 집안 소년들이 학교와 예배당에 배포

하도록 했다고 한다. 이후 청년 김교신은 향학열과 민족의 미래를 위한 염원에 불타 일본으로 건너갔다. 처음에는 대학입시 준비를 위해 1919년 각종학교인 동경의 세이소쿠(正則) 영어학교에 입학했고, 당대 저명한 영문학자인 사이토 히사부로(齊藤秀三郎)에게서 배웠다.

그러던 중 동경 우시코메구 야라이정(牛込區 矢來町)에서 노방 전도 설교를 듣고 입신을 결심하게 된다. 당시 유교적 인생관과 사회관에 한계를 느껴 몹시 고민을 하고 있던 차에 하나의 새로운 계기를 만나게 된 것이다. 그는 야라이정 홀리니스 성결교회에 출석하여 그해 세례를 받았다. 1920년 4월의 일이었다. 예수의 산상수훈에서 공부자(孔夫子)의 가르침을 넘어서 고원한 도덕적 이상에 이를 수 있다는 희망에 고취되었던 것이 그 주된 이유였다.

그러나 그로부터 몇 달 뒤인 11월, 시미즈(靑水) 목사가 반대파의 음모로 축출되는 내분 사태에 접하여 충격을 받고 절망하여 교회 출석을 그만두게 된다. 교회가 너무도 세속적이고 비인간적이라든지 하는 점에서 체질상 결함이 많은 곳임을 직시하게 된 것이다. 교회를 떠나 방황을 한 지 반년 정도 지나 그는 무교회주의의 창도자이자 위대한 성서학자이며 일본의 대표적 지성인 우치무라 간조(內村鑑三, 1861–1930)의 신앙노선에 접하게 되었다. 김교신은 1921년 1월부터 7년 동안 그의 성서강연회에 참석하여 성서를 깊이 연구하게 된다.

22세 되던 때인 1922년, 명문으로 손꼽히던 동경 고등사범학교의 영어과에 입학했지만 그 이듬해에는 뜻한 바 있어 중도에 그만두고 지리 박물과로 옮겨 갔다.

기독교 신앙 수련은 대학공부와 함께 꾸준히 이루어졌으며, 이때 우치무라로부터 심대한 영향을 받게 된다. 당시 우치무라는 심혈을 기울인 로마서 연구를 중심으로 강의를 진행했는데, 최고봉의 경지에 이르렀던 명강의로 알려져 있다. 김교신은 맨 앞줄에 앉아 힘을

다해 강의를 경청했다. 그때 김교신에게 삶의 결정적 전환점을 가져
다 준 속죄의 체험이 일어났다고 한다. 이 모임에는 김교신 외에도
송두용, 유석동, 양인성, 정상훈, 함석헌 등도 참석했으며, 그 인연으
로 이들은 함께 뜻을 모아 '조선성서연구회'를 조직하고 우리말로
성경 연구를 시작했다. 1925년부터는 성서희랍어도 배워 성서를 원
문으로 읽기 시작했다. 모임을 꾸리자고 단서를 제공한 것은 송두용
이었다. 이들은 조선으로 돌아가면 조선민족의 영혼을 구원하기 위
한 모임과 연구를 계속하기로 굳게 다짐했다.

대학은 입학한 지 5년이 지난 1927년 3월 졸업했다. 조선으로 돌
아와 고향인 함흥 영생여자고등보통학교에서 처음 교직생활을 시작
했다. 당시 제자 중에는 여류 문인인 임옥인 씨가 있었다.

1927년 7월, 그의 삶에서 특기할 만한 일에 참여하게 되는데, 함
석헌, 송두용, 정상훈, 류성동, 양인성 등과 함께 창간한 격월간지
『성서조선』이 바로 그것이다. 월간지는 40쪽 정도의 분량이었다. 처
음에는 주간을 맡았던 정상훈을 도와 힘써 일하다가, 3년 뒤 동인들
이 개인사정으로 더 이상 적극적으로 참여할 수 없게 되자 제16호
(1930년 5월호)부터는 주간을 맡아 월간으로 개편 발행하기 시작했다.
이 잡지에서는 주로 성서연구, 민족, 신앙, 외국의 교파·교리 등과
아울러 시사평, 교회평, 교육평 등이 다루어졌다. 또 이 무렵에 경성
에서 매 주일 성서연구회가 시작되었다. 성서연구회는 1933년부터
는 매해 여름과 겨울(연초나 연말)에 일주일 동안 열렸고 십여 년에
걸쳐 계속되었다.

김교신은 이 해에 함흥을 떠나 경성의 양정고등보통학교로 자리
를 옮겼는데, 그것은 위에서 말한 성서연구 일에 몰두하기 위해서
였다. 그곳에서 그는 십 년간 재직하면서, 학문적으로나 교육적으로
뛰어난 지리 박물 교사로서, 민족혼을 고취하며 도덕적·종교적 차
원에서 삶의 길을 가리켜 보인 큰 선생으로서 학생들에게 깊은 영

향을 끼쳤다. 이때 그의 제자로서는 어린이 운동의 개척자인 새싹
회의 윤석중, 덴마크 농촌운동을 우리나라에 조직적으로 소개한 류
달영, 베를린 올림픽 마라톤 우승자인 손기정, 그리고 이보형, 손정
균, 김헌직, 박의정, 구건, 심창유, 이경종, 백오현, 엄규백 등 유력
한 인사들을 들 수 있다. 김교신의 교사로서의 삶의 면모는 이들
제자들을 통해서 알려지게 되었다. 그의 감화력을 통해 성장하여
해방 후 우리 사회에 크나 큰 영향을 끼친 인물들은 그 외에도 수
다하였다.

　양정고보에서 근무를 시작한 지 십여 년이 지난 1940년 3월 그는
학교를 그만두게 된다. 복음 전도를 위한 열망 때문이었다고 한다
(기독교 신학공부를 위한 미국유학 준비 때문이었다는 설도 있다). 그로부터
한 달 뒤인 4월에는 함석헌과 함께 공저 『우치무라 간조와 조선』을
출간했다. 그러나 교직에 대한 미련은 여전히 남아있었다. 그러던
중 동경고등사범학교의 선배인 이와무라(岩村) 교장의 간곡한 권유
로 동년 9월에 다시 공립 경기중학교 교사로 부임하였다. 하지만 그
는 학교가 식민지 관리로 출세하려는 학생들이나 제국주의 교육정
책의 앞잡이나 기르려하는 데 대해서 더 이상 견딜 수 없었다. 이
상황에서도 그는 자신의 신조에 따라 꿋꿋이 가르치고자 했기에, 드
러내 놓고 민족혼을 고취하며 불온한 교육을 했다는 이유로 6개월
만에 강제 사직을 당하게 되었다. 짧은 기간이었음에도 불구하고 이
곳에서 그를 흠모하며 따르는 많은 제자들을 얻을 수 있었다. 송욱,
박을용, 최치환, 민석홍, 홍승면, 박태원, 김성태, 구본술, 장석, 서장
석, 김예환, 신형식 등이 그런 이들이었다. 이들은 모두 후에 우리
사회 각계각층에서 유력한 위치에 서게 되었다.

　그는 참으로 잘 가르쳤다. 이는 당시 그에게 배웠던 학생들은 물
론, 이와무라 교장도 김교신의 교육을 일본의 메이지 유신(明治維新)
의 선각자들을 배출한 요시다 쇼인의 '쇼카손주쿠'(松下村塾)보다 더

뛰어난 것으로 평가했을 정도였다.

경기중학교를 떠난 후 그는 1941년 10월 개성의 송도중학교로 옮겨갔다. 개성은 그가 가장 사랑했던 제자 류달영이 교사로 일했던 기독교 학교이자 민족사학 호수돈여학교가 있는 곳이었다. 그러나 이 길도 순탄치 않았는데 부임한 지 6개월 만에 발생한 필화사건 때문이었다. 김교신은 『성서조선』제158호(1942년 3월)에 권두언 "조와"(弔蛙, 개구리의 죽음을 애도함, 전집 1: 38)를 실었는데, 혹한에 동사한 개구리들도 있었지만 그럼에도 살아남은 두 마리 개구리의 정경을 묘사한 이 글에 대해 검찰은 개구리의 생명력을 빌어 민족의 희망과 저항 정신을 표현했다는 혐의를 씌웠다. 이로 인해 김교신은 함석헌, 송두용, 유달영 등 12명과 함께 미결수로 서대문 형무소에 투옥되었고 『성서조선』구독자 300여 명도 함께 검거되었다. '성서조선사건'으로 일컬어진다. 송도중학교 교사직이 지속될 수 없었음은 물론이다. 이렇게 하여 12년 동안 일제의 혹독한 검열과 간섭을 견디면서 발간되어 오던 『성서조선』은 폐간의 운명을 맞게 되었다.

권두언 전문은 다음과 같다.

〈조와〉

작년 늦은 가을 이래로 새로운 기도처가 생겼다. 층암이 병풍처럼 둘러싸고 가느다란 폭포 밑에 작은 담을 형성한 평탄한 반석 하나 담 속에 솟아나 한 사람이 꿇어앉아서 기도하기에는 천성의 성전이다. 이 반상에서 혹은 가늘게 혹은 크게 기구하며 또한 찬송하고 보면 전후좌우로 엉금엉금 기어나오는 것은 암색에 적응하여 보호색을 이룬 개구리들이다. 산중에서 대변사나 생겼다는 표정으로 신래의 객에 접근하는 개구리들, 때로는 5, 6마리 때로는 7, 8마리.

늦은 가을도 지나서 담상에 엷은 얼음이 붙기 시작함에 따라서 개구리들의 기동이 일복일 완만하여지다가 나중에 두꺼운 얼음이 투명을 가린 후로는 기도와 찬송의 음파가 저들의 이마에 닿는지 안 닿는지 알 길이 없었다. 이렇게 격조하기 무릇 수개월여!

봄비 쏟아지는 날 새벽, 이 바위 틈의 빙괴도 드디어 풀리는 날이 왔다. 오래간만에 친구 개구리들의 안부를 살피고자 담 속을 구부려 찾았더니 오호라, 개구리의 시체 두세 마리 담 꼬리에 부유하고 있지 않은가!

짐작컨대 지난 겨울의 비상한 혹한에 작은 담수의 밑바닥까지 얼어서 이 참사가 생긴 모양이다. 예년에는 얼지 않았던 데까지 붙은 까닭인 듯, 동사한 개구리 시체를 모아 매장하여 주고 보니 담저에 아직 두어마리 기어다닌다. 아, 전멸은 면했나보다!

김교신은 창씨개명을 대놓고 끝까지 거부했다. 당시 살벌했던 일제의 창씨개명 정책이 악명을 떨쳤을 때 그가 견지했던 저항적 자세는 실로 보기 드문 것이었다.

1943년 3월 29일, 1년간의 수형생활을 마친 후, 그는 해방의 날이 임박했음을 암시하면서 전국 각지는 물론 만주에 이르기까지 순회하면서 몸으로 혹은 서간으로 신앙동지를 격려하였다. 그러던 중 1944년 7월, 그는 당시 일본의 국책 회사인 흥남 소재 질소비료공장에 입사했다. 강제 징용으로 끌려가 일하는 5천 명이나 되는 조선 노동자들의 처참한 상황에 대해 듣고 이들과 함께 하기 위한 목적에서 또한 일제가 패망하면 우리 손으로 질서 있게 공장을 접수해야겠다는 생각 때문이었던 것으로 전해진다. 그곳 서본궁(西本宮) 공장에서 그는 주택 계장 직을 맡아 조선 노동자들의 교육, 의료, 주택, 복지 등을 위해 힘쓰다가 당시 유행하던 장티푸스에 감염되었고 단 일주일 만에 죽음을 맞게 되었다. 1945년 4월 25일, 그의 나이 44세였다. 그렇게도 기다리던 해방을 넉 달여 앞두고 거목은 그렇게 쓰러져 갔다. 어떻게 보면 그는 불교계의 한용운과 비슷해 보인다.

역사가 강요했던 흑암과 난해하기 이를 데 없었던 삶의 굴곡 속에서도, 자아라는 삶의 세계를 탐구함에 있어서, 억압과 사슬에 얽매인 조선 민족에 생명을 불어넣기 위하여, 참된 종교의 빛을 궁리하여 밝히고자 함에 있어서, 또한 시대를 뛰어넘는 혜안으로 민족교육을 위해 혼신의 힘을 쏟아 부었지만 마침내 비극적으로 죽음을 맞이한 천부적 교사 김교신은 한국의 근·현대사에 불후(不朽)의 족적을 남겼다. 그리고 우리는 이제 비로소 그를 본격적으로 탐사할 수 있게 되었다. 그 정당한 의미는 그의 동료, 가깝게는 함석헌 등과의 관계 속에서 그리고 그의 선생 우치무라 간조와의 관계에 비추어 또한 동시대 조선의 위대한 교육자들과의 비교를 통해서 좀 더 정교하게 해명될 수 있으려니와, 어떤 점에서는 세계적 맥락에서의 비교교육학적 시각을 필요로 하기도 한다.

생애에 대한 이 장의 서술은 이 책에 실린 여러 글들을 이해하기 위한 하나의 배경을 제공해 줄 수 있을 뿐만 아니라, 그 여러 글들은 이 서술에서 대강 소개하고 있는 부분과 문맥들을 좀 더 상세히 밝혀줌으로써 생애의 전체적 상을 파악하는 데 도움을 줄 수 있을 것이다.

민족 정신사적 업적

김정환

민족 정신사적 업적[*]

　『성서조선』에는 시사평, 교회평, 교육평도 실렸으나 가장 큰 비중을 차지한 것은 성서연구, 민족적 신앙, 그리고 외국의 교파 교리나 외국의 선교회로부터의 독립 신앙이었다. 이런 자세와 신앙 방식은 많은 업적을 낳게 했는데, 그 자신의 저작으로는 『산상 수훈 연구』(1933)가 있고 동지로 하여금 저술하게 한 것은 함석헌의 『성서적 입장에서 본 조선 역사』(『성서조선』 제61~81호 연재)가 있으며, 제자로 하여금 쓰게 한 명작으로는 심훈의 『상록수』의 주인공의 전기인 류달영의 『농촌 계몽의 선구 여성 최용신 소전』(1939)이 있다. 이것으로 이 잡지의 성격이나 이들의 신앙의 방향이 무엇이었던가를 우리는 대략 알 수 있다. 저자는 이들의 기본적인 입장을 민족적·민중적·토착적 기독교 이념이라 보아야 한다고 말한 바 있다.

　이들의 이런 입장은 『성서조선』의 창간사에 뚜렷하게 선언되어 있다. 그 중 몇 절만을 추려서 소개한다.

---

* 이 글은 『전인교육의 이념과 방법』(박영스토리, 2014)에 게재된 글임을 밝힘.

〈창간사〉

하루아침에 명성이 세상에 자자함을 깨어 본 바이런은 행복스러운 자이었다마는 "하루 저녁에 아무런 대도 조선인이로구나!" 하고 연락선 갑판을 발 구른 자는 둔한 자이었다.

나는 학창에 있어 학욕에 탐취하였을 때에 종종 자긍하였다. "학문엔 국경이 없다." 장엄한 회당 안에서 열화 같은 설교를 경청할 때에 나는 감사하기 비일비재이었다. "사해에 형제 동포라"고 단순히 신수하고 에도성의 내외에 양심에 충하고 나라를 사랑함에 절실한 소수자가 제2 국민의 훈도에 망식 몰두함을 목도할 때에 나의 계획은 원대에 이르려 함이 있었다. "옳은 일을 하는 데에야 누가 시비하랴?"고, 과연 학적 야심에는 국경이 보이지 않았다. 애적 충동에는 사해가 흉중의 것이었다. 이상의 실현에 이르려는 전도가 다만 양양할 뿐이었다. 때에 들리는 일성은 무엇인고? "아무리 한 대도 너는 조선인이다!"

아, 어찌 이보다 더 무량의 의미를 전하는 구가 있으랴? 이를 해하여 만사 끝장이요, 이를 해하여 만사 이룸이로다. 이에 시선은 초점에 합함을 얻었고, 대상은 하나님임이 명확하여지도다. 우리는 감히 조선을 사랑한다고 대언하지 못하나 조선과 자아와의 관계에 대하여 겨우 '무엇'을 지득함이 있는 줄 믿노라. 그 지만함이야 어찌 웃음을 대하리오만 …… .

다만 동일한 최애에 대하여서도 그 표시의 양식이 각이함은 부득이한 사세이다. 우리는 다소의 경험과 확신으로서 오늘의 조선에 줄 바 최진최절의 선물은 신기치도 않은 구신약성서 일 권이 있는 줄 알 뿐이로다 …… .

다만 우리의 염두의 전폭을 차지하는 것은 '조선'의 두자이요, 애인에게 보낼 선물은 성서 한 권 뿐이니 양자의 일을 버리지 못하여 된 것이 그 이름이었다 …… .

『성서조선』아, 너는 우선 이스라엘 집집으로 가라. 소위 기성 신자의 손을 거치지 말라. 그리스도보다 외인을 예배하고 성서보다 회당을 중시하는 자의 집에서는 그 발의 먼지를 털지어다.

『성서조선』아, 너는 소위 기독신자보다 조선혼을 가진 사람에게 가라, 시골로 가라, 산촌으로 가라, 거기서 나무꾼 한 사람을 위로함으로 너의 사명을 삼으라.

『성서조선』아, 네가 만일 그처럼 인내력을 가졌거든 너의 창간일자 이후에 출생하는 조선 사람을 기다려 면담하라, 상론하라.

동지를 한 세기 후에 기한들 무엇을 탄할손가.

(1927년 7월)

이 창간사는 몇 번 읽어도 감동이 새로워진다. 우리의 삶에는 분명 국경이 있으며, 따라서 우리의 믿음에도 민족의 혼이 깃들어야 하며, 그러기에 우리의 기독교는 버터 냄새 나는 기독교가 아니요, 김치 냄새 나는 기독교여야 하는데, 그것은 시골, 산촌의 민중들의 가슴에 뿌리를 내리지 않고는 기할 수 없으며, 길고도 긴 교육을 통해서 이룩될 수밖에 없다. 창간사는 이것을 말한다.

이들의 민족적·민중적·토착적 기독교의 이념은 필연적으로 기성의 기독교와 조직적 교회와의 갈등을 일으킨다. 그리하여 그들은 그의 신앙의 스승 우찌무라의 사상을 본받아 '무교회', 즉 타락하고 버터 냄새 나는 교회를 떠나서 원시 기독교의 소박하고 순수한 믿음과 믿음의 방식을 다시 찾으려 한다. 이것이 '교회 밖에서, 교회 없이' 기독교를 믿으려 한 이들의 '무교회' 운동이었고, 실은 그 기관지가 『성서조선』이었다. 이들은 이 믿음의 방식을 루터의 종교 개혁을 가장 철저하게 이룩할 방식으로 생각했다.

이런 그들의 입장은 최근에는 교회사가인 민경배 교수에 의하여 '민족 교회관'이란 표현으로 높이 평가되기에 이르렀다. 이제 이들의 무교회 기독교의 입장을 기성의 교회와 어느 점에서 결정적으로 다른가를 비교하면서 밝혀보기로 하자.

첫째는 그 민족적 성격이다. 이것은 『성서조선』의 창간사에서 이미 본 바 있거니와 그들은 이런 생각을 스승 우찌무라에게 깨우침을 받았다. 사실 우찌무라에게는 적이 둘 있었다. 하나는 말할 것도

없이 일본의 군국주의였고 또 하나는 문화 식민 세력으로서의 '외
국' 기독교였다.

이 스승의 적이 바로 이들 동인들의 적이기도 했다. 이들도 끝까
지 일본 군국주의와 싸웠고, '외국' 기독교와 싸웠다. 일제가 단말마
적으로 한국의 기독교에 압력을 가했을 때 거의 모든 한국 교회가
신사참배하였다. 그러나 끝까지 거부하고 순교자를 내거나 학대를
받은 종파가 둘 있었다. 그것은 고려신학파와 무교회파였다. 이것은
참으로 특기해야만 할 사실이다.

둘째는 민중적인 성격이다. 민족을 구성하는 중핵층인 민중 속에
파고들지 못하는, 그리고 그들의 생활 속에 소화되지 못하는 기독교
는 우리의 기독교일 수 없다는 생각이다. 이런 입장은 역시 창간사
에 역력히 나타나 있다.

이 민중적 성격은 이들로 하여금 이 세속의 사회에서 하나님에게
맡겨진 각자의 직업을 귀히 여기는 직업성소관으로도 전개된다. 이
들은 하나도 소위 신학으로 또는 '성직'으로 밥을 먹는 사람이 없다.
각자 농민으로, 기술자로, 교사로, 의사로, 상인으로 하나님에게 봉
사하는 것을 삶의 이상으로 삼고 있다. 이런 세속적 직업을 예술적
인 경지에 이르기까지 완성시킴으로써 자기를 실현하고 이웃에 봉
사하고 하나님에게 예배한다.

'무교회' 회원들에게는 유지해야 할 교회도 없고 생계를 보아 주
어야 할 성직자도 없다. 그리기에 믿는 데 일체 돈이 안 든다. 그러
면 십일조 문제는 어떻게 하는가? 각자 처지대로 하나님 앞에서 사
회에 환원하는 것이다. 어느 의사는 농촌을 순회하면서 일 년에 수
십 건 무료로 개안 수술을 해준다. 이것이 이 분의 십일조다. 교사
는 교직에서, 상인은 시장에서 이렇게 십일조를 바칠 수 있다는 게
이들의 논리다.

셋째는 반교권적 성격이다. '무교회'는 회당을 지니지 않는다. 두

사람이 모여 기도드리는 바로 그곳이 진정한 교회라 여긴다. 그러기에 가정이 교회일 수 있고, 학교가 교회일 수 있고, 시장이 공장이 교회일 수 있다. '무교회'는 성직제도를 갖지 않는다. 목사도 없고 장로도 없고 권사도 없다. 또 이들에게는 의식이 없다. 성찬식도 없고 세례식도 없다. 목사나 신부를 통해 얻어 먹는 빵이나 포도주에 과연 의식 이상의 의미가 있는지, 이들은 바로 이것에 회의를 갖는다. 감사 기도하며 먹는 음식이 성찬일 수 있고, 하나님께 어느 날 불로 받는 세례가 진정한 세례라고 믿는다.

성경 연구 이외의 조직도 없다. 이들은 각자 하나님 앞에서 믿음을 고백하고 하나님에게 직접 죄를 고백한다. 하나님과 사람 사이를 가로막는 교회를 이들이 싫어하는 이유도 여기에 있다. 성서 해석도 자유다. 각자 믿음의 분수대로 하나님이 주시는 은사대로 성경을 읽는다. 그러기에 이들은 '일인 일교회, 만인 제사'가 이상이다. 이래서 그들은 조직을 유지할 교권을 필요로 하지 않으며, 또 교권이란 활달하고 자유로운 순수 복음 신앙을 가로막는 것으로 혐오한다.

넷째는 성경 연구 중심적 성격이다. 일반 교회와 이 '무교회'가 결정적으로 다른 점은 이 점이다. 이들은 성경 연구를 철저히 하며, 성경 연구를 하기 위해 모인다. 따라서 모임 자체에 의미가 있는 게 아니고 성경 연구에 의미가 있다. 이런 모임은 전국에 몇 군데 있다. 매 주일 장소를 정해 놓고 모이는 곳도 있고, 한 달에 한두 번 모이는 곳도 있다. 그러나 그 참석이 의무화되어 있지 않다. 학교에서 학생을 대상으로 교사가 주관하는 성서연구회도 있다.

무교회 회원 중에는 아예 이런 모임에 나가지 않고 매일 자기 집에서 성경 연구를 하고 가족과 예배하는 사람도 있다. 조직적인 성서연구회일 경우 하나 전통이 있다. 한 선생 밑에서 10년 이상 배우지 말라는 것이다. 10년 되면 이제 독립하여 자기 혼자서 연구하거나 자기 모임을 따로 가져야 한다. 그렇지 않으면 '무교회'도 '교회'

가 될 것이기 때문이다.

다섯째는 섭리 사관에 입각한 민족 신학적 성격이다. 참새 한 마리라도 하나님의 뜻이 아니면 땅에 떨어지지 않는다. 이 민족의 몇 천년에 걸친 고난의 역사도 하나님이 주신 것이다. 무엇 때문인가? 하나님이 민족을 쓰셔서 귀한, 새로운 역사를 개척하시고자 하기 때문이다.

그래서 성경을 통해 이 민족의 역사를 해석하여 하나님이 주신 이 민족의 섭리사적 사명을 찾아야 한다. 그 사명의 발견과 자각은 이 민족만이 할 수 있다. 칼 바르트가 주겠는가? 에밀 브루너가 주겠는가? 이래서 '무교회'는 이 민족의 섭리사적 존재 이유를 밝히고 이 민족의 섭리사적 사명을 만방에 밝히고자 한다. 이런 입장에서 쓰인 것이 함석헌에 의한 『성서적 입장에서 본 조선 역사』이다. 이 입장은 일제의 어용 사학, 식민 사관과 극대극으로 대립된다. 이 연재가 『성서조선』에 장기간 실려, 『성서조선』을 폐간으로 몰고 간 이유의 하나가 되기도 했다.

김교신은 이런 신앙과 생활로 학생들에게 큰 감화를 주어 결과적으로는 종교를 떠나서도 큰 일을 많이 한 훌륭한 제자들을 많이 길러내게 되었다.

'종교는 본업이고 교육은 부업'이라 했던 그에게 부업의 열매가 본업의 열매 못지 않게 크다. 그래서 그는 한국의 교회사에 큰 발자취를 남겼을 뿐 아니라, 한국의 교육사에도 위대한 발자취를 남겼다. 교육과 종교가 얼마나 밀접한 관련을 가지며 종교적 정서의 도야가 얼마나 귀중한 것인가를 그에게서 우리는 전형적으로 볼 수 있다.

김교신의 인격과
교육관 그리고 교육실천

박의수

김교신의 인격과
교육관 그리고 교육실천*

I. 여는 말

김교신은 1901년 4월 18일에 태어나 1945년 4월 25일 세상을 떠났다. 만 44년 동안 이 세상에서의 사명을 다하기 위하여 치열한 삶을 살았다. 나라가 쇠망하여 겨우 명맥만 남은 조선에 태어나서 마침내 국권을 잃어버린 조국을 되찾기 위하여 불철주야 생명을 불살랐다. 그는 18세에 일본에 건너가 공부하며 기독교에 입문하여 성서 안에 자신의 길이 있음을 발견하고, 한편으로 자신은 뼛속 깊이 조선인임을 자각했다. 김교신은 빼앗긴 조국을 확고한 진리의 반석 위에 다시 세우는 길을 성서에서 찾았다. 참된 신앙을 가진 참 인간을 기르는 일이 자신에게 주어진 사명임을 깨달았다.

그러나 그는 광복을 112일 앞두고 세상을 떠났다. 살아서도 대중

---

* 이 글은 2016년 11월 12일 이화여자대학교에서 열린 김교신 선생 추모학술대회에서 발표한 논문 "김교신의 교육관과 실천"을 대폭 수정·보완한 것임을 밝힘.

에게 널리 알려진 인물은 아니었지만 사후에는 더욱 빨리 잊혀져
갔다. 광복 후 김교신에 관련된 자료를 착실히 모으고 지인들의 추
억 속에서 희미해지던 기억을 되살려낸 사람은 노평구다. 그는 10여
년에 걸친 노력 끝에 1975년 『김교신 전집』 6권을 완간했다. 1964
년 전집 제1권을 간행하고, 1972년에는 동지와 제자 및 『성서조전』
독자 73명의 회고와 추모의 글을 모아 『김교신과 한국』을 간행했다.
1982년에는 산재한 『성서조선』 158책의 원본을 찾아서 7권으로 묶
고 육필 일기와 원고와 편지를 한 권으로 묶어 8권의 영인본을 300
부 한정판으로 간행했다(김정환, 1994: 351-351). 그러나 여기까지는
아직 김교신은 창고에 갇힌 원석에 불과했다.

창고 안의 원석을 보석으로 다듬어 세상에 내놓은 사람은 김정환
이다. 노평구를 믿음의 스승으로 여기는 그는 1959년 신앙월간지 『성
서연구』를 매개로 노평구를 처음 만나 그가 주관하는 성서연구회의
일원이 되어 김교신에 심취했다. 그때부터 김정환은 김교신에 대한
연구와 더불어 글과 강의를 통하여 김교신을 알렸다. 그의 연구는
마침내 1980년 최초의 평전 『김교신』(한국신학연구소)으로 출판되었
다. 그 후 김정환은 자료를 더 보완하여 1994년에 『김교신 그 삶과
믿음과 소망』(한국신학연구소)[1]을 출판했다.

그보다 앞서 김정환의 영향으로 최초의 석사학위논문이 고려대학
교 교육대학원에서 나왔다. 각 대학의 교육대학원과 신학대학에서
김교신을 주제로 한 석사학위 논문이 본격적으로 나오기 시작한 것
은 1980년대 이후의 일이다.[2] 현재까지 석사학위 논문만 약 79편인

---

1) 이 책에는 그때까지 출간된 김교신 관련 문헌과 함석헌, 송두용, 노평구 등의 신앙월
간지, 신앙문집 그리고 연구논문에 대한 간단한 해제가 포함되었다. 김정환, 1994:
271-295 ; 349-392.
2) 2020년 8월말 국립중앙도서관에서 '김교신' 주제의 자료를 검색을 한 결과 총 79편
의 논문이 발견되었다. 몇 편을 제외하고는 모두 1980년대 이후의 저술이다. 그 중
'교육'을 주제로 한 논문은 23편이고 56편은 신학 분야의 논문이다. 또한 '김교신' 주
제의 저서는 162권으로 나타나는데 동명이인의 번역서 혹은 다른 주제의 저서와 중

데 1980~1999년에 나온 것이 35편이며 2000년 이후에 나온 논문이 46편이다. 이런 정황을 미루어보건대 김교신이 세상에 다시 부활한 것은 김정환의 저서가 중요한 계기가 되었다고 해도 과언이 아닐 것이다.

그러나 아직도 '김교신'이라는 이름조차 생소하게 느끼는 사람들이 많은 것이 현실이다. 필자도 1981년 김정환을 통하여 김교신을 처음 접하고 졸저 『교육의 역사와 철학』3)과 강의를 통하여 열심히 김교신의 위대한 삶과 교육사상을 소개하고 있으나 아직은 갈 길이 멀다.

김교신은 만 44년의 생애에서 26년의 성장기와 학업 기간을 제외하고도 18년 동안 여러 분야에서 초인적 활동을 했다. 그는 무엇보다 11식구의 가장으로서 가족을 부양하며 8명의 자녀를 훌륭하게 길렀다. 그러자니 농사까지 지어야 했다. 그리고 40~160 쪽의 『성서조선』지를 16호(1930.5)부터 158호(1942.3)까지 단독으로 간행한 기간만 12년이다. 집필과 원고청탁, 편집, 인쇄, 교정, 발송, 판매, 수금과 자금조달은 물론 독자관리에 이르기까지 엄청난 분량의 일이다. 가끔 자녀와 제자가 교정을 도와주는 경우도 있지만 모두 단독으로 해야 하는 일이다. 그리고 양정고보에서의 12년과 영생여고보 1년, 경기중학교와 송도고보에서 약 1년을 합하여 모두 14년을 학교에 재직했다. 교사로서의 업무 즉 교과지도, 생활지도, 과외활동 지

복되는 것을 제외하면 실제로 김교신 주제의 저서는 41권이다. 자료집 성격의 저서가 대부분이며 연구서라고 볼 수 있는 것은 24권이다. 그 중에 김교신의 '교육'을 주제로 한 저서는 6권이며 나머지는 신학 분야의 저서로 분류되었다. 검색 작업은 대체적인 연구 경향을 보기 위한 것으로 잡지 혹은 다른 저서에 게재된 단편적인 글들은 포함되지 않았다.

3) 이 책은 1993년 3월에 초판이 나온 후 2020년 8월까지 매 학기 새로 찍어내며 교육학 전공자는 물론 교직과정을 이수하는 학생들의 교재로 사용되고 있다. 28년 동안 1년에 두 번 새로 찍을 때마다 수정을 거듭하며 3차례의 개정증보판을 냈다. 이 책은 한국과 서양의 교육사와 교육사상을 다룬 공저(강승규, 정영수, 강선보)로 필자가 한국교육사 부분을 집필했으며, 개화기 교육사상가의 한 사람으로 김교신을 소개하고 있다.

도 또한 만만치 않은 일이다. 그 밖에 정기적인 성서집회와 지속적인 연구활동 그리고 독일어, 프랑스어 등 외국어 공부까지 놀라운 업무량이다. 그리고 1년이 못 되는 짧은 기간이지만 흥남질소비료회사에서의 활동 또한 눈부신 것이었다. 그에게 어느 것도 대강대강 얼렁뚱땅은 없다. 그의 초인적인 일과와 업무량은 그의 일기 곳곳에 잘 드러나 있고 선행 연구에서 많이 소개되고 있다. 다소 엉뚱한 계산이지만, 그가 한 업무량이 보통 사람의 3배는 된다고 보면 약 80(26＋18×3)년은 산 셈이다. 물론 직접적인 사망원인은 발진티푸스의 감염 탓이지만, 어쩌면 한 생명에게 주어진 에너지가 다 소진되어 세상을 떠난 것이 아닌가 생각이 들 정도다.

　김교신 자신이 성서연구와 『성서조선』 발간이 본업이고 교직은 부업이라고 했지만, 엄밀히 보면 김교신에게 신앙과 교육은 분리할 수 없는 것이다. 그에게 신앙은 생명과 정신의 원천이며 모든 활동의 토대를 이룬다고 볼 수 있다. 김교신의 전모를 파악하려면 다각도의 조명이 필요하겠지만, 여기서는 먼저 그의 인간적 면모를 살펴보고, 그의 교육관과 교육 실천에 대하여 고찰해보기로 한다.

Ⅱ. 인간 김교신

　김교신의 인간적인 면모를 파악하기 위하여 세 측면에서 살펴보고자 한다. 먼저 자신이 보는 김교신(자화상), 타인이 보는 김교신, 그리고 김교신의 인격에 대하여 살펴보고자 한다.

1. 자신이 본 김교신(자화상)

필자에게 새롭게 다가온 것은 김교신의 인간적인 면모를 잘 보여

주는 고뇌의 흔적들이다. 그의 인간적인 면모가 잘 드러나는 것 중의 하나가 사교성에 관한 문제다. 그는 많은 사람들로부터 '엄격하다', '무섭다', '접근하기 어렵다' '비사교적이다'라는 평을 들었다. '형제여, 친구여!' 하면서 접근할 수 있을 만큼 '좀 더 푸근했으면' 좋겠다는 말을 주변 사람들로부터 수없이 들었던 것 같다. 오죽하면 『성서조선』에 공개적으로 자신의 비사교적 성격에 대해서 해명하고 선언까지 했을까 싶다. 『성서조선』 제158호(1940년 7월, 153-155)에 게재된 '나라는 사람'이란 제목의 글을 살펴보자.

> 어떤 친절한 형제가 성령(聖靈)의 인도(引導)를 받고 찾아왔다면서 일러주는 직언(直言)의 요지는 이러하였다.
>
> "형의 집회양식(集會樣式)도 까다롭고 개인적으로 접촉해 보아도 '형제여, 친구여'하면서 친근할 수 없는 사람이라고 남들이 모두 섭섭해 하더라. 더군다나 영적(靈的)으로 지극히 사모(思慕)하면서 가까이 해보고자 애쓰던 존경할 만한 교우들까지도 이구동성으로 그런 말 하면서 물러가니 결점이 너한테 있지 않으냐 …"
>
> 들으면서 나는 식은 땀(冷汗)이 등에 흐름을 깨달았다. 어떻게 하면 이 결함(缺陷)을 고칠 수 있을까 하는 욕망이 솟구쳐 오르지 않을 수 없었다. 금년 여름 송산(松山)학원에서 특별집회를 개최한다면 '그 양식을 어떻게 하면 좋겠느냐'고 함석헌 형께 새삼스럽게 물어본 것도 이 고언(苦言)을 들은 후에 깊이 반성하였고 크게 동요될 만큼 형제의 말을 고맙게 받아들였기 때문이다. 그러나 함형의 회답도 '종전대로 하는게 좋겠다.' 하였거니와 '나라는 사람'의 본체를 쉽게 바꾸기 어려운 것을 스스로 인식하지 않을 수 없었다.
>
> 1. 형제의 충고를 들으면서 섬광(閃光)같이 내 머릿속에 생각나는 것은 우찌무라(內村鑑三) 선생이었다. 무릇 세상에 '친구여, 크리스천 형제여!' 하고 부를 맛이 없는 인물이 크리스천 중에 존재하였다면 그는 틀림없이 우찌무라라는 사람이었다. 한 번씩 면담해본 이는 스스

로 턱을 끄덕여서 긍정의 뜻을 표시할 것이다. 이런 때에 은사 우찌무라 선생을 끌어다 자신을 변명하는 데 이용하는 듯해서 죄송천만이지만, 이 자리에서 이 마음이 솟아난 것은 '어쩌면 천벌이 이다지도 빨리 왔느냐'는 떨리고 두려움에서다. 은사(恩師)에 대하여 내가 내 입으로 함부로 비평(批評)하던 말 그대로가 나의 신뢰하는 형제의 입을 통하여 내 얼굴에 떨어지다니! 선생의 심령(心靈)을 섭섭하게 굴었던 불초(不肖)한 제자였던 것을 이제야 비로소 백배사죄하려는 마음뿐이다.

2. 그러나 이처럼 교우(交友)에 원활치 못한 성격은 예수 믿은 후에 우찌무라 선생의 영향을 받아서 변화한 것이 아니요 나의 타고난 천성이었다. 일찍이 동경에서 수험준비하고 있던 때의 일이었다. 고향 친구들 수십 명이 모여서 망년회(忘年會)에 끝에 늘 하듯이 여흥으로 돌림 노래가 시작되었다. 나도 좌석의 일원으로 남의 흥취를 깨트리지 않으려고 정성을 다하여 한 곡조 불렀다. 그것은 당시에 유행하던 '저 달은 떴다 대장이 되고 견우직녀 후군이 되어 … '라는 노래였다. 그런데 동석하였던 나의 가장 신뢰하며 존경하는 친구 ―그는 소학교 이래의 동창으로 같은 날 같은 차를 타고 동경에 와서 같은 하숙방에 기거하는 '나라는 사람'을 가장 잘 아는 친구― 가 나의 노래 부르는 모양을 보고 포복절도(抱腹絶倒)하면서 웃었다. 그 웃는 모양으로 판단컨대 그가 보기에도 내가 노래 부르는 꼴을 차마 볼 수 없다는 항의였다. … 그날 이후로 나는 사교(社交)에 정성들이기를 단념하였다.

같은 무렵 같은 하숙에서의 일이었다. 우리는 같은 방 친구들과 협의한 후에 매주 수요일 오후를 면회시간으로 정하고 다른 날은 공부하기로 하였다. 그러나 면회일 외에도 현관에 와서 탐지한 결과 내가 없으면 친구들은 자유롭게 올라와 놀았고, 내가 있으면 멀리서 왔던 이라도 두말 못하고 도망하듯이 돌아갔다는 사정을 후일에야 알았다. 약관의 소년시대부터 기독교나 우찌무라 선생의 영향을 받기 전부터 나는 '친구여 형제여'하고 꿀 같은 단맛으로써 사귈 수 없는 천성이었던 것이다.

나 역시 친구가 서로 '이사람 자네'하면서 막역하게 지내는 광경처

럼 부러운 것이 없으나 나 자신에게는 오늘날까지 연락선에서 취조하
는 경관에게 '오이 기미'라는 소리를 들어본 외에는 '이사람 자네' 하
고 부르는 가벼운 사귐을 가져본 적이 없다. 교육계라는 사회의 한
모퉁이에서 수십 명 직원과 함께 십 수 년을 지나 보았으나 나에게는
'농을 하는 이가 없다'는 것이 정평(定評)이었다. 때로는 젊은 선생이
늙은 선배교사에게까지 농담을 주고받으면서도 내심에 원하고 있는
나에게는 늙은이로부터도 농지거리 한마디 받아보지 못했고, 동년배
의 교직원으로부터도 한마디 교환을 못하고 지냈다. … '친구여 형제
여' 하고 사귈 맛이 없기는 근래에 시작된 일이 아니라 실로 나의 타
고난 천성이요 못난 버릇, 또 고칠 수도 없는 고질(痼疾)인 것을 고백
하지 않을 수 없는 까닭이 여기 있다.

　3. 내가 우찌무라 선생에게서 비사교적 성격을 본받은 것이 아닌
것은, 상술(上述)한 사실대로다. 다만 한 가지 얻은 것은 '안심(安心)'이
었다. 나의 편벽된 성격을 스스로 탄식하던 차에 우찌무라 선생을 발
견하고서는 '옳다 이런 사람도 세상에 있구나. 이런 성격으로도 예수
의 구원에 참여하는구나.' 하는 안도감이었다. 그 후로는 인위적으로
사람의 비위를 맞추려는 노력을 어느 정도까지 단념하고도 마음이 편
해졌다.
　『성서조선』과 그 주최하는 집회를 통하여 모여왔던 이들 중에서
서로 달콤한 우의를 맺어가지고 가는 인연(因緣)을 지었다면 그 매개
의 역할을 다하는 소임만이라도 나로서는 분에 넘치는 영광이라고 감
사할 수밖에 없다. 그러나 '친구여 형제여' 할 맛이 없어 섭섭히 물러
서는 그 수고(勞)를 예방하기 위하여 우리는 어떤 폐(肺)환자의 지혜를
빌어 미리 광고할 수밖에 없다. 어떤 환자의 병실에는 다음과 같은
게시(揭示)가 붙었다고 한다(본지 제85호 7항 참조).
　　오는 이 보시오.
　　볼일 없이 오지 마시오. 병에 대해 묻지 말고 말하지 마시오.
　　볼일 끝나면 곧 가시오. 오고 가는데 인사 마시오.
라고. 나도 이 환자처럼 도통(統) 인간이 귀찮다. 특히 눈동자라도 빼
어줄 것처럼 농후하게 사랑하며, 이편에서 원하지도 않는 때에 성인

(聖人)처럼 숭배하려고 무릎 꿇고 찾는 사람, 그런 이들에게 내가 농락 당하기 몇 번이었던가. 역시 '물과 같이 담박하게(淡如水)'라는 것이 동 양적이요 유교(儒敎)로 성장한 우리의 성미에 맞는 듯하다. 고로 우리 방에는 이렇게 써 붙이려고 한다.

　1 한 사람 이상 친구 있는 이는 오지 마시오.

　2 문둥이만 오시오.

라고. 원래 본지(本誌)를 읽는다든지 우리 집회에 참가하는 이는 세상 에서 고적(孤寂)하고 업신여김을 받는 이들이었을 터이다. 그런데 차츰 친구가 많아지고 본즉 배불려져서 이것도 생각하고 저것도 요구하게 되었다.

　어떤 형제가 가정을 버리고 홀로 성북정(城北町)에서 자취하면서 다 년간 전도자 생활을 하였을 때에 저가 비로소 금붕어 키우는 심리를 깨달았노라고 고백하였다. 그렇다 적적하여 금붕어라도 기르고 싶게 된 처지의 사람, 그런 사람에게는 우리 같은 졸렬한 인간이라도 아직 다소의 우정의 효과를 보유할 것이다. 병 있는 자라야 의사를 구한다.

　'친구여 형제여' 하면서 부를 수 있는 원만한 인격자 되어서 크게 넓게 전도하는 자(者) 되라는 부탁은 고마우나 이것은 과분(過分)의 주 문(注文)이다. 우리는 만능의 신(神)이 아니다. 결함이 많은 인간이다. 우리에게 취(取)할 것 하나만이라도 있거든 그것으로써 만족하라. 현재 소록도의 나환자는 내가 예수를 믿는다는 그 조건만으로써 우의(友誼) 를 허락하는 터이다. 이것도 그리스도의 생명으로써 구속(救贖)한 것이 라는 외의 허다한 요건(要件)을 나에게 기대하지 말라. 견딜 수 없다.[4]

　대인관계로 인하여 겪게 되는 불필요한 오해와 낭비, 이로 인한 인간적 고뇌가 얼마나 컸는가를 엿볼 수 있는 글이다. 사교 자체만 을 위한 사교, 혹은 서로 이용하기 위해 친분 쌓기, 이런 친분을 빌

---

4) 이 인용문은 중복되는 문장은 빼고, 어려운 한자와 어색한 표현은 필자가 고쳐 쓴 것이다. 인용문이 다소 긴 감이 있지만 다른 연구에서 발견되지 않은 글이라 일부만 제외하고 그대로 살렸다. 전집을 두루 살폈으나 전집에도 누락된 것으로 보인다.

미로 한 부당한 청탁 등이 얼마나 큰 인생의 낭비이며 부정과 불의의 발단이 되는가. 김교신으로서는 도저히 용납할 수 없는 일이다. 그렇다고 그가 사람을 싫어하는 것도 아니요 스스럼없는 사귐 자체를 싫어하는 것도 아니다. 그는 인간을 좋아하고 다정다감한 영혼을 지닌 사람이라는 것을 아는 이는 다 안다.

더러는 일방적으로 사랑합네, 존경합네 하면서 접근하다가 맘에 안 들면 하루아침에 배신하고 돌아서서 비난하는 사람도 적지 않았을 것이다. 오죽하면 '한 사람 이상 친구 있는 사람은 오지 말라' 했으며, '견딜 수 없다'고 까지 했을까! 인간적인 연민과 동정을 금할 수 없다.

유사한 내용의 글이 1938년 7월의 『성서조선』에서도 발견된다.

> 나를 비사교적 인물이라고 평하는 이가 있다. 과연 맞았다. '사교'라는 세상적 의미의 말로 한다면 과연 '비사교적'이다. 그러나 이것은 모든 교우를 싫어서 피한다(嫌忌)는 긍정은 아니다. 우리도 어지간히 우인과의 회담을 기뻐한다. 특히 산록에 온 후로는 여기까지 찾아오는 그 성의만 하여도 여간하지 않게 생각한다. 그러므로 때로 탈선하여 밤새면서 환담하는 일도 있었다. 그러나 그것은 원하는 일이 아니요, 유익한 일이 아니었다. 이에 우리 우인(友人)들게 미리 양해를 구고자하는 바이다.
>
> 우리는 자주(自主)하는 자가 아니요, 예수 그리스도의 노예이며, 자유 자처하는 자가 아니요, 시하(侍下)에 있는 몸이며, 교사 노릇은 하여도 교육가라는 일가(一家)를 이루었다는 것이 아니요, 아직 일개 학도 - 그도 일개 고학생(苦學生)에 불과한 자인 것을 알아주기 바란다. 그 밖에 『성서조선』이라는 월간 잡지 - 이것은 24면의 소지(小誌)이나 자수(字數)로 따지면 약 50면의 잡지를 편집, 교정, 발송, 배달, 수금하는 것과 매일요일에 1회 혹은 2회의 성서강의를 하는 자인 것을 알고 대하여야 피차 섭섭한 일이 없을 것이다.
>
> 그리스도의 노예이니 인간의 눈에 들려는 욕심은 당초부터 없으며,

시하의 몸이요, 나폴레옹(奈翁) 같은 영웅이 못 됐으니 잠잘 시간은 충분히 가져야 하며, 고학생이니 무엇보다 시간이 군색하다. 이하 몇 가지로 비사교적인 시간을 고수하여 가는 것은 이러한 사정에서 생겨난 일이다. 선선 양해하기를 내방하려는 우인에게 바라는 까닭이 여기 있다(전집1: 374-375).

이어서 요일별로 자신의 일과를 소개하고 있다. 이렇게까지 변명을 할 필요가 있을까 싶을 정도다. 이런 인간적 고뇌는 진실하고 사심 없이 원칙을 지키려는 사람은 어느 시대 누구에게나 있는 일이다. 그러나 스스로 진실하고 정당하다면 대개의 문제는 타인의 오해에서 비롯된 것이므로 시간이 지나면 해소 되는 법이다.

김교신은 자신에게 부여된 사명과 이런 일들을 처리하기 위하여 끊임없이 시간에 쫓기며 주변 환경과 싸워야 하고, 무엇보다 모든 일을 흠 없이 완벽하게 처리하기 위하여 자신과 치열하게 싸워야 했다. 많은 경우 그의 인간적 고뇌는 타인에 대한 세심한 배려와 완벽을 추구하는 성격에서 비롯된다고 할 수 있다.

이상의 이야기는 엄밀한 의미에서의 자화상이라고 할 수는 없을 것 같다. 타인에게 비쳐진 자신의 약점 혹은 비난의 대상이 일부는 천성 탓이기도 하지만 주어진 상황 때문에 어쩔 수 없는 선택이기도 하다. 그도 인간이기에 남들처럼 호형호제하면서 함께 뒹굴며 인생을 즐길 수 없는 자신에 대한 비애가 있을 수밖에 없는 것이 아니겠는가! 그러나 그것을 극복하며 대처하는 태도와 방법에서 김교신다운 면모를 발견할 수 있다.

2. 타인이 본 김교신

그가 비사교적이라는 평을 많이 듣기도 하지만 그를 진정으로 사랑하고 존경하는 친구와 제자와 지인들도 많다. 전집 별권 『김교신을 말한다』에 수록된 인물만도 82명이나 된다.

　몇몇 제자들의 회고담을 먼저 들어보기로 하자. 여러 제자들 중에 구건의 회고담이 눈길을 끈다. 그는 1935년 양정에 입학하여 첫 수업시간에 김교신에게 매료되어 재학 중은 물론 평생을 선생을 기리며 산 듯하다. 당시 양정에서는 1학년에 담임을 맡으면 졸업 때까지 5년을 계속 맡게 되어있다. 김교신은 3학년 담임이라 구건은 수업시간에만 접할 수 있었고, 가끔은 과외활동시간 그리고 딱 한번 김교신의 전용 박물교실에 들어간 적이 있다고 한다. 그의 글을 일부만 인용해 본다.

　　첫 주 수업이 시작되었다. … 그런데 1학년 과목 담당 선생 중 김교신 선생만큼 나에게 매력적인 이는 없었다. 김교신 선생의 첫 농업통론 시간이었다. 문이 열리자 장대 모양 꼿꼿이 키가 크고 머리를 빡빡 깎은 선생이 옆에 출석부와 책을 끼고 들어섰는데 퍽 인상적이었다. 얼굴은 온통 반짝거리는데 일종의 광채가 났다. 그리고 두 눈은 커서 이글이글하여 시원스러웠다. 새하얀 가운(박물 교사가 입는 위생복) 차림도 기이해 보였다. 골프 바지에 스타킹인데 양인들처럼 미끈한 다리가 또한 어울리어 멋있어 보였다(전집 별권: 181-182).

　　중학 초년생 때 나의 눈에 비친 김선생은 기인(奇人), 그러나 매력적인 교사였다. 한 해 지나서 받은 인상은 언행(言行) 바른 신사, 박학다식의 독서가요 교사였다. 그런데 독서와 함께 선생의 기억력은 놀라웠고 또 정확했었다. 다시 한 해가 지나서 알게 된 선생은 참된 애국자, 초인적인 면려(勉勵), 역행(力行)의 교육자이고 무교회 신앙의 종교가였다. 후일의 인상은 예수의 십자가의 속죄(贖罪)로 자유를 얻은 정의, 독립의 사람이었다. 그는 참만을 알고 소신대로 믿고 살고 일한 자유인이었다. 자유, 정의, 독립은 그의 성격의 근간이었다. 그의 투철한 교육정신은 젊은이들의 심금을 울렸고, 그의 신앙은 신(神)에 통했으며, 그의 자유, 정의, 독립정신은 사회의 목탁이었다. 그의 체력 역

시 측량키 어려울 정도로 강했으며, 그의 정력은 실로 무한이어서 독
서력과 기억력도 한이 없었다. 그의 요지부동의 굳은 신념은 비길 데
가 없었다. 그리고 이 모든 것 밑에 십자가 신앙이 있어 이가 그의
생명을 이루고 또 그의 생애의 지주였다. 그의 종생(終生)의 사업은 청
년을 위한 참 인간교육이었고, 『성서조선』과 성서강연을 통한 순수
복음전도였으니, 오직 국가민족의 백년대계로 앞날을 위해 일했을 뿐,
그 외는 아무것도 안중에 없는 참 거룩한 생애였다(전집 별권: 182-
183).

참으로 예리한 관찰이며 정확한 기술이다. 그 밖에 구건은 선생
의 전용 실습실에 들어갔던 '영광'의 순간을 회고한다. 잘 정돈된 분
위기, 커다란 책상 위에 쓰다만 원고지, 사전과 함께 펼쳐진 두툼한
원서, 그 옆에 영자 신문과 영문 잡지들이 질서 있게 펼쳐져 있고,
벽에는 커다란 조선지도가 걸려있었다. "이 박물교실은 선생의 일터
로, 원고 집필, 성서원전 번역, 히브리어, 희랍어 등 어학 공부의 장
소이기도 했다. 좀처럼 선생은 교무실에서 다른 선생님들과 한담하
시는 것을 보지 못했다"(전집 별권: 184-185)고 했다.

김교신이 1927년 양정에 부임하여 첫해에 담임을 맡아 5년 동안
가르쳤고 그가 가장 아끼고 사랑했던 제자였으며, 후일 맏딸과 그의
아들이 혼인하여 사돈이 된 류달영의 추억담을 빼놓을 수 없다.

"그는 뜨겁게 민족을 사랑한 사람이었고 충실하게 하나님을 믿고
섬긴 사람이었습니다. 그의 평생의 염원은 스스로 참되게 살아보자
는 것, 이 민족의 살 길을 열어 보자는 것이었습니다"(전집 별권:
129). "선생은 불의를 심히 미워하고 의(義) 아닌 일을 하는 데에는
그것이 자기 자신이건, 가족이건, 평생의 동지들이건, 자기 민족이건
한결같이 냉혹하게 처단했었습니다"(전집 별권: 135).

1942년 '성서조선사건'으로 수감되었을 때 취조 형사의 질문에
"나는 그리스도와 끊어지는 한이 있더라도 이 조선을 사랑하지 않

을 수 없다. 황국신민서사는 후일에 망국신민서사가 될 날이 있을
것이다"라고 대답했다. 이어서 형사가 만주사변에 대해 의견을 물으
니 "만주사변은 마치 일본이 호랑이를 올라탄 것처럼 섣부른 짓을
저지른 것이다. 이제는 타고 가도 결국 물려 죽을 것이요, 또 도중
에 뛰어내리지도 못할 딱한 사정에 있는 것이다"라고 주저 없이 소
신을 말했다(전집 별권: 132–133). 정확한 형세 판단이며 그의 대담성
이 잘 드러나는 장면이다. 그는 일제 말기 엄혹한 시절에도 끝내 창
씨개명을 거부했고, 교실에서 한국어 사용을 금했던 시절에도 끝내
우리말로 수업을 진행했다고 한다.

김성태는, 선생님은 자전거를 타고 나닐 때, 안국동에서 학교까지
좁은 골목길에서 속력을 줄이고 종소리도 내지 않고 걸어가는 학생
들을 비켜가곤 했다. 다른 분들이 요란스럽게 종을 울리며 달려가는
것과는 대조적이었다. 그는 선생의 그런 모습에서 학생들을 사랑하
는 어진 모습을 보았다고 회상했다(전집 별권: 212).

최남식은 김교신을 "실천가이신 선생님", "무서우신 선생님", "눈
물이 많으신 선생님"으로 기억한다(전집 별권: 163–166). '무서우신'과
'눈물 많으신' 선생, 참으로 기이한 조합이 아닐 수 없다. 그러나 김
교신을 제대로 아는 사람에게는 이 부조화가 참으로 아름답게 조화
되어 하나의 특이한 인격을 이룬다는 것을 이해할 것이다.

5년 동안 김교신의 담임반 학생이었던 이경종에 의하면, 선생은
입학한 지 얼마 안 되어 일기 쓰기를 권장했고, 매주 한 번씩 검열
을 했다. 4학년 초가 되어 공부도 못하는 말썽꾸러기가 반장에 당선
되어 자치회 첫 의제로 일기 검열문제를 올렸고, 투표결과 만장일치
로 검열 중지를 요청했다. 김교신은 학생들의 요구를 받아들였다(전
집 별권: 170–172). 비록 자신의 뜻에 반하는 일이지만 민주적 절차
에 의한 학생들의 건의는 기꺼이 수용하는 관용의 태도를 볼 수 있
는 장면이다.

그런가 하면 이관빈의 추억담은 참으로 엽기적이다. 중학교 1학년 첫 박물시간에 김선생은 "공부하는 사람에게 교과서와 교구는 군인에게 무기와 같다"고 했다. 공교롭게도 그는 바로 다음 수업시간에 교과서와 해부기를 지참하지 못했다. '당장 집에 가서 갖고 오라'는 엄명에 변명도 사정도 못하고 6km나 되는 거리를 한 시간 반 정도 걸려서 가지고 와야 했다. 당시엔 원망도 많이 했지만 후일 생각하니 고맙더라는 이야기다(전집 별권: 201-202).

제자들의 추억담을 종합해보면, 공통된 인상은 우선 외모에 관한 것이다. 빡빡 깎은 머리, 빛나는 이마, 희고 혈색 좋은 얼굴, 맑고 빛나는 눈, 근엄한 태도에서 오는 위엄에 압도되어 쉽게 접근하기 어려운 사람, 그래서 무섭기까지 한 선생으로 기억하고 있다. 그리고 골프바지와 스타킹에 농구화 차림으로 자전거로 출퇴근하는 모습에서 소탈함을, 그리고 만능 스포츠맨으로 양정학교 농구부장, 육상코치로서 그의 강인한 체력에 대하여 말한다.

수업시간에는 교과를 초월하여 한국과 동서양의 지리와 역사를 넘나들며 다양한 이야기로 애국심을 고취하는 열정적인 모습과 박학다식함, 거짓을 절대 용납하지 않았고 특히 시험에 커닝을 하면 무조건 0점을 준다는 등의 시험에 얽힌 일들을 많은 제자들이 기억하고 있다.

그리고 눈물이 많다는 점을 많은 제자와 지인들이 기억한다. 학생들이 커닝을 해도 눈물을 흘리고, 제갈공명의 '출사표'를 암송하면서 눈물을 펑펑 쏟는가 하면 에반젤린의 시를 읽으면서도 감격의 눈물을 흘린다. 기도를 하다가도 흐느끼고 심지어 등산을 하다가 자연의 아름다움을 보고도 눈물을 흘린다. 그는 학생들 앞에서 이런 모습을 자주 보이며 그것을 결코 부끄럽게 여기지 않았다.

그런가 하면 서슬이 시퍼렇던 일제 말기에도 시종 우리말로 수업을 했으며 아무것에도 구애받지 않는 자유인이며 애국의 열정을 몸으로 느낄 수 있었다는 점을 기억한다. 점차 선생과 가까워져 개인적인 접촉을 경험한 학생들은 선생의 또 다른 모습을 보게 된다. 내면 깊이 제자를 사랑하고 인간을 사랑하는 다정다감한 성격의 소유자임을 알게 되고, 스승에 대한 한없는 사랑과 존경을 느끼게 되는 것이다.

한편 따님이 해산기가 있어 택시를 잡았는데 태워주지 않자 택시를 뒤집어 엎었다든가(노평구, 1972: 89), 졸업식이 끝나고 사회주의에 물든 학생이 박물실에 들어와 행패를 부리자 격분하여 웃통을 벗고 완력으로 제압하려 했다는((노평구, 1972: 227) 일화는, 그도 역시 인간일 수밖에 없음을 보여주어 오히려 친근감을 갖게 한다. 동시에 그의 인격이 신앙을 바탕으로 한 끊임없는 자기 수련의 결과임을 반증해 주기도 한다.

노평구는 선생을 처음 대한 것이 1934년 선생의 주일집회에 참석했을 때인데, "그 날 대문을 열고 맞아주신 모시두루마기에 짚신을 신으셨던 선생의 모습이 지금도 잊혀지지 않는다. 나는 실로 생애 처음 참 조선 사람 아니 조선 자체에 접한 느낌이었다"라고 회상한다. 그는 김교신의 인격적 특징을 네 가지로 요약했다. 첫째, 정의감이다. 양정학교 시절 '양(洋)칼'이라는 별명이 말해주듯 정의와 불의에 대해 '일도양단'의 태도를 지녔으므로 그에게는 청탁(淸濁)이 함께할 수 없었다. 불의와 부당한 간섭에 대한 저항, 특히 신앙에 대한 간섭은 용납하지 않았고 그런 경우를 대비하여 사표(辭表)를 써가지고 다니는 것을 직접 목격했다고 한다. 둘째는 그가 결코 엄격 일변도의 사람이 아니요 눈물의 사람이라는 점이다. 라디오에서 흘러나오는 심청전에도 눈물을 흘릴 만큼 다정다감한 인물이라는 것이다. 그것은 타고난 인자함과 맑은 영혼의 소유자임을 보여주는 것이다. 셋째로 탁월한 실천력을 들고 있다. "이는 선생에 있어서 그 절륜(絶倫)의 체력과 철석같은 의지력과 함께 선생의 거짓을 모르시는 도덕적인 진실과 깊이 관계되고 있다"고 했다. 끝으로 투철한 애국심을 들고 있다. "고결하신 천성이 하나의 인격적인 통합체로서 흘러든 곳이야말로 선생의 그 무비(無比)한 애국의 지성이었다(전집 별권: 51-53).

양정에 같은 날 부임한 동료 교사 김연창은 김교신과 함께 학생들을 데리고 금강산에 수학여행 갔을 때 여관에서 식사하던 모습을 회상했다. "김선생은 밥 한 술에 상에 있는 반찬을 골고루 입에 넣고 오래 씹어 먹는 것을 보고 이유를 물었더니, 음식물을 한꺼번에 오래 씹어 먹는 것이 영양을 고루 섭취하는 법이라고 설명했다. 음식, 취침, 보행 무엇이고 건강을 위해 의식적으로 연구 실행하는 분이다. 술은 한 방울도 못한다"(전집 별권: 326).

신우(信友) 김석목의 회고담은 김교신의 또 다른 일면을 보여준다. 1944, 1945년경 그가 정릉의 선생 자택 부근의 왕모 씨를 만나러 갔다. 70세 전후의 왕씨가 "가장 숭배하고 존경하는 분이 김교신 선생"이라며 아래와 같은 이야기를 들려주었다.

사람이 거의 다 하루같이 세력을 따라 바쁘고 남을 헐뜯고 속이기에 재빠르고 먹을 것을 찾아 분주하고, 영달을 노리어 혈안으로 되는 것이 아닙니까? 학식과 명망이 높아지면 사람과 멀어지고, 부자가 되면 사람을 몰라보게 되고 보암직해 지면 사람을 얕잡아보려는 것이 일쑤가 아닙니까? 그러나 내가 아는 양반가운데는 분명이 그렇지 아니한 분이 한분 계십니다. 그이가 곧 김교신 선생이십니다.

그는 언제 보나 한결같이 평범하십니다. 모든 사람들과 느닷없이 가까우십니다. 어른이나 아이나 할 것 없이 누구에게나 그렇게 하십니다. 그의 얼굴에는 근심과 걱정이 없습니다. 그에게서는 설렘과 흥분을 찾아볼 수가 없습니다. 항상 조용하나 낙심하는 빛이 없고 무엇에나 큰 소망을 걸고 대쪽 같은 마음으로 살아가고 계십니다(전집 별권: 45-46).

'왕씨'라는 사람이 비록 평범한 노인일지라도 김교신의 깊은 내면 세계를 꿰뚫어보는 혜안을 지닌 사람인 듯하고, 한편으로 김교신이 아무 이해관계 없는 평범한 이웃에게 어떤 태도로 대하는가를 보여주는 일화라고 할 수 있다. 그는 "참다운 신앙인은 일상 평이한 생활 가운데서 하늘의 모습을 드러내 보여준다. 그들이 마음먹는 것이나, 생각하는 것이나, 말하는 것이나, 행하는 것이나, 무엇이나 다 신앙으로 철해 있고, 소망으로 가득 차 있고, 성실한 친절과 사랑으로 아주 젖어 있기 때문에 생에 억지스러운 조작이나 꾸밈이 없다. 신앙으로 철해지면 인격이 열리게 되어 사랑으로 순화되고 만다"(전집 별권: 46)라고 했다. 그는 김교신에게서 '참된 신앙인, 참된 애국자'의 모습을 본 것이다.

"김교신의 김교신 된 까닭은 허위(虛僞), 불의(不義)라고 생각하는 것에 대하여는 용서를 않는 데 있다. 그는 인생을 참 살자 했고, 나라를 참 사랑하자 했으며, 인생을 참으로 사는 것이 가장 참으로 나라를 사랑하는 것이요, 신앙에 사는 인생이 참 인생이라고 생각했다. 그것이 그의 말이요, 글이요 그렇게 살자 노력한 것이 그의 생애다"(전집 별권: 13). 김교신의 신앙 동인이면서 오랜 벗이었던 함석헌의 이 말씀 안에 김교신의 모든 것이 함축되어있다. 거짓과 불의를 배격하고 참된 삶을 사는 것이 참으로 나라를 사랑하는 길이며 참된 신앙에 사는 것이 참된 삶을 사는 것이다. 참된 신앙과 참된 삶을 위해 평생을 바친 이, 그가 바로 김교신임을 말하고 있는 것이다.

3. 김교신의 인격

인격(人格)이란 "사람으로서의 품격"(표준국어대사전)을 의미한다. 인격의 '격(格)'은 자격, 표준, 법식, 틀, 바로잡다, 이르다, 탐구하다,

재다, 헤아리다 등의 의미로 사용된다. 따라서 인격은 사람됨의 표준 혹은 자격이며, 사람이 지켜야 할 법식 혹은 행동의 틀이며, 사물의 이치를 탐구하여 참된 이치에 이른다는 뜻이며, 사람됨을 측정한다는 의미를 가지고 있다(진교훈, 2007: 3–5). 보통 '인격자'란 높은 수준의 인격을 갖춘 사람을 의미한다.

동양에서는 예로부터 높은 수준의 인격을 갖춘 사람을 '군자(君子)'라고 했다. 공자는 "군자는 의(義)에 밝고 소인은 이(利)에 밝다"(『논어』, 이인)고 하였고, "군자는 두루 친애하면서도 편당을 짓지 아니하고, 소인은 편당을 지으면서 두루 친애하지 못 한다"(『논어』 자로)고 했다. "군자는 아무리 어려운 상황에 처해도 인(仁)에서 벗어나지 않으며(『논어』 이인), 혼자 있을 때에도 조심하고 삼간다"(『중용』 제1장)고 했다. 『대학』에서는 격물치지(格物致知)와 성의정심(誠意正心)을 수양공부의 핵심 내용으로 하고 있다. 즉, 지성과 덕성을 인격의 두 축으로 보았다.

한편 헌터(Hunter, 2004: 169)는 "인격(personality)이란 도덕적인 성숙을 의미하며, 희생이 따르더라도 기꺼이 옳은 일을 추구하겠다는 의지를 말한다"고 했다. 이는 사적인 이익을 버리고 의(義)를 택하는 군자의 자세와 상통하는 것이다. 헌터는 "자신에게 아무런 도움이 되지 않는 사람을 대우하는 방식을 보면 그 사람의 인격을 판단할 수 있다. 리더십은 마음에 썩 내키지 않더라도 옳은 일을 추구하겠다는 의지이며 행동을 말한다"(Hunter, 2004: 170)고 했다. 결국 참된 지도자에게 가장 중요한 것은 인격이라는 것을 강조하고 있다.

스마일스는 지도자에게 인격이 필요함을 간접적으로 표현했다.

천재성은 항상 감탄의 대상이 된다. 하지만 천재성만으로 존경을 받을 수는 없다. 존경심을 불러일으키는 것은 인격이기 때문이다. 천재성이 '지성의 힘'에서 비롯된 것이라면, 인격은 '양심의 힘'에서 비롯된 것이다. 궁극적으로 인생을 지배하는 것은 지성이 아니라 양심이다. 천재성을 지닌 사람들은 지성에 힘입어 사회에 진출하는 반면, 인격적인 사람들은 양심에 힘입어 사회에 입성한다. 사람들은 전자는 찬미할 뿐이지만, 후자는 신봉한다(Smiles, 공병호 역, 2005: 26-27).

이처럼 인격을 판단하는 요소는 이해관계를 초월하여 옳은 일을 추구하고자하는 의지와 옳지 않은 일을 피하려는 양심(良心)이라고 보고 있다. 다시 말하면 인격이란 개인적·사회적 차원에서 높은 수준의 도덕적 품성과 의지를 의미하며, 여기에는 지성적 측면과 정의적 측면이 모두 포함된다. 좀 더 단순화하면 지성과 덕성이다.

여기서 지성은 반드시 지식의 양과 비례하지 않으며 학교교육의 길이와도 무관하다. 지성은 인격의 필요조건이기는 하지만 충분조건은 아니다. 참된 지성은 옳고 그름을 판단할 수 있는 능력이다. 그래서 지성이 결핍된 덕성은 불안정하다. 인격은 지성과 덕성이 조화를 이루어야 하며 덕성을 지탱하는 것은 양심이다. 그런데 양심은 세월이 가고 상황이 바뀌면 무디어지기 쉽다. 칼을 자주 벼리지 않으면 무디어 못 쓰듯이 양심도 수시로 갈고 닦지 않으면 무디어지기 쉽다. 양심을 갈고 닦는 것은 끊임없는 반성이다. 참된 신앙의 삶은 참된 자기반성의 삶이다. 덕성의 함양을 위하여 종교교육이 필요함을 주장하는 것은 그 때문이다.

그러나 종교도 도그마(dogma)에 빠지고 교회이기주의에 빠지면 오히려 양심을 마비시키고 지성을 마비시킨다. 신앙이 맹신과 광신에 흐르면 이성도 양심도 마비시켜 버린다. 김교신이 기성 교회를 기피하는 것은 그런 이유 때문이다.

김교신은 일찍이 공자가 70세에 도달했다고 하는 종심소욕불유구(從心所欲不踰矩)의 경지를 10년 앞당기겠다는 야심찬 목표를 설정했다. 마음이 하고자 하는 대로 따라도 결코 도덕적 규범에 어긋나지 않는 인격에 도달하는 것, 그것이 김교신의 최종 목표였다.

선현들은 공부를 할 때 먼저 입지(立志), 즉 목표를 확고히 해야 한다고 했다. 율곡 이이(李珥)는 공부의 최종 목표를 성인(聖人)에 두었다. 김교신은 처음부터 공부의 목적을 입신출세와 개인의 영달에 두지 않았다. 김교신은 높은 수준의 인격완성에 목표를 두었던 것이다. 다만 일본 유학시절에 거기에 이르는 새로운 길을 발견했을 뿐이다. 유교보다 기독교에서 더 효율적인 길을 찾았을 뿐 유교를 버린 것은 아니었다.

새로 찾은 기독교에서도 많은 문제를 발견했다. 세속적 욕망과 도그마에 찌든 교회와 사이비 성직자가 성서의 참뜻을 왜곡시켰기에 무교회를 택했고, 오직 성서에서 진리를 발견하고 성서에 의지하여 양심을 벼리고 지성을 연마하여 참된 진리 위에 사랑하는 조국을 바로 세우고자 했던 것이다.

김정환(1994: 94-106)은 김교신의 인격적 특질을 학자적(學者的) 기질, 예술적(藝術的) 기질, 지사적(志士的) 기질, 종교적(宗教的) 기질, 감읍적(感泣的) 기질 등의 다섯 가지로 설명하고 있다. 학자적 기질이란 분석적이고 논리적인 인식에 터하여 사물의 인과(因果)관계를 밝히려는 태도를 말하며, 예술적 기질이란 바쁘고 고된 나날 속에서도 자연의 즐거움과 예술의 아름다움을 맛보는 여유를 가지고 사는 태도를 말한다. 지사적 기질이란 명문 동경고등사범 출신이면서도 세속적 출세를 마다하고 민족사학(民族私學)에서 평교사로 봉직하며 일관된 원칙을 고수한 삶의 자세에서 드러난다. 종교적 기질이란 양심의 명령에 순종하고 창조주의 부름에 귀의하며, 모든 가치 및 활동을 여기에 맞추어 평가하는 삶의 자세를 말한다. 감읍적 기질이란 눈물이 헤픈 기질이다. 김교신이 유난히 눈물이 많았던 것은 단지 슬픔이나 기쁨보다 어떤 순수하고 강렬한 감동을 억누르지 못할 때 나타나는 것이라 했다. 매슬로우(Maslow)에 의하면, 황홀경과 외경

(畏敬)의 감정이 합친 어떤 신비적 경험을 자주 하는 것이 성숙된 인격의 특징의 하나라고 한다.

이러한 김교신의 인격적 특징은 정직하고 원칙에 투철한 삶의 자세와 사물의 본질과 순수한 아름다움을 추구하는 삶의 태도로 함축할 수 있을 것이다. 그는 지성과 덕성이 조화된 참된 인격의 표본이며, 높은 수준의 인격을 목표로 매일 매순간 성서(聖書)라는 거울에 비추어 지성과 양심을 갈고 닦는 구도자이며 참된 교사의 표본이다.

Ⅲ. 김교신의 교육관

김교신은 엄격한 유교적 전통에서 성장하여 서당교육을 받았고, 농업학교를 졸업하고 일본에 가서 정칙영어학교를 거쳐 동경사범대학에서 자연과학(지리와 박물)을 공부하고 아울러 교육학이론도 공부했을 것이다. 또한 일본 유학시절에 기독교에 입문하여 세례를 받고 우찌무라의 문하에서 무교회(無敎會) 신앙을 공부하였다. 1920년대 이후 미국에서는 프래그머티즘의 철학을 바탕으로 한 진보주의(Progressivism) 교육운동이 성행하고 있었으나 당시의 일본에 어느 정도의 영향을 주었는지는 확실치 않다. 그러나 그가 교육에서 학생의 주도적 참여와 흥미를 중시하는 것을 보면 프래그머티즘과 진보주의교육의 영향을 받았을 가능성을 배제할 수는 없다.

분명한 것은 김교신의 교육관 형성에 가장 크게 영향을 준 것은 유교와 기독교라는 점이다. 김교신이 기독교에 입문하게 된 동기를 말 할 때에도 논어(論語)의 구절(七十而從心所欲不踰矩)을 인용했고, 그 후에도 종종 공자의 가르침을 인용하거나 유교의 고전을 인용하곤 했다. 그리고 기독교 특히 성서(聖書)는 후반의 삶을 지배한 정신적 기초이며 이를 보급하는 것이 김교신의 필생의 사업이었다. 따라서

김교신의 교육관 역시 유교와 기독교를 두 축으로 하고 프래그머티
즘의 영향이 더하여 형성되었다고 볼 수 있다. 이제 김교신의 교육
관을 몇 가지 특징을 중심으로 살펴보고자 한다.

1. 본질에 충실한 교육

교육의 본질은 무엇인가? 칸트(I. Kant)는 그의 『교육론』에서 "인
간은 교육을 필요로 하는 유일한 존재"이며, "인간은 교육에 의하여
비로소 인간이 된다"고 했다. 인간은 교육을 받아야 참 인간, 즉 인
간다운 인간이 된다는 뜻이다. 유교(儒敎)에서도 그 핵심 교과인 대
학(大學)의 주된 원리는 수기치인(修己治人)으로 집약된다. '수기'란
자기를 닦는 것 즉, 교육이며 '치인'은 현대적 의미의 봉사(奉仕)이
다. 수기는 곧 수신(修身)이며 자기교육이다. 수신의 내용은 격물치
지(格物致知)와 성의정심(誠意正心)으로 이루어진다. '격물치지'는 사물
의 이치를 철저히 탐구(investigating)하여 지식을 얻는 것이며, '성의
정심'은 뜻이 참되고 마음이 바른 것을 의미한다. 오늘날의 개념으
로 격물치지는 '지식교육'이며 성의정심은 '인성교육'이라고 할 수
있다.

격물치지하려면 먼저 성의정심해야 하고, 성의정심 후에 격물치
지에 도달할 수 있다는 것이 수신의 원리이다. 다시 말하면 지식교
육을 제대로 하려면 인성교육이 먼저 되어야 하고, 인성성교육이 제
대로 되어야 올바른 지식교육도 가능하다는 것이다. 그런데 오늘날
인성교육과 지식교육이 별개의 것인 양 분리하여 따로 하려는 데서
참된 인성교육도 올바른 지식교육도 제대로 안 되고 있다. 지식 위
주의 교육 때문에 인성교육에 실패했다든가, 지식교육을 희생시켜야
만 인성교육이 제대로 되리라는 잘못된 인식이 한국 교육이 처한
근본적인 문제이다. 하나의 희생 위에 다른 하나가 된다는 생각을

가지고 있는 한 끝내 인성교육은 물론 온전한 지식교육도 성공할
수 없다.

김정환(1972: 334-336)은 교육이란 외부에서 지식을 주입하는 것
이 아니고 피교육자와의 대화를 통해서 상대방의 넋과 얼에 불을
질러 스스로가 움직이게 하는 것이라 했다. 이런 뜻에서 소크라테스
는 교육을 산파술(產婆術)에 비유하기도 했다. 또한 교육은 한 생명
이 다른 생명을 인격적 감화를 통하여 포섭함으로써 이루어지는 것
이므로 생명의 참 뜻과 존엄성과 생명의 본질을 알아야 참된 교육
자가 될 수 있다고 했다.

김교신은 "지식은 뇌수(腦髓)로써만 들어가는 것이 아니다. 수족
(手足)으로도 들어가며, 피부(皮膚)로도 들어가며, 소화기(消化器)로도
지식이 들어가거니와 특히 심장(心臟)으로써 들어간다. 그리고 심장
을 통과하는 지식이 인생에 가장 중요한 지식인 것 같다"고 했다(전
집1: 99). 참으로 탁견이다. 온전한 앎은 결코 머리로만 되는 것이 아
니다. 머리로 생각하고 가슴으로 느끼고 팔다리로 실천하여야 비로
소 온전한 앎에 도달하게 되는 것이다. 제자들의 회고담을 보더라도
김교신은 심장으로 가슴으로 수족으로 교육을 했음을 알 수 있다.

김교신은 교육의 본질과 목적을 참 인간을 기르는 데 있다고 보
고, 모든 교육활동과 교육적 노력을 '사람됨'에 집중해야 한다고 생
각했다. 사람됨은 무엇보다도 정직(正直)에 기초를 두어야 한다. 영
혼이 순수한 자라야 참된 진리의 세계에 들어갈 수 있다고 본 것 같
다. 그래서 김교신은 학생들의 거짓에 대해서는 추상같았고, 수업에
임해서는 죽은 지식을 넣어주기 보다 감동적인 이야기로, 대화와 설
득으로, 때로는 눈물로 학생들의 마음을 움직이고자 했던 것이다.

이제 김교신의 교육관과 시대상을 엿볼 수 있는 두 편의 글을 살
펴보기로 한다. 『성서조선』에 게재된 '최대의 우상'(1934년 5월)과 '입
학시험 광경'(1936년 4월)이다. 학교도 적었지만, 취학 인구도 많지

않았던 당시에도 학교교육이 안고 있는 본질적 문제는 오늘날과 크
게 다르지 않음을 보여주고 있다.

　　학교 교육에 의하여 선인(善人)을 양성할 수 없음은 온 세상이 주지
(周知)하는 사실이다. 지금은 "교사들의 가르치는 교훈은 준수하라. 그
러나 저들의 행동은 본받지 말라"(마태 23: 3)고 아니 하는 학부형이
없다. 또 수년 전까지는 일종의 투자의 심사로서 졸업 후의 취직을
기대하고 학교로 보내는 수도 있었으나 그것이 수지가 맞지 못하는
투자인 것은 작금의 취직난으로써 판명되었다. 곧 인격 양성으로 보
나 취직 조건으로 보나 현대의 학교 교육이란 것은 그다지 신통한 것
이 아님이 명확하다.
　　그럼에도 불구하고 학교 교육은 현대인에게 최대의 우상이다. …
옛날 우리 조상들의 세계에 비류(比類) 없던 조상 숭배의 열성은 이제
'자손 숭배' 형태로 변하였다. 선조의 분묘를 위하여 아끼는 것이 없
던 심정으로써 최후의 일평 논밭까지 팔아서라도 학용품, 후원회비를
합하여 보통학교에 오십여 원, 중학교에 백여 원, 전문학교 대학에 수
백 원씩 4월 1일에 헌납하기를 서슴지 않는다. 여기에 교육을 위한
파산이 생긴다.
　　… 해마다 증가하는 교육비를 지출하기 위해서는 수입의 증액을
기도하여야 한다. 급속도로 팽창하는 지출에 비하여 수입이 따르지
못할 때에 인간 비극이 시작된다. 본의(本意)에 거스르는 직무도 감수
하여야 하려니와 승관(昇官)운동도 사양치 않으며, 부정행위도 수단을
가리지 않고 목적에 달하려는 때에 생기는 것이다. 교육을 위한 비교
육적 생활이 이에서 포태된다.
　　… 평일에 엄정 공명하던 인사도 자질(子姪)의 입학시험에는 파렴치
하고, 청탁도 시(試)하니 그 아비에 그 아들이라 입학 후에는 부정행
위를 하더라도 진급하기를 기도한다. 한 번 문제가 학교 교육에 미치
면 노유(老幼)와 현우(賢愚)의 구별이 없이 혼돈이요, 망패(妄悖)이다. 이
렇게 하고라도 학교 교육의 결과에 무슨 소득이 있다면 혹시 그럴 수
도 있으려니와, 오늘의 학교 교육을 받으면 받을수록 그 생활수준이

높아지는 외에 무엇이 남는가. 절대한 신뢰의 표적이 되면서 하등의 실효도 없는 것을 가로되 '우상'이라 한다. 현대와 같이 교육이 우상화한 때에 '행유여력즉위학문(行有餘力則爲學問)'이라는 공부자(孔夫子)의 말씀에 깊이 반성할 것이다(전집 1: 78-80).[5]

지금부터 86년 전 학교도 많지 않고 학생 인구도 적었던 시절에 어쩌면 이토록 오늘날의 상황과 비슷한지 놀라울 따름이다. 자녀의 학비를 충당하기 위하여 부당한 일도 감수해야 하며, 자녀의 입학과 취직을 위해서는 부정행위도 서슴지 않는 오늘의 세태와 다를 것이 없다.

　　단 100명 모집에 응시자 실로 1406인. 이것도 3월 14일 오후 4시 정각까지에 수속(手續) 지각한 자를 가차 없이 싸움싸움 거부하고서 이 숫자이다. …중략…

　　이윽고 생도들은 각기 교실에 흡수되고 봉래정 일대에 시장을 이루었던 학부형들은 운동장 내에 들어설 수 있게 되었다. 실내에서 수험하는 어린이들 중에는 긴장한 나머지 번호, 성명을 실기(失記)하는 자도 있으며 혹은 소변을 앉은 자리에서 싼 자도 보이거니와 창밖에서 배회하며 정립(停立)한 대로 한 시간 두 시간을 기다리는 학부형 중에는 백발이 성성한 조부, 각모를 숙여 쓴 형과 삼촌, 고보 여학생 제복의 누님들, 젖먹이 아기를 업고 서있는 어머니들, 별수 없는 줄이야 피차 모르는 바 아니건만 그래도 교실 쪽만 바라보고 있다. 이 안의 모양과 저 밖의 광경을 대조해 보면서 단에 서있는 교사의 가슴으로는 막을 수 없는 감루(感淚)가 남몰래 흐르고 흐른다.

　　저들이 원하는 대로 14대 1의 비례로 우승자의 영예를 획득하고 입학된다 하더라도 …, 결국 기대에 어그러졌다는 실망의 재료밖에 성과가 없다는 통탄을 발함은 철인 현자를 가릴 것도 없이 5개년 후

---

5) 이 글에서는 오늘날 잘 쓰지 않는 한자어를 현대적 표현으로 필자가 고쳐 썼음을 밝혀둔다. 원문은 전집 II: 85-87.

에 졸업하고 나갈 때마다 저들이 이구동조(異口同調)로 부르짖는 '연설'
이다. 5개년 후의 뻔한 불평과 오늘의 비상한 저 열망! 수험자와 보
호자들의 애정과 열성이 아름답지 아님이 아니다.
　…중략…
　신기루를 잡으려는 1,400여 명의 천진한 어린이들과 그들의 부형
모매(父兄母姉)들과 또한 그들과 별반 다르지 않은 교사 자신에 생각이
미치니, 연민의 정, 증오의 분(憤), 참회의 눈물이 가슴속에 교차하지
않을 수 없도다. … 그러나마나 학교에 입학하는 일이 곧 사람 되는
길이라면 얼마나 안심되랴(전집 1: 65-66).

　입학을 위한 14:1의 치열한 경쟁, 그렇게 입학을 했어도 5년 후
졸업 때면 취직난으로 실망할 수밖에 없는 현실. 이런 현상은 학교
가 취업 준비와 입신출세를 위한 과정으로 인식되는 한 종식될 수
없지 않을까? 학교에 입학하려는 동기가 '사람 됨'에 있지 않고, 학
교 또한 '사람 됨'에 기여하지 못한다면 말이다. 학교가 본연에서 벗
어나 있음은 예나 지금이나 다름이 없음을 본다.

2. 신앙에 기초한 교육

함석헌은 『신앙과 인생』의 간행사에서 다음과 같이 말했다.

　김교신에게서 조선을 빼고는 의미가 없다. … 저는 나라를 사랑하
였다. 그러나 그 사랑이란 보통 세상에 유행하는 소위 애국이 아니었
다. 그는 산 조선은 산 인생에만 가능한 줄 알았다. 그러므로 성서와
조선을 따로 떼지 못해 성서적 신앙 안에 새 조선을 살려보려 애썼던
것이다. 그러나 그 신앙이란 것도 또 소위 세상에서 기독교라는 것과
반드시 같지 않았다. 진실을 사랑하는 그는 형식일편(形式一片)으로 화
한 교회신앙에 그대로 있을 수 없었다.
　김교신의 김교신 된 까닭은 허위(虛僞), 불의(不義)라고 생각하는 데

대하여는 용서를 않는 데 있다. 그는 인생을 참 살자 했고, 나라를
참 사랑하자 했으며, 인생을 참으로 사는 것이 가장 참으로 나라를
사랑하는 것이요, 신앙에 사는 인생이 참 인생이라고 생각했다. 그것
이 그의 말이요, 글이요, 그렇게 살자 노력한 것이 그의 생애다(전집
별권: 12-13).

조선을 뺀 김교신, 신앙을 뺀 김교신은 존재할 수 없으며, 김교신
에게 있어서 성서와 조선은 하나다. 성서적 신앙 위에 새로운 조선
을 세워보려고 노력한 것이 김교신의 삶이라는 것이다.

앞에서 교육의 본질은 사람다운 사람 즉 참 인간이 되는 것이라
했다. 참 인간은 거짓 없는 인간이요 의로운 인간이다. 참된 신앙이
추구하는 가치도 참이다. 따라서 교육의 본질과 신앙의 본질은 같다
는 것이 김교신의 생각이다. 나아가서 참된 인간을 기르는 일이 참
된 나라사랑의 길이라 생각했다. 참된 신앙에 사는 것이 참으로 나
라를 사랑하는 길이라고 보았다. 그래서 김교신은 거짓된 인간을 극
도로 싫어했고, 거짓된 종교 형식화되고 화석화된 교회를 극도로 혐
오했다.

도산 안창호는 일찍이 거짓이 나라를 망하게 한 원수(怨讐)라고
지적하고 "군부(君父)의 원수는 불공대천(不共戴天)이라 했으니, 내
평생에 죽어도 다시는 거짓말을 아니 하리라"고 다짐했다. 또한 우
리 민족이 "거짓말하고 속이는 것이 가죽과 뼈에 젖어서 양심에 아
무 거리낌 없이 사람을 대하고 일에 임하매 속일 궁리부터 먼저 하
게 되었습니다. 대한 민족을 참으로 건질 뜻이 있으면 그 건지는 법
(法)을 멀리서 구하지 말고 먼저 우리의 가장 큰 원수되는 속임을
버리고 각 개인의 가슴 가운데 진실(眞實)과 정직(正直)을 모시어야
하겠습니다(주요한, 1963: 478)"라고 했다.

김교신은 비이성적인 신앙생활, 맹신과 광신은 참된 신앙이 아니

라고 생각했다. 따라서 지나치게 격정적인 기도도 배격했다. "기독신자가 되기 전에 우선 이성과 정상과 교양에 힘쓸 것이다. 이성이 왜곡된 데는 신앙도 구원도 없느니라"(전집 2: 112)라고 했다. 또한 그는 우리가 공부하는 목적은 "사람이 사람다운 생활하기 위하여, 또 그 생활하는 능력을 얻기 위하여서"(전집 1: 93-94)라고 했다. 성서를 연구하고 공부하고 보급하는 목적은 사람다운 사람이 되어 인간다운 삶을 누리기 위해서라는 것이다.

그래서 김교신은 교회와 사이비 성직자들에 의하여 왜곡된 성서의 참 뜻을 밝히고, 성서에 기초한 참된 신앙을 회복하기 위하여 일생을 성서연구와 성서 보급에 바치며, 사랑하는 조국과 민족에게 성서를 바치고자 했다. 그것이 '조선을 성서 위에' 세우고자한 김교신의 이상이며, 이는 곧 '교육을 신앙 위에'로 해석해도 무방할 것이다. 그에게 참된 교육은 참된 신앙과 분리될 수 없기 때문이다.

3. 내적 동기와 흥미에 기초한 교육

김교신은 학습에 있어서 내적 동기와 흥미 그리고 유연한 사고와 태도가 중요함을 강조했다. 그는 그와 같은 배움의 자세를 공자에게서 배워야 한다고 했다.

김교신은 '신령한 능력이 있다고 자랑하는 신자, 자신이 정통이라고 자랑하는 신자를 대할 때마다, 기독교에 염증을 느끼고, 유교를 향해 무한히 동경하는 마음이 일어난다'고 했다. 선생은 안으로 '마음 내키는 대로 행동해도 법도에 어긋나지 않는(從心所欲不踰矩)' 경지에 도달했고, 밖으로 '3천의 따르는 제자가 있음에도 죽을 때까지 배우고 또 배울 여지가 있다'는 공자의 해면조직(海綿組織) 같이 부드럽고 신축성 있는 가슴이 한없이 그리워진다고 했다. 사람이 종교적 신념이나 혹은 어떤 사상을 갖는 것은 좋으나, 그 신앙이나 신념 때문에 그 마음이 바위보다 굳어져서 다시 가르침을 받을 수 없이 된다면, 이는 큰 고질이 되고 만다. 신앙적 경화병(硬化病)에 걸린 후에는 백약이 무효다(전집 2: 104-105).

이어서 김교신은 배우는 자의 흥미의 중요성을 다음과 같이 강조했다.

> 학창에 있는 학생이나 학구에 평생을 바친 학도(學徒)가 그 수업 과정과 전공과목에 흥미를 잃었다면 그 얼마나 한탄스러운 일인가 …
>
> 기독교 신앙에 사는 자의 한 가지 특색은 모든 일에 흥미진진하여 끝없는 취미를 자아내어 달콤한 생활을 도처에서 발견하는 일이다.
>
> 그리스도를 마음속에 영접한 자에게 무미건조한 학문이 무엇일까? 수학인가? 증명함이 없어도 자명한 공리 있음을 배울 때에 증명함이 없어도 영원부터 영원까지 실재자이신 여호와를 믿는 마음이 약동하지 않던가? 정리, 방정식의 간명하고도 무궁한 변화는 우리로 하여금 우러러 창공의 성신(星辰)을 감탄케 하며 구부려 가슴속의 도덕률에 놀라게 하지 않던가. 수(數)의 정확함이여! 이(理)의 무궁함이여! 외국어가 무미(無味)한가? 단지 상용어, 학술어로서만 공부하려면 무미할 것이다. 그러나 한 민족, 한 나라의 언어와 문학은 하나님의 사랑이 그 백성에게 나타난 기록이다. 특히 무미 난해하다는 고전어학(古典語學)일수록 이런 견지의 흥미는 배가한다. 또한 지리학이 건조한가? 모세의 출애급, 리빙스턴의 탐험지, 에이브러햄 링컨의 생명을 바쳐 싸운 흑노(黑奴)의 고향, 간디의 수련지, 슈바이처 박사의 전도지로 볼 때에 아프리카 대륙 같은 암흑대륙, 사막 대륙도 우리의 100퍼센트의 흥미를 돋우어 마지아니하니 그 밖의 대륙의 흥미야 말해 무엇 하랴. 복음의 생명을 속에 두고 역사를 읽으라. 논어를 음미하라. 과연 새로운 의미로써 배움의 즐거움이 있지 않겠는가(전집 2: 102).

어떤 과목이나 분야를 불문하고, 어떤 동기와 마음가짐으로 공부하느냐에 따라 무궁무진한 흥미가 생길 수 있다는 것이다. 그래서 김교신은 지리 수업에서 어떤 지역을 공부할 때 그 지역에 관련된 인물과 역사를 이야기 해 줌으로써 학습의 흥미와 동기를 유발하려고 했던 것이다. 또한 졸업생들에게 졸업은 학업의 완결이 아니라 참된 학업의 시작이라는 것을 강조했다(전집 2: 82). 나아가서 대학을 졸업하고 취업하는 제자에게 취직 걱정을 덜었으니 진정으로 학문의 즐거움을 맛보기 바란다고 충고했다(전집 2: 81-82).

4. 민족의식에 투철한 교육

김교신의 경우 조국과 민족을 빼고는 신앙과 교육을 논할 수 없다. 김교신이 식민지 조선의 청년으로 지배국 일본에 가서 기독교에 입신(入信)하고, 일본인 스승 우찌무라에게 성서를 배우며 그에게서 투철한 애국심을 배우고, 귀국하는 연락선 위에서 자신이 뼛속까지 조선인임을 자각한 것은 참으로 아이러니가 아닐 수 없다. '학문에는 국경이 없다'는 믿음으로 오로지 학문에만 열중하던 그에게 "아무리 한대도 너는 조선인이다!"라는 깨달음이 일어난 것은 한 인간의 위대한 각성이요 사명의 발견이다.

그에게 조선은 사랑하는 가족과 동포들의 삶의 터전이기에 사랑의 대상이며 섬기고 지켜야할 소중한 존재다. 그래서 "세상에 제일 좋은 것은 성서와 조선"이라고 했다. 사랑하는 이에게 주고 싶은 것도 많고 사람마다 줄 수 있는 것이 다르겠지만, "나는 다만 성서를 주고자 미력을 다 하겠다"고 결심했다.

과학적 지식의 토대 위에 새 조선을 건설하려는 운동도 필요하고, 덴마크식 농업조선을 중흥하려는 시도도 좋고, 신흥 도시를 중심으로 한 상공조선이나 사조에 파도치는 공산조선도 그것이 진심 성의에서 나온 것이라면 나쁠 것이 없다. 그러나 이런 것들은 꽃과 같고 아침 이슬과 같아서 오늘 있다가 내일에 자취도 없을 것이며,

모래 위의 건축이라 비바람을 만나면 심하게 파괴될 것이다. 그러니 외형적 조선 밑에 영구한 기반이 될 기초공사가 곧 성서적 진리를 이 백성에게 소유시키는 일이다. 즉 넓고 깊게 조선을 연구하여 영원한 조선을 성서 위에 세우자는 것이 그의 성서조선 운동이다(김정환, 1994: 31-32).

초대 기독교인들이 가졌던 순수한 복음신앙과 루터의 종교개혁 이념을 한국적으로 실현하자는 것이 김교신의 민족적 기독교 이념이며(김정환, 1994: 34), 성서를 통하여 민족의 혼을 일깨워 앞날의 진정한 독립의 정신적 기틀을 만드는 것이 그의 민족교육 이념이다(김정환, 1994: 24).

김교신의 이와 같은 민족교육 사상은 다양한 방식으로 구체화 되고 실천되었다. 평소에 집에서 한복을 착용했고, 서재에는 언제나 대형 한국지도와 포은 정몽주의 초상을 걸어놓고 민족의 앞날을 설계하며, 조선어 사용이 금지된 상황에서도 우리말로 강의를 하고, 끝끝내 창씨개명을 하지 않았다. 또한 수업 시간에 우리의 지리와 역사와 인물에 대하여 가르쳤고, 일요일이면 그 바쁜 틈에도 학생들과 함께 서울 근교의 산과 들 그리고 유적지를 다니며 우리의 국토와 역사에 대한 애정을 갖게 했다. 특히 그는 '조선지리 소고'를 『성서조선』(1934년 3월)에 연재하여 식민지 사관과 사대주의에 찌든 국민들에게 우리 국토에 대한 자긍심을 갖게 했다.

김교신은 해박한 역사·지리에 관한 지식을 바탕으로 조선의 지리적 단원(unit)과 면적, 인구, 산악과 평야, 해안선, 기후, 위치 등을 다른 나라의 경우와 비교하면서 세계사와 세계지리의 관점에서 논하고 있다. 특히 위치에 대해서는 그리스 반도, 이탈리아 반도, 덴마크 반도와 비교하여 언급하고 결론으로 우리의 쇠망이 결코 지정학적 위치에 원인이 있지 않고 거기 사는 국민의 마음가짐과 능력이 중요함을 역설하고 있다. 다음에 '조선지리 소고'의 결론 일부만을 인용해 본다.

　상술한 바와 같이 지리적 단원(單元)으로 보나 산악과 해안선의 지세로 보나 이 위에 천혜(天惠)로 주신 기후로 보나 한 국면 혹은 한 무대의 중심적 위치로 놓인 그 대접(待接)으로 보나 조선의 지리적 요소에 관한 한(限)으로는 우리가 불평을 토하기보다 만족과 감사를 표하지 않을 수 없다. 이는 넉넉히 한 살림살이를 부지(扶持)할 만한 강산(江山)이요, 넉넉히 인류사상에 큰 공헌을 제공할 만한 활무대(活舞臺)이다.

　그러나 조선의 과거 역사와 현상을 통관한 이는 누구든지 그 위치의 불리함을 통탄하여 마지않는다. …중략… 중·일·로 3대 세력 중에 개재(介在)하여 좌충우돌하는 형세에 반만년 역사도 별로 영일(寧日)이 없이 지나왔다고. … 그러나 이는 약자의 비명(悲鳴)인 것을 미면(未免)한다. 약자가 한갓 태평을 구하여 피신하려면 천하에 안전할 곳이라곤 없다.

　남미 페루국에 선주(先住)하였던 인디언족의 수도 쿠스코(Cuzco)는 우리 백두산보다 훨씬 더 높은 곳에 있었어도 에스파니아인들의 참혹한 침략을 피할 수 없었고, 티베트는 해발 4,000 미터 이상의 고원에 비장(祕藏)한 나라였으나 천하 최고의 히말라야 산맥도 이 신비국으로 하여금 영국인의 잠식을 피케 하는 장벽은 되지 못하였다. 그러므로 우리는 깨닫는다. - 겁자(怯者)에게 안전한 곳이 없고 용자(勇者)에게 불안한 땅이 없다고. 무릇 생선을 낚으려면 물에 갈 것이요, 무릇 범을 잡으려면 호굴(虎窟)에 가야 한다. 조선 역사에 영일(寧日)이 없었다 함은 무엇보다 이 반도가 동양 정국의 중심인 것을 여실히 증거하는 것이다. 물러나 은둔하기는 불안한 곳이나 나아가 활약하기는 이만한 데가 다시없다. 이 반도가 위험하다할진대 차라리 캄차카 반도나 그린란드섬의 빙하에 냉장(冷藏)하여 두는 수밖에 없는 백성이다. 현세적으로 물리적으로 정치적으로 고찰할 때에 조선 반도에 지리적 결함, 선천적 결함은 없는 줄로 확신한다. 다만 문제는 거기 사는 백성의 소질, 담력 여하가 중요한 소인인가 한다 … (전집 2: 66-68).

막연한 허장성세가 아니라 과학적 근거를 바탕으로 논리정연하고 설득력 있게 우리 국토의 아름다움과 지정학적 이점(利點)을 설명하고 있다. 나라를 잃고 의기소침한 민족에게 희망과 용기를 주는 통쾌하고 웅건한 문장이다. 광복 후에도 오랫동안 우리는 강대국들에 둘러싸인 지정학적 위치를 탓하고 약소국 콤플렉스에서 헤어나지 못했다. 심지어 '엽전이 무엇을 하겠느냐' '엽전은 해도 안 된다'며 자학과 패배의식에 빠져있었다. 그러나 오늘날 21세기 대한민국의 청년들이 당당하게 세계무대에 진출하여 각 분야에서 두각을 나타내고 있지 않은가! 이는 김교신의 지리관이 옳다는 것을 입증하고 있음이 아니고 무엇인가!

5. 시공을 초월한 열린 교육

열린 교육이라 함은 교육의 기본 요소인 교사, 학습자, 교재는 물론 장소와 시간 등 모든 것에 국한됨이 없이 이루어지는 교육을 의미한다. 교사자격증을 가진 교사만이 선생이 아니고, 학교에 적을 둔 학생만이 학습자가 아니며, 문자로 기록된 교과서만이 교재가 아니다. 나아가서 그런 것들이 갖추어진 학교라는 공간만이 학습의 장이 아니라는 뜻이다. 그런 점에서 김교신은 한국 열린 교육의 선구자라 해도 좋을 것이다. 열린 교육의 선구자라 할 수 있는 페스탈로치의 학교에서는 삶의 현장 어디에서나 자연을 교재로 수업이 이루어졌다.

김교신 역시 교육의 시간과 장소와 대상을 국한하지 않았고, 교재 역시 좁은 의미의 교과서뿐 아니라 필요한 경우 현실 속의 다양한 자료와 경험을 교재로 활용했다. 그의 교육활동은 학교에만 한정되지 않았고, 가정에서 출발하여 학교의 담을 넘어 사회와 자연으로 확대되었다. 그의 교육 대상은 자녀와 학생을 넘어 전 국민으로 확산되었다. 김교신 자신도 일제 말기 흥남질소비료공장에서의 생활을 전하면서 "교육이라고 이름이 붙은 교육보다 서본궁에서의 일이 훨씬 교육적"(전집 7: 347)이라고 했다.

페스탈로치가 부엌이든, 거리든, 산야든 장소를 가리지 않고 학생들을 가르쳤듯이, 김교신도 시간과 장소를 가리지 않고 적시(適時)적소(適所)에서 적절한 주제로 애국심과 민족의식을 길러주고, 체력을 단련하고 호연지기를 길렀으며, 자연의 신비와 아름다움을 가르쳤다.

선생의 일기와 제자들의 회고담을 통해서 이와 관련된 수많은 사례를 발견할 수 있다. 그중 양정학교의 제자인 구건의 '물에 산에'란 제목의 글을 소개한다.

> 전학년을 통해 주말에 이루어지는 '물에 산에'는 선생이 주관한 행사로 오래오래 계속되었다. 금요일 아니면 토요일에 학생 출입이 많은 입구 광고판에 선생에 의해 '물에 산에' 광고가 게시된다. 누구나 희망하는 학생은 일요일 아침 광고판에 게시된 지정된 집합 장소에 가면 된다.
>
> 북한, 삼각, 관악, 인왕 등 병풍처럼 둘러싸인 산악순례, 성벽돌기, 서울 근교의 명승지를 탐승(探勝)하는 행사인 것이다. 행주산성, 남한산성, 사육신 묘소, 새남터며 이 땅에 얼을 심은 외인묘지, 사지(寺址), 사찰, 암자를 순례하며 심신을 닦는 것이다.
>
> 선생 자신 교실에서 '물에 산에' 참가를 권하는 말씀이 꼭 한 번 있었다. "조선의 국토는 산하(山河) 그대로 조선의 역사이다. 그리고 조선인의 정신이 이 땅에 깃들여 있다. 조선인의 마음, 조선인의 생활의 자취가 고스란히 이 국토 위에 박혀 있다. 자기를 분명히 알아가는 일이 인생의 근본인즉 상급생을 따라 '물에 산에' 참가하여 하루 휴일을 값있게 보냄도 좋을 것이다"라고 하셨다.
>
> 사실 이 행사에 참가하면 산 역사 공부와 산 지리 공부를 할 수가 있었다. 아니 우리의 자연과 역사를 통해 의식 무의식 인생을 가르치고 실로 민족의 얼을 심어 주셨던 것으로 이는 김선생의 깊은 착상과

어떤 의도에 의해 구상된 독특한 행사였다. 대체로 선생 자신 선두에
서서 인솔하였으며, 목적지에 다다르면 휴식, 기도, 설화 그리고 귀로
에는 노변에서 식물채집도 하였다(전집 별권: 189-190).

무엇보다 『성서조선』지는 김교신이 실천한 대표적인 열린 교육의
수단 중 하나였다. 비록 발행부수는 300부를 넘지 못했지만, 실제
독자는 그 몇 배가 될 것이며 그 잡지가 끼친 영향은 헤아리기 어려
울 정도이다. 그러기에 김교신은 생애의 가장 많은 부분을 이 잡지
의 발행과 보급을 위하여 헌신하였다.

IV. 김교신의 실천

위에서 김교신의 교육관을 편의상 몇 가지로 나누어 설명했으나
이들은 각각 별개의 것으로 존재하는 것이 아니고 서로 상호작용하
면서 통합되어 하나의 일관된 실천 원리로 작용했다. 물론 그 바탕
을 이루는 것은 유교와 성서의 가르침이다. 성서 중심의 기독교 신
앙이 그의 영혼을 지배한 것이라면 유교의 가르침은 현실에서의 구
체적인 실천원리로 작용했다고 볼 수 있다.

김교신을 접해본 많은 분들의 가장 공통된 지적 중의 하나가 선
생의 위대한 실천력이다. 인간의 실천은 확고한 신념에서 나온다.
확고한 신념은 진리에 대한 참다운 앎에서 나온다. 참된 앎에 도달
하려면 거짓 없고 순수한 마음을 가져야 한다. 참되고 정직한 마음
을 가진 자라야 사물의 본질을 꿰뚫어볼 수 있는 것이다(誠意正心 格
物致知).

진리에 대한 확고한 믿음, 정직함에서 우러나오는 당당함 그리고
민족 사회에 대한 지극한 애정과 사명감 등이 그의 실천력의 원천

이다. 이와 같은 원리와 원칙은 교육활동은 물론 그의 모든 삶을 통하여 나타났다. 이제 그의 원칙들이 어떻게 삶과 교육의 장에서 실천되었는지 몇 가지 영역으로 나누어 살펴보기로 한다.

1. 엄격한 자기 수련(修身)과 평생학습

김교신은 수신제가치국평천하(修身齊家治國平天下)의 원리에 누구보다도 투철한 삶을 살았다. 이는 『대학』의 가르침이며 우리 조상들이 신봉해 왔던 유교의 원리다.

김교신은 누구보다도 자기 수련에 철저하고 자신에게 엄격했다. 자기에게 엄격하고 타인에게 관대한 것이 진정한 인격자의 모습이다. 그러나 대개의 인간들은 그 반대다. '내로남불, 내가하면 로맨스이고 남이 하면 불륜'이라는 식이다. 자신의 원칙에 철저하고 의(義)에 투철한 사람은 '호연의 기(浩然之氣)'가 쌓여서 자연스럽게 속인(俗人)이 범접할 수 없는 위엄이 풍겨 나오게 마련이다. 세상 사람들이 선생을 '엄격하다', '무섭다'고 하는 것은 그 때문이다.

수신은 마음을 닦는 것(誠意正心)과 진리를 탐구하는 것(格物致知) 두 차원으로 생각할 수 있다. 선생은 이 두 차원의 노력을 평생 하루도 게을리 하지 않았다.

그는 새벽 4시 반 이전에 어김없이 일어나[6] 북한산 기슭에 올라가 냉수마찰과 새벽기도를 하고 일과를 시작했다. 셋째 딸(정혜)의 증언에 의하면 '평생 아버지의 잠자는 모습을 보지 못했다'고 한다. 감옥에 있던 1년이 유일한 휴식 기간이었을 것이라고 한다(김정환, 1994: 339-345).

---

6) 1932, 1933년의 일기(日步)를 보면 대개 7시 기상이며, 집필과 교정 등의 일로 새벽 2,3시까지 일하는 경우가 종종 있었다. 여기 내용은 정릉으로 이사하여 생활이 좀 더 안정된 후의 일로 보인다.

평생 자기 관리와 자신이 정한 원칙에 얼마나 철저했는가는 그의 일기와 제자들의 증언을 통하여 잘 드러나고 있다. 그는 언제나 문제의 원인을 남의 탓이 아니라 자신의 탓으로 돌리고 철저한 자기반성부터 한다. 어느 날 방안에서 분실된 돈 3원을 맏딸이 습득하여 만년필을 산 것으로 확인되어(스스로 자백) 딸을 훈계한 후에, 자신이 어린 시절 숙모의 반짇고리에서 돈 훔친 일을 상기하며, 그것도 유전 탓인 듯하여 '놀랍고 분하고 후회막급'이라고 했다(1934년 1월 31일 일기, 김정환, 1994: 225). 자신의 원칙이 통하지 않을 땐 언제든 직장을 그만 둘 각오로 자신의 원칙을 관철하기에 최선을 다했다(전집 1: 160).

또한 지적(知的) 측면에서도 김교신은 평생의 과업인 성서연구는 물론 그 연구에 필요한 어학 공부도 쉬지 않고 계속했다. 영어는 이미 학창시절에 자유롭게 책을 읽을 수준에 달했으니 전공서적과 서양의 위인전과 영문 잡지를 계속 구독했다. 그 밖에 성서연구를 위하여 일찍이 희랍어와 히브리어도 공부하여 감옥에 있을 때는 함석헌과 희랍어로 소통을 했다고 하며, 바쁜 틈에도 독일어와 프랑스어까지 쉬지 않고 공부했다. 또한 시내에서 열리는 전공 분야의 각종 학회에 참석하여 학문의 새로운 동향을 배우고 연구했다. 졸업생들에게도 졸업이 학문의 끝이 아니라 새로운 시작이라는 점을, 취직을 한 후에라도 매주 하루나 이틀 일정한 시간을 할애하여 공부할 것을 당부했다. 1933년 3월 1일의 일기에는 지난 2개월 동안 한 책도 제대로 못 읽은 것을 반성하고 연말까지 기초공부(성서와 어학) 외에 50권을 독파할 것을 결심한 기록이 있다. 그는 진정 학이시습(學而時習)을 즐기는 평생학습의 실천자였다.

2. 철저한 가정관리(齊家)

김교신은 제가(齊家)에 있어서도 뛰어난 모범을 보였다. 자녀들의 가정교육은 물론 모친을 섬기는 일, 부부 사이의 애정, 가사와 가계 운영에 이르기까지 어느 것 하나 소홀한 것이 없었다. 또한 장작 패기, 채소 가꾸기, 집안 청소와 같은 자질구레한 가사에서부터 아이들의 입학수속, 모친의 병원 동행, 친인척들의 학교문제에 이르기까지 집안의 대소사를 직접 챙기는 자상한 가장이었다.

청상이 된 모친에게 극진한 효도를 했으며, 12살에 결혼한 4살 위의 부인에게 평생 변함없는 사랑으로 존중했다. 모친은 며느리에게 친히 한글을 가르쳐주었다고 한다. 김교신은 절친한 친구 한림이 조강지처와 이혼하려할 때 성경말씀을 들어 아내가 간음을 한 경우를 제외하고는 절대 이혼할 수 없다고 설득했으나 친구는 끝내 이혼을 단행했다. 그러나 김교신은 아내가 모친에게 한글을 배울 정도로 못 배운 연상의 부인이었지만 변함없이 아내를 소중히 여겼다.

매일 아침저녁 빠짐없이 가족예배를 보고, 원탁에 전 가족이 모여앉아 식사를 하며 이야기를 나누고, 자녀들의 교육문제도 직접 챙기고 학교도 방문하여 가끔은 수업참관도 했다. 어린 자녀들을 데리고 밤하늘의 별들을 보며 성좌의 이름을 알려주고, 자녀들이 잠들기 전 머리맡에서 이야기책을 읽어주고, 겨울이면 논에 물을 대어 스케이트장을 만들어 자녀들과 함께 즐겼고, 여름에는 자녀들과 개울에서 물고기를 잡기도 했다. 집 주변 넓은 대지에 각종 유실수와 야채와 화초를 가꾸었다(김정환, 1994: 339-345).

1933년 2월 13일(일요일)의 일기에는 아침식사를 하며 가족과의 즐거운 대화에 빠져서 당직 교대시간에 지각했다는 이야기가 기록되어 있다(일보: 131). 약속을 칼같이 지키는 김교신에게는 흔치 않은 일이다. 가족에 대한 지극한 사랑을 보여주는 사건이기도 하다.

류달영의 증언에 의하면, 맏딸이 출가할 때 혼례식장에서 "네가 집을 떠날 때는 칼을 품고 가거라. 친정부모의 명예에 관계되는 일이 너로 해서 생기거든 죽고 돌아오지 말 것이다. 오늘부터는 친정과는 싹 끊어버리는 것이니 길흉화복을 시댁과 같이 할 것이다"(전집 별권: 135)라고 했다. 맏딸도 이화여전을 나온 엘리트이며 김교신 자신도 신학문을 한 사람이지만 이처럼 유교적 전통에 철저했다.

1932년 3월 둘째 딸의 보통학교 입학수속을 하려다가 호적계에서 3일이 부족하다고 하여 단념했다고 하면서, "교육하기 위하여 입학시키려 하면서 생년월일을 거짓으로 꾸미려함이 옳지 않음을 깊이 뉘우치다"라는 기록이 있다(일보: 38). 사실 지금도 우리 사회에는 생년월일이 주민등록과 일치하지 않은 사람들이 적지 않다. 과거에는 영아사망률이 높아서, 그 후에는 과태료 때문에, 한국전쟁 중에는 전시라서 그렇다 치고, 근래에 와서까지 조기 입학을 위해서 혹은 입학을 늦추려고 생년월일을 거짓으로 등록하는 경우가 비일비재다. 어떻게 아무 거리낌 없이 자녀의 인생을 거짓으로 시작하게 하려는지! 그러니 거짓과 불법과 사실 왜곡을 양심에 아무 거리낌 없이 자행하게 되는 것이 아닐까?

선생은 당시는 물론 오늘날 기준으로도 보기 드문 모범 가장이며 훌륭한 가정교육의 실천자였다.

3. 학교교육에서의 실천

학교교육에서 김교신이 가장 중요하게 생각하고 실천했던 것은 정직한 인간을 기르는 일이었다. 어떤 경우에도 거짓을 용납하지 않았다. 그는 기본적으로 인간을 사랑하고 학생을 사랑했다. 그러나 거짓에 대해서는 추호도 용납하지 않았다. 특히 시험에 엄격했다. 시험지 상단에 '거짓을 쓰거나 커닝을 하면 0점'이라고 명시해 놓고, 그대로 실천했다.

김교신은 학생들에게 '양칼'이라는 별명을 들을 정도로 엄격했고, 학생의 부정을 보면 눈물을 흘려가면서 안타까워했다. 교사의 의지가 워낙 확고하기 때문에, 학생이 답안을 작성하는 동안은 눈을 부릅뜨고 감시하지 않고 독서도 하고 교정작업을 할 수도 있었던 것이다(전집 별권: 186).

사실 학교교육에서 가장 빈번하게 일어나는 거짓과 비리가 시험과 관련된 일이다. 성적관리 하나 공정하게 못하면 교육은 없다. 교사가 시험 부정을 차단할 확고한 의지가 없으면, 오히려 '정직한 사람이 손해 본다'는 의식이 확산된다. 결과적으로 부정행위를 조장하는 것이나 다름없다.

둘째로 김교신의 수업은 교과서에 국한하지 않고 다양한 경험을 통하여 이루어졌으며 학생의 자율적 참여와 창의성을 중시했다. 예를 들면, 지리시간에 선으로 된 지도만 제시하고 내용을 스스로 채워가도록 한다든가, 그 지역에 얽인 인물과 역사를 중심으로 강의를 한다. 박물시간에는 교과서를 벗어나서 다양한 주제로 학생들의 민족의식을 고취했다. 선생의 제자였던 구건의 회고담의 일부를 들어보자.

박물시간에는 거미의 결사적인 연애 이야기에서 끝내 남녀 간의 사랑에 언급, 다시 이어 춘향의 이야기에서 롱펠로우의 에반젤린의 사랑의 애가에 비화, … 이런 이야기 속에는 인간의 근본적인 것이 깃들어 있었고 … 선생은 언제고 자기를 분명히 알아가는 것이 인생의 근본이라고 하셨다. 따라서 이야기의 실마리만 풀리고 보면 지리 공부시간이건 박물 공부시간이건 대고구려를, 세종대왕을, 이순신을 가르치셨다. … 선생의 교육은 실로 특징 있는 교육이었으며 교수방법도 파격적이었다. 우리는 선생의 이런 말씀으로 우리 역사에 조금씩 눈이 떴던 것이다. 또 선생은 일제 막판에도 아무 거리낌 없이 시종일관 우리말로 수업을 하셨다(전집 별권: 177).

그는 신앙인이면서도 직접적으로 학생들에게 신앙을 강요한 적이 없고, 비록 기독교인이지만 합리적 과학적 태도를 중시했으며, 진화론에 대해서도 객관적이고 합리적인 입장을 취했다(전집 별권: 376). 또한 "조선지리 소고"를 통해서 올바른 지리관을 갖도록 하고, "역사는 직선적으로 흐르는 것이 아니라 간헐천처럼 팽창하면 멎게 되고, 멎은 것은 다시 터지게 된다"(전집 별권: 131). "진실한 용자(勇者)는 겁이 많고 역사상의 용장들은 모두 마지못해 싸웠다. 완력을 자랑하던 골리앗은 다윗의 일격에 고꾸라졌다"(전집 별권: 141). "폭군은 사멸하여도 민중은 불멸이라고, 이것이 역사의 법칙"(전집 별권: 381)이라는 말로 올바른 역사의식을 심어주고 청년들에게 희망과 용기를 불어넣었다.

셋째는 다양한 과외활동을 들 수 있다. 김교신은 자신이 스포츠를 좋아하고 학생들과 어울리는 것을 좋아하여 육상, 농구, 씨름 등 다양한 운동을 학생들과 함께 즐겼고, 방과 후에는 성서 모임이나 외국어 공부를 하는 모임을 함께 하기도 했다. 위에서 언급한 바와 같이 일요일에는 '물에 산에'라는 프로그램을 만들어 학생들을 데리고 서울 주변의 산과 성곽과 사적을 답사하고, 식물채집을 다니며 역사의식과 애국심을 길러준다.

김교신은 양정고보 마라톤 코치로 손기정을 인솔하여 베를린 올림픽 파견을 위한 최종 선발전이 열리는 도쿄 마라톤 대회(1935.11.3.)에 참석했다. 경기 당일 손 선수의 요청에 따라 자동차로 일정한 거리를 두고 앞서가며 눈물로 응원했고, 손기정은 차창에 보이는 선생의 얼굴을 보면서 달려 세계 신기록(2시간 26분 41초)을 달성했다. 그때의 눈물은 "사제 합일의 화학적 변화에서 발생하는 눈물"이었다고 김교신은 회상했다(전집 1: 36). 그런 그이기에 이듬해 손기정의 베를린 올림픽 우승 소식을 접하고 또 한 번 감격의 눈물을 흘릴 수밖에 없었다.

넷째는 감동을 통한 행동의 변화를 추구하는 교육이다. 김교신은 "심장을 통과하는 지식이 인생에 가장 중요한 지식인 것 같다"(전집 2: 108)고 한 바와 같이 참된 교육은 가슴으로 하는 것이라고 생각했다. 그는 천성이 순수하여 다정다감하며 감격을 잘 하는 성품이다. 교과를 넘어서는 그의 파격적인 교육활동에 의하여 5년을 그에게 배운 학생들은 자신도 모르게 선생의 가치관과 애국심이 가슴에 녹아들게 된다. 제자들의 회고담을 종합해 보면, '불의와 타협할 줄 모르는 강직함, 국가와 민족에 대한 뜨거운 애국심, 역사와 위인들의 이야기로 전해주는 감격과 감동, 신념 있는 생의 태도, 눈물이 많으신 선생님, 무교회 신앙' 등으로 집약된다. 이는 제자들에게 각인된 선생의 인상이며 감성교육의 성과다.

4. 다양한 사회교육의 실천

김교신은 스스로 학교교육은 부업이라고 할 정도로 성서연구와 『성서조선』의 발행과 보급에 생애를 걸었다. 그가 이 세상에서 가장 좋아한 것은 성서와 조선이었다. 성서를 바로 배워 성서의 진리 곧 참된 삶의 자세를 조선의 방방곡곡에 전달하자는 것이 그의 성서조선 운동이며 국민을 대상으로 하는 사회교육 운동이었다. 이를 위하여 선생은 자신의 모든 것을 바쳤다. 시간과 금전과 열정을 모두 이 일에 바쳤다. 가끔 그런 사정도 모르는 독자들로부터 금전적인 도움을 요청하는 편지를 받고 보면 참으로 괴로운 일이 아닐 수 없었다. 그 딱한 사정이야 동정을 금할 수 없지만 김교신으로서도 거기까지는 어쩔 수 없는 일이다. 오죽했으면 『성서조선』(1937년 4월)에 이런 글을 올렸겠는가!

은과 금은 내게 없거니와 내게 있는 것을 네게 주노니 『성서조선』
을 받으라.
　…중략…
　자신의 일은 말할 것도 없고, 불효를 각오하고 자녀 교육을 제한하
고 친척 고우에게 인정미를 단절하지 않고는 1개월도 불가능한 일이
다. 부귀(富貴)의 문(門)에 비굴하지 않고 친구와 사회에 누를 끼치지
않고서 자립하여 『성서조선』을 발간하기 위해서는 돌보다 냉정해져서
경제적 전 세력(勢力)을 이에 집주(集注)하여야 한다. 의식(衣食)의 여분
으로 되는 것이 아니라, 출판한 여잔(餘殘)으로 생활하여야 된다. 그러
므로 성조지는 나의 최대의 것이요, 전부다. 이 이외의 것을 현재의
나에게 요구하는 자는 나의 혈액을 요구하는 자이다(전집 1: 212).

　그는 『성서조선』은 결코 생활비를 충당하고 남은 돈으로 발행하
는 것이 아니라, 출판하고 남은 돈으로 생활해야 한다. 그러므로 성
조지는 자신의 최대의 것이요, 전부라고 했다.
　그렇다면 『성서조선』이 추구하는 목적은 무엇인가? 김교신은 먼
저 '아침에 도를 들으면 저녁에 죽어도 좋다(朝聞道夕死可矣)'라는 공
자의 말씀과 '사람은 빵만으로 살 것이 아니요, 하나님의 말씀으로
살 것이라'는 성경의 말씀을 인용한다. 진리를 전하는 것이 첫째 목
적임을 암시한다. 이어서 도를 듣는 것만으로는 충분하지 않다. 그
러나 도를 행하려면 용기가 필요하다. 그러므로 "소위 인텔리층의
경박과 유물주의자의 반종교운동에 대하여 신앙의 입장을 프로테스
트(항변)하고자 함이 본지 발간의 일대 취지"(전집 1: 316)라고 했다.
그리고 조선에 기독교가 전래한 지 약 반세기에 이르렀으나 아직도
서구 선교사들의 유풍(遺風)을 모방하는 범위를 벗어나지 못함이 유
감이라 "순수한 조선산 기독교를 해설하고" 조선에 성서의 교훈을
전달하고 "성서적인 진리의 기반 위에 영구 불멸할 조선을 건립"하
는 것이 『성서조선』 발간의 취지라고 했다(전집 1: 315-317).

김교신은 민족과 인류를 위하여 어떤 일을 하는 것이 유익한지, 일생의 천직으로 무엇을 택할 것인지를 고민하는 청년들에게 충고한다. 즉, 사업의 크고 작음과 긴요함은 사업의 종류에 있는 것이 아니라 그것을 행하는 태도에 달려있다. 비록 작은 일일지라도 큰일처럼 정성을 다하면 큰 성과를 얻을 것이라고(전집Ⅱ: 130-131) 했다.

또한 매일 먹는 쌀과 연탄을 안심하고 주문할 수 있는 상인, 안심하고 받아먹을 수 있는 우유배달, 농약치지 않은 야채상, 신실한 간호사, 믿을 만한 목수 등, 그 어느 것이 큰 사업 아닌 것이 없다. 한 시대의 신뢰를 감당하기에 합당한 인물이 되면 그는 우주보다도 더 큰 인물이다(전집Ⅱ: 131). 참된 신앙을 통하여 믿을 만한 인간을 길러내는 일이야말로 큰 사업이며 무슨 일이든 믿고 맡길 수 있는 인물이 진정으로 큰 인물이라는 것이다.

『성서조선』은 약 15년 동안 발행부수가 매호 300부를 넘지 못했지만, 전국 방방곡곡에 배달되었고 읽을거리가 많지 않던 당시 상황에서 그것이 주는 영향은 적지 않았을 것이다.

다음은 흥남질소비료공장에서의 사회교육활동이다. 김교신은 1942년 『성서조선』이 폐간되고 성서조선사건으로 1년의 옥고를 치르고 출옥한 후 '불온인물'로 감시의 대상이 되어 공직 취업은 어렵게 되었고, 더구나 강제징용이 될 가능성이 높아 현지 징용의 형식으로 취업을 하게 되었다. 흥남질소비료공장 흥남연료용흥공장 노무과 조선인 노무자 주택 서본궁(西本宮) 관리계의 계장으로 근무하게 되었다.[7] 이 공장은 일본 해군의 특수비밀군수공장으로 한국인 노무자

---

7) 후일(2010년) 국가유공자로 선정되는 과정에서 김교신이 일본 군수공장에서 간부사원으로 근무했다는 이유로 친일로 의심받았다고 한다(전인수: 179). 어처구니없는 일이다. 그렇다면 그가 기회가 있었음에도 그걸 버리고 일제에 징용으로 끌려가 전쟁의 도구로 이용되다가 개죽음을 해야 했을까? '어디 있었는지'가 아니라 어떤 '마음으로 어떤 일을 했는지'를 살피는 일이 중요하다. 더구나 김교신 자신은 '국가유공자'라는 명예 따위는 안중에도 없을 인물이다.

만도 5천명에 달했다. 다행히 이 공장의 사장은 선생이 일본 유학시절에 친분이 있는 사람이며, 직속상관인 과장 역시 명문대학출신으로 선생에 대해 호의적이었다. 이런 여건을 최대한 활용하여 김교신은 1944년 7월부터 이듬해 4월 발병으로 입원할 때까지 약 8개월 동안 조선인 노무자들의 생활개선과 의식개혁을 위해 눈부신 활동을 했다.

그가 한 일은 첫째, 주택관리와 주거환경을 보수하는 일이다. 둘째, 노무자들의 자녀를 위한 유치원 설립, 성인을 위한 한글교육 등이다. 셋째는 근로자들의 생활개선으로 비록 어려운 처지지만 스스로 자신의 생활을 규모 있게 해나가도록 지도했다. 넷째, 조선인으로서의 민족적 자각을 일깨웠다. 다섯째, 인격훈련을 통한 시간 지키기, 거짓말 하지 않기, 청결하기 등의 기초질서 정착이다. 그의 노력으로 근로자들의 주택가는 청결해지고 생활태도가 건실해졌다. 선생은 이들을 대상으로 정기적으로 민족과 역사, 종교와 윤리, 보건과 위생에 관한 강의도 했다(김정환, 1994: 175-179).

이 무렵 선생은 유달영에게 보낸 편지에 이렇게 쓰고 있다. "교육이라고 이름이 붙은 교육보다 서본궁의 일이 훨씬 교육적이고 생생한 일로 나에게 느껴지네. … 나는 이곳 공장에 들어와서 신세계를 발견한 것일세. 교육계에서 밀려 나온 것이 웅덩이에서 태평양으로 옮긴 것 같은 느낌일세"(전집 7: 374). 비록 몸은 고달프겠지만 큰 보람을 느꼈던 것으로 보인다.

그 밖에 선생은 거주하는 동네에서도 주민들의 계몽을 위해 교회당에 야학을 열고 주민들을 가르쳤다. 그는 뜨거운 민족애와 강철 같은 체력을 바탕으로 촌음을 아껴 때와 장소를 가리지 않고 이 민족을 깨우치기 위해 헌신했다.

5. 개별 상담을 통한 교육

김교신은 탁월한 상담가(counselor)이기도 했다. 물론 그는 전문적인 상담 교육이나 별도의 훈련을 받은 적이 없다. 그러나 그는 상담자가 갖추어야 할 가장 중요한 요소인 경청과 공감능력을 갖추고 있었다.

그는 찾아오는 청년들의 학업·진로·신앙문제와 일상생활문제 등에 대하여 겸허한 자세로 마음의 문을 열고 내담자(client) 입장에서 성실하게 경청한 다음 깊은 성찰과 풍부한 학식을 바탕으로 조언을 한다. 그의 상담 기법은 이른바 내담자중심(client-centered)상담 혹은 프랭클(Victor Frankl)이 개발한 논리요법(Logotherapy)에 가까운 것으로 볼 수 있다.

많은 학생들이 원칙에 철저한 선생을 처음엔 무섭고 까다롭게 느끼지만 시간이 지나면서 선생의 내면에 숨겨진 깊은 인간애와 박학다식함에 매료되곤 한다. 그래서 주말이면 자택에서 개최되는 성서강의를 듣기 위하여, 혹은 개별적으로 선생을 만나러 자택으로 찾아오는 학생들이 늘어났던 것 같다. 그들 중 몇몇 예를 보기로 하자.

구본술은 경기중학교 3학년 때, 선생의 지리 수업을 들으면서 깊은 감동을 받았고, 졸업 후 아버지의 권유로 의대에 입학했으나 취미에 맞지 않아서 전공을 바꾸려고 고민하다가 선생을 찾아가 의논을 드렸다. 선생은 구군의 이야기를 경청한 후 낮은 음성으로 의학공부도 인류와 민족을 위해 좋은 길이고 특히 한국의 특수한 분야를 개척해 나가면 보람 있는 일이라고, 사상의학(四象醫學)을 예로 들며 설명해 주었다. 그 후 마음을 굳히고 의학공부를 계속했음은 물론이다(노평구 편, 1972: 245).

『성서조선』 1939년 4월호에는, '무수한 직장'이란 제목으로 어느 법학도의 서면 상담 내용이 소개되었다. 본래부터 법학에 대해 무미

건조함을 느꼈던 학생이 기독교 신앙을 가진 후로는 사람이 사람을 심판하는 판사나 검사가 될 수 없다는 생각에 자산을 처분하여 농사나 짓겠다는 편지를 보냈다. 선생은 '그것도 좋은 생각'이라고 일단 긍정한 후에 아래의 요지로 답변했다.

> 첫째, 전원생활이 불가한 것은 아니나 그것이 유일한 기독신자의 직업이요, 가장 신성한 산업인줄로 알았다면 크게 잘못이다. 전원에서도 죄짓는 일을 할 수 있음은 물론, 농사를 아무나 할 수 있는 것으로 생각하는 것도 교만이다. 농사가 어려운 것은 노동의 강도가 심하다는 것 외에 수익이 극히 박하다는 점. 교육받은 자가 하기에는 이해타산에 견딜 수 없다.
>
> …중략…
>
> 판사를 심판자로만 보는 것은 산상수훈의 오독이다. 재판을 하되 증거에 나타난 것으로만 하지 말고 솔로몬 대왕과 같이 사람 마음속의 깊은 곳까지 투시하는 판결을 내리고자 해보라. 이는 가장 현명한 인간이 최대의 정성을 다 하여야 할 성직(聖職)이다. … 검사와 변호사도 그렇다. 사회의 정의를 위하여 권세를 꺾고 억울한 원혼을 위하여 당연한 사리를 밝히는 일, 이보다 더 기독신자의 전심을 기대하는 일이 어디 있을까. 링컨도 간디도 변호사였다. 바울도 일종의 변호사요, 예수는 최대의 변호자였다. 죄 없는 자를 변호할뿐더러 죄의 동기를 분석해서 동정으로 변호하며 나중에는 죄를 내 몸에 지고 십자가에 걸려서 영원히 변호하신다(전집 2: 129-130).

이처럼 뛰어난 논리와 정성으로 정곡을 찌르는 답변을 해준다. 그 밖에도 많은 학생들과 다양한 장소에서 다양한 주제로 상담이 이루어졌음을 발견할 수 있다.

V. 맺는 말

지금까지 고뇌하는 인간 김교신의 편모(片貌)를 살펴보고, 그의 교육관을 몇 가지 측면에서 고찰하고, 그의 교육관이 현장에서 어떻게 실천되었는가를 논해보았다.

김교신, 그는 합리적 이상주의자다. 이상은 높고 크지만 허황되지 않고 현실적이고 구체적이다. 표현과 태도는 한없이 겸손하고 소박하지만 언제나 당당하고 신념에 차 있다. 마음속에는 온 우주와 국가와 민족의 문제로 가득하지만 가까운 주변에서부터 할 수 있는 일에 최선을 다했다. 사랑하는 조국을 위해 해야 할 일이 많지만, 지금 자신이 해야 하고 할 수 있는 일에 자신의 생명을 바쳐 일했다.

그에게 가장 소중한 것은 성서와 조선이다. 사랑하는 조국에 성서를 바치기 위해, 사랑하는 조국을 진리의 반석 위에 세우기 위해 그는 평생을 성서연구와 교육에 바쳤다.

따라서 그가 하는 교육은 참 인간을 기르는 것이어야 하며, 참된 신앙을 기반으로 해야 한다. 그가 실천한 교육은 세속적 명리를 추구하는 교육이 아니라 참된 진리를 찾아 내면화하는 교육이었다. 또한 그가 추구하는 교육은 성서적 진리 위에 영원한 민족 독립의 기틀을 세우는 것이다. 그의 교육은 시공을 초월하여 세계로 열려있다.

김교신은 이와 같은 교육관을 먼저 엄격한 자기 수련에서 출발하여, 가정과 학교 그리고 사회에서 다양한 방법으로 실천했다. 집단으로 혹은 일대일의 만남을 통해서 생명이 끝나는 순간까지 이어졌다.

그렇다면 우리는 선생의 교육관과 실천에서 무엇을 배우고 무엇을 계승해 갈 것인가?

첫째, 교육 현장에서 정직과 진리와 진실을 최고의 가치로 숭상하고, 정직과 진리를 목숨처럼 소중히 여기는 인간을 길러내는 일에 집중해야 한다. 정직은 단순히 비현실적인 도덕적 덕목의 하나가 아니라 진정한 힘의 원천이며 현실적 이익을 보장해 주는 가장 확실한 열쇠라는 것을 인식하고 체험할 수 있도록 해야 한다.

둘째, 모든 참된 가치는 외형에 있는 것이 아니라 내면에 존재한다는 것을 재인식하고, 모든 일은 '무엇을 하느냐'가 아니고 '어떻게 하느냐'가 성패를 좌우한다는 점을 가르쳐야 한다. 교육에 있어서도 내면적 동기와 흥미를 활용해야 한다.

셋째, 수신(修身)과 제가(齊家)의 중요성을 재인식하고 다양한 교육프로그램에 반영해야 한다. 남보다 자신에게 엄격하고 철저한 도덕적 기준을 적용함으로써 개개인의 인격을 재건하고, 교육과 행복의 기초 단위인 가정의 소중함을 재인식하고 가정을 잘 가꾸어야 할 것이다. 김교신은 이 방면에 탁월한 본보기를 보여주었다.

넷째, 종교교육의 반성과 새로운 방향정립이 필요하다. 형식화되고 경직되고 타락한 기성종교와 선교를 목적으로 하는 종교교육을 지양하고 종교의 본질에 기초를 두고 참된 인간교육을 지향하는 종교교육으로 거듭나야 한다.

다섯째, 김교신의 국토·지리관에 대한 지속적 연구와 확산이 필요하다. 아직도 우리는 식민지사관과 지정학적 콤플렉스에서 탈피하지 못하고 있다. 선생의 소론을 더욱 발전시키고 보급시켜 민족사와 국토에 대한 긍정적 의식을 지니도록 해야 한다.

끝으로 김교신 선생의 삶 자체가 가장 훌륭한 인생의 교본이고 지도자의 표본이며, 신앙인의 모범이며, 국민교육의 텍스트(text)이다. 그는 국권을 상실한 악조건 속에서도 온 몸을 던져 실천으로 보여주었다. 그 이상의 텍스트가 어디 있는가! '김교신'이라는 텍스트를 널리 보급하여야 한다.

참고문헌

김교신(1940). 『성서조선』 제158호(1940년 7월).

김교신선생기념사업회(2016). 『김교신 일보』. 서울: 홍성사. ('일보'로 표기)

김교신선생기념사업회(2016). 『김교신, 한국사회의 길을 묻다』. 서울: 홍성사.

金敎臣全集刊行會(1975). 『金敎臣全集』 제Ⅰ~Ⅵ권. 서울: 耕智社. ('전집 Ⅰ, Ⅱ, …'로 표기).

金丁煥(1972). 참 敎師. 盧平久 편(1972). 『金敎臣과 韓國: 信仰·敎育·愛國의 生涯』. 329-340.

金丁煥(1980). 『金敎臣』. 서울: 한국신학연구소출판부.

金丁煥(1994). 『金敎臣: 그 삶과 믿음과 소망』. 한국신학연구소.

노평구 편(2001). 『김교신 전집』 제1~7권. 서울: 부키. ('전집 1, 2, …'로 표기)

노평구 편(2001). 『김교신 전집』 별권. 서울: 부키. ('전집 별권'으로 표기)

노평구 편(1972). 『金敎臣과 韓國: 信仰·敎育·愛國의 生涯』. 서울: 제일출판사.

양현혜(2015). 『한국 사학 교육, 김교신에게 길을 묻다』. 양정창립 110주년 기념 세미나 발표자료.

외솔회(1974). 『나라사랑』 제17집(김교신 선생 특집호).

전인수(2012). 『김교신 평전: 조선을 성서위에』. 춘천: 삼원서원.

주요한 편저(1963). 『안도산전서』. 서울: 삼중당.

진교훈 외(2007). 『인격』. 서울: 서울대학교출판부.

Hunter, James C.(2004). *The World's Most Powerful Leadership Principle*. 김광수 역(2006). 『서번트 리더십2』. 서울: 시대의 창.

Smiles, Samuel(1872). *Character*. 공병호 역(2005). 『인격론』. 파주: (주)북이십일.

인간교육을 위한
김교신의 철학과 방법

송순재

인간교육을 위한
김교신의 철학과 방법*

Ⅰ. 여는 말

김교신은 일제하 조선 민족의 갱생과 부활에 헌신했던 지리 박물 교사이자 기독교 평신도 신학자이다. 그 인물의 비범함은 역사 속에 묻혀 있다가 김정환(1980, 1994)의 『김교신』에 의해 본격적으로 소개 되어 세상에 널리 알려졌다. 초기 연구가 그 생애와 사상의 전체적 인 상을 제시했다면, 이후, 특히 2000년대 이후의 연구과정에서는 신학적 주제들이 좀 더 세분화되어 다루어지기 시작했다. 이 방향에 서 현재까지 나온 논문과 단행본들은 그동안 불분명하게 남아있었 고 따라서 후속연구를 필요로 했던 부분들의 면면을 상당부분 자세 히 밝혀주었고, 이에 따라 그 의미는 밀도를 더해 갔다.

이에 비해 교육학 연구는 석·박사 학위논문들을 제외하면 상대적

---

* 이 글은 한국교육철학회 편(2020), 『일제강점기, 저항과 계몽의 교육사상가들』(서울: 박영사)에 기고한 글(368-407)을 다시 다듬은 것임을 밝혀 둠.

으로 미진한 편이었는바, 다만 앞에서 언급한 김정환의 저서 중 "제3장 천성적 교사"를 비롯하여, 김선양(1995)의 "김교신의 교육사상", 길창근(2003)의 "김교신의 교육사상에 관한 고찰", 정호영(2005)의 "김교신의 인간화교육 사상", 임희숙(2005)의 "김교신의 민족교육과 기독교"와 양현혜(2013)의 연구(『김교신의 철학』 4장 2절: 참 사람 참 조선인을 키우다) 등을 제한적으로 언급할 수 있을 뿐이다. 이들 글과 논문들은 개요를 파악하거나 특정한 주제에 초점을 맞춘 유의미한 선행 연구들이다. 아울러 지리학 논문이지만 일부 교육학적 논의를 담고 있는 이은숙(1996)의 "김교신의 지리사상과 지리학 방법론 –조선지리소고를 중심으로"나, 신학 논문이지만 교육학적 함의가 있는 백소영(2004)의 "김교신의 '서당식' 기독교" 등도 거론할 수 있을 것이다. 이에 더하여 최근 강연회에서 발표된 양현혜(2015)의 "한국 사학교육, 김교신에게 길을 묻다"와 박의수(2016)의 "김교신의 교육관과 실천," 강선보(2016)의 "만남의 교육가, 김교신" 등이 있음도 언급해 둔다.

이 글에서는 이상 선행 연구들을 배경으로 하여, 김교신의 교육사상과 실천의 성격을 밝히되 그 철학과 방법에 초점을 맞추어 가능한 한 조직화시켜 드러내고자 했다. 단 그에게서 교육문제는 기독교와 불가분리하게 전개되었다는 점에서 이 둘을 떼어놓고 하나만 다룰 수는 없기 때문에 먼저 간략하게나마 기독교 신앙 문제도 연관지어 논하겠다. 세 가지 주요 현장, 즉 학교, 사회, 가정을 고루 다루어야겠으나, 여기서는 지면상의 이유로 학교교육에 국한한다. 먼저 김교신 사상의 기조를 이루는 세 가지 개념부터 살펴보기로 한다.[1]

---

1) 일러두기: 『성서조선』(제1호, 1927.7. – 제158호, 1942.3.)(성서조선사)에 게재된 성서 연구를 비롯한 다양한 글들과 공개일기는 2001년 노평구가 엮어 펴낸 『김교신 전집』 1-7권(서울: 홍성사)에 수록되었고 현 단계에서 학문적 의사소통에 유용성이 있

II. 김교신 사상의 기조: 세 가지 근본어

『성서조선』지 창간사에 따르면 김교신이 일본으로 건너간 두 가지 이유가 있었다. 하나는 더 높은 차원의 학문 추구를 통한 자아의 발견과 이상 실현을 향한 갈망 때문이었고, 다른 하나는 조선 민족의 갱생과 부활에 대한 염원 때문이었다. 이를 위해서는 적국 일본이라도 마다치 않았다. 침략자 일본이 아니라 서구문명의 수용을 통해서 동양권에서 새로운 학문의 세계와 문물을 앞서 개척해 나가고 있었으며, 조선과 평화적 관계를 모색할 필요가 있는 일본을 염두에 둔 것이었다. 그 기대는 빗나가지 않았다. 거기서 그는 바라던 학문과 또 뜻하지 않게 새로운 종교적 가르침도 접하게 되었다("『성서조선』지 창간사" – 이하 "창간사", 1927. 7, 전집 1: 20-21).

김교신의 생애 전체에서 자아와 조선 이 둘은 시종일관 불가분리한 문제로 엮여 존재했고 또 이 엮임은 끊임없이 심화되었다. 조선은 그의 현세적 삶에 무조건적이요, 대치 불가능한 가치를 의미했다. 그는 조선을 사랑하다 못해 "감히 사랑한다고 대언치 못(한다)"고 고백하기까지 한다. 조선은 그의 지극한 '애인'이었다("창간사", 전집 1: 20-21).

이 새로운 미래를 향한 걸음의 도정에서 그는 일생일대의 사건에 맞닥뜨리게 되는데 그것은 바로 기독교 신앙, 즉 '성서'와의 해후(邂逅)였다. 즉, 성서라 한 것은 성서(교리나 신학이나 교회가 아니라)가 그의 기독교 신앙의 원 자료를 뜻하기 때문이었다. 여기서 그는 자신과 민족과 인류의 모든 것을 결정하는 지고지선의 길을 발견한다.

으로 인용은 이 자료에 의거한다. '김교신 전집'은 단지 '전집'으로만 표기한다. 권은 숫자만 쓰고, 별권은 별권으로 쓴다. 게재된 글은 제목과 연월일을 함께 밝혔고, 『성서조선』(성서통신/성조통신)에 실린 공개일기는 '일기'로, 김교신선생기념사업회가 펴낸(2016) 『일보』에 실린 개인 일기는 편집자 명 대신에 '개인 일기'로 표기하고 일기를 쓴 년과 월 일자를 병기했다.

그리고 이 성서를 자기가 애인이라고 부르고 싶어 하는 조선에 주어 그 삶의 기초로 삼고자 했다. 성서를 기초로 삼는다 함은, 민족의 미래를 위해서는 과학과 농업과 상공업이나 여러 정치적 이념 등도 필요하겠지만, 그것은 덧없는 것들이요, 보다 더 근본적으로 파 들어가 뿌리부터 새롭게 궁극적인 정신적·영적 가치관 위에 영원한 조선을 세우는 것이 무엇보다 중요한 일임을 인식하게 되었다는 뜻이다. 그는 이를 '조선(의) 성서화'라는 말로 표현했다("『성서조선』의 해解", 1935.4, 21-22).

이렇게 해서 조선과 성서, 이 둘은 결코 떨어질 수 없는 관계 안에서 함께 엮여 존재하게 된다. 김교신은 언제나 이 둘에게 최상의 의미를 부여하고자 했다. 둘은 그 어느 것도 버릴 수 없이 소중한 것이요, 늘 한데 어우러져 살아야 할 것이었다. 성서 없는 조선 없고 조선 없는 성서 없다. 이는 각자 독자적 위치에서 그렇다는 말이고, 둘 중 어느 하나가 더 근본적이요, 더 소중하다고 말할 수 있는 성질의 것이 아니었다. 조선에게 가장 필요한 것이 성서라면, 조선 없는 성서 역시 그 의미를 가질 수 없다는 인식이다.[2] 이런 연유로 『성서조선』을 창간하고자 하였으니 이는 그가 사랑하는 성서와 그가 사랑하는 조선, 이 둘을 한데 엮어 낸 말이었다.

> "우리 염두의 전폭(全幅)을 차지하는 것은 '조선'이란 두 자이고 애
> 인에게 보낼 최진(最珍)의 선물은 성서 한 권뿐이니 둘 중 하나를 버

---

2) 조선을 향해 그가 품은 사랑이 얼마나 지극한 것이었는지에 대해서는 동문수학했으며 그와 가장 가깝게 지낸 분으로 알려진 송두용의 증언에서 일견할 수 있다. "나는 그가 야곱이나 요한처럼 야망가이며, 예수보다는 이스라엘을 더 깊이 사랑한 사울과 같이 예수보다도 그의 조국인 조선을 더 사랑한 것을 잘 알고 있다. 그가 학생 시대에 어느 날 현해탄을 건너 귀국 도중 연락선 갑판을 구르면서 '죠센징(조선인)은 불쌍하다'고 외친 것은 유명한 에피소드이다"(전집 별권, 22). 예수보다 조국을 더 사랑했다는 송두용의 증언은 자세한 해석을 요하기는 하나, 김교신의 조국애가 전 생애에 있어 그 어떤 것과도 바꿀 수 없이 중대하고 근본적 가치를 지닌 것이었음을 재삼 강조하고자 한 것임을 일단 짚어둔다.

리지 못하여 된 것이 그 이름이었다"("『성서조선』의 해解", 1935.4, 전
집 1: 20-21).

이렇게 볼 때 자아와 조선과 성서, 이 셋은 김교신의 사상과 삶을
조명하는 근본어적 성격을 가진다 할 것이다. 셋은 서로 연관되어
있으며 어느 하나만 따로 떼어 놓을 수는 없다. 하나를 거론하면 반
드시 다른 둘도 거론해야 한다.

김교신의 교육에 대해서 말하기 위해서는 이 셋 사이에서 말해야
한다. 하지만 출발점이 있다. 그 하나의 출발점은 '자아'이다. 그가
학문의 길에 들어서고 교사 수업을 받은 것은 자아실현 문제 때문
이었다. 하지만 민족 없는 자아실현은 그에게 전혀 불가한 것이었
다. 민족을 위한 사랑은 그의 학문과 교육을 위한 또 하나의 출발점
을 이룬다. 하지만 이 둘, 즉 자아와 민족은 종교라는 기초를 필요
로 한다. 자아와 민족과 종교라는 이 세 가지가 만들어 내는 관계망
속에 교육이 위치한다.

이어서 서두에서 밝혔듯이 간략하게나마 기독교 신앙론에 관해
먼저 살펴보겠다.[3]

III. 기독교 신앙의 성격

1. 무교회주의 기독교

김교신의 기독교는 소위 통속적인 뜻과는 다르다. 그것은 일본
유학 시 우치무라 간조(內村監三)에게서 배운 무교회주의 기독교로

---

3) 이 주제에 관해서는 지난 십수 년 간 다양한 연구가 심도 있게 이루어졌으며, 이정
배(2003), 백소영(2005), 서정민(2013), 양현혜(1994/2013), 전인수(2012) 등을 특히
언급할 만하다.

서, 교회라는 조직체가 노출하는 무수한 역기능 때문에 이를 떠나,
다만 진정한 기독교, 즉 복음이 증거하는 참 그리스도를 깨달아 그
뜻을 현실생활에서 살아 있는 방식으로 구현하고자 했던 신앙적 시
도 혹은 태도 일반을 지칭하는 것이다. 그의 관점과 입장은 무교회
신앙에 처음 입문했던 단계 이후 일정한 논쟁 과정을 거치면서 변
화, 안착되어 갔다.

김교신은 우치무라를 통해서 기독교의 진수에 접했을 당시 제도
로서의 교회에 대해 매우 비판적인 입장을 취했던 것으로 보이며
1936년 9월과 10월에 쓴 두 개의 글("나의 무교회"와 "나의 기독교")에
서 자신의 견해를 밝힐 때까지(전집 2: 248-249, 84-86) 그러한 입장
은 대체로 유지되었던 것 같다. 예컨대 1936년 3월에 쓴 글 "무교회
문답"에서는 교회의 헌정, 교권, 조직 등에 대해서 신랄한 비판을
가하고 현대교회를 교회지상주의를 신봉하는 일종의 사회단체 정도
로 평가 절하한 것을 볼 수 있다(전집 2: 254-255).

그러다가 1936년 가을 경부터는 그런 논조가 바뀐다. 그는 무교
회 신앙이란 교회가 정도(正道)에서 이탈할 때 진정한 신앙의 도를
말하기 위해 내세우는 것일 뿐 그 이상은 아무 것도 아니라는 견해
를 밝혔다. 무교회는 있어도 좋고 없어도 좋다. 그것은 소위 '교회'
와 마찬가지로 아무 생명도 없는 것이요, 애착할 것도 없는 거죽에
불과하다는 것이었다(전집 2: 84). 나아가서 무교회 신앙의 본령은
"소극적으로 대립 항쟁함에 있지 않고 적극적으로 진리를 천명하며
복음에 생활하는 데 있다"고 하였다. 여기서 복음을 생활한다는 말
은 무교회 신앙에서 말하고자 하는 핵심 중 하나다. 그것은 관념이
아니라 일상적 현실에서 살아 있는 신앙인으로서 당면한 시대적 과
제에 구체적으로 임하는 삶의 방식을 뜻한다: "무교회자는 개념에
사는 학자가 아니요, 현실 세계에 생활하는 산 사람인 고로 그 시대
그 사회의 현실에 착안하여 싸운다"("대립항쟁의 대상", 1936.11, 전집 2:

255-256). 1937년 2월 『성서조선』에서 그는 공개적으로 다음과 같은 입장을 천명하였다. "우리는 교회에 대한 일체의 시비공격을 중지한다"("재출발", 전집 1: 328). 민경배는 이 선언을 성서조선으로서는 획기적 변화를 시도한 것으로 보았다("김교신과 민족기독교", 1974, 전집 별권: 364).

이 대목에서 제도 유무를 둘러싸고 공개적으로 취한 입장과는 별도로 김교신이 진작부터 교회와 스스럼없는 관계를 유지하고 있었음을 짚어 둘 필요가 있겠다. 그 한 가지 흥미로운 사례 중 하나로, 1931년 7월 20일에서 26일 사이, 감리교회의 영향력 있던 청년 목회자 이용도의 초청으로 함께 기도회를 가졌는가 하면 광희문 교회에 가서 설교를 한 것 등을 들 수 있다(전집 5: 54, 138). 이후로도 동네 장로교회의 목회자나 교회들과도 종종 교류를 했다(전집 5: 76-77, 82, 273-274 외 여러 곳). 이러한 태도가 바로 그가 견지하고자 했던 무교회 신앙의 성격을 대변해 준다 할 것이다.

2. 조선산 기독교

김교신이 무교회주의를 통해서 기독교 신앙의 진정성을 추구한다고 했을 때 그 진정성이란 무엇을 뜻하는가? 이 물음에 답하기 위해서는 다음 두 가지 개념을 밝혀야 한다. 하나는 성서요, 다른 하나는 조선 민족이다. 여기에 대해서는 최근 '조선산 기독교'라는 개념을 중심으로 활발한 논의가 이루어져 왔다

조선 민족은 성서로 갱생되어야 한다. 그래야 미래를 기약할 수 있다는 것이 김교신이 확신하는 바였다. 『성서조선』에서는 이 과제를 '조선을 성서화'하는 일로 표현하고 있다("『성서조선』의 解", 1935.4, 전집 1: 22). 조선을 '기독교화'하는 일이라 하지 않고 '성서화'하는 일이라 한 데에는 그만한 이유가 있다. 참된 기독교 신앙에 이르기 위

해서는 성서가 유일한 근거라고 보았기 때문이다. 단 그 성서란 외국 선교사나 기성교회가 가르쳐 주는 성서가 아니라 조선인 각자 조선인의 혼과 정신으로 직접 읽고 또 함께 연구해야 할 성서를 말한다. 이 관점은 중요하다. 왜냐하면 서구 기독교 신학을 따라 하자면 조선 사람은 그 신학이 만들어 준 틀에 따라 움직일 수밖에 없는 한계를 가지기 때문이다. 이에 비해 성서를 기본으로 삼는다면 우리는 성서를 해석하기 위한 틀을 스스로 만들어 낼 수 있다.

성서와 성서연구가 그러한 것이라면 기독교의 성격 역시 그에 따라 결정될 수밖에 없다. 김교신은 이를 '조선산 기독교'라 했다("『성서조선』의 간행취지", 1935.10, 전집 1: 317). 이는 성서는 특정한 지역에 사는 민족이라는 조건을 통해서 비로소 정당하게 해석할 수 있음을 뜻하는 것으로, 여기에는 외래의 것이 아닌 독자적 존재로서의 민족 의식이 작용하고 있음이 분명하다. 이 과제를 정당하게 수행하기 위해서는 성서연구와는 별도로 조선 민족을 철저히 연구해야 할 것이라 보았다. 그 뜻은 '조선을 성서로 변화시키는 것'과 '조선이 독자적으로 산출하는 기독교 신앙'이라는 두 가지 개념 사이에서 읽어 낼 수 있는바, 성서와 민족이라는 두 개념을 다룸에 있어 김교신은 양자택일을 하거나 둘 중 어느 한편만을 중심축으로 놓고 다른 한편은 상대화시키는 방식을 취하지 않았다. 민족의 갱생을 위해서는 성서를 최종 근거로 삼은 기독교 복음이 주어져야 하고, 다른 한편 그 기독교는 민족적 조건을 통해서 해석되어야 한다는 것이다. 후자를 부연하자면 기독교는 일정한 지역과 풍토 속에 사는 민족의 문명사적 조건 속에서 해석될 때 비로소 정당성을 갖는다는 뜻이다. 『성서조선』에 게재된 성서연구는 바로 이 관점에 따라 산출된 결과물이며, 민족 연구(일상생활과 사회문제를 포함한) 역시 그러하다. 그 중 특기할 만한 것으로는 김교신 자신의 "산상수훈연구"(1933년 7월), 함석헌의 "성서적 입장에서 본 조선역사"(1934년 2월부터 1935년 12월까지

15회에 걸쳐 제61호－제83호에 연재),[4] 류달영의 최용신 소전(1939년 12월 － 심훈의 농촌계몽소설 『상록수』의 실제 인물 이야기) 등이 있다.

전인수는 최근 기독교 신앙과 민족 간의 관계 문제를 둘러싼 그간의 연구들을 비판적으로 검토한 후 "김교신의 조산산 기독교: 그 의미, 구조와 특징을 내놓았는바, 앞에서 제시한 논지에 관한 좀 더 심도 있는 해석을 대할 수 있다. 그는 상반된 관점, 즉 성서를 통해서 조선을 변화시키는 것과 조선 민족을 통해서 성서를 해석하는 것을 두고 양자를 이전의 연구들처럼 서로 모순되거나 대립되는 개념이 아니라 상호 보완적인 것으로 보고자 했다. 김교신은 조선의 성서화를 위해 기독교의 조선화라는 가치를 버리지 않았고 그 역도 마찬가지라는 것이다. 이 견지에서 그는 일제 말 보수적 기독교인들이 신앙만을 절대 가치로 두거나 복음과 민족이라는 가치를 다 같이 중시한 경우 그 어느 쪽을 막론하고, 민족을 조선교회로 환치한 경우가 대부분이었음에 비추어, 김교신은 성서적 가치와 민족적 가치 중 어느 하나도 버리지 않고 둘 모두를 지켜 냈으며, 그 뜻을 『성서조선』을 통해 상징적으로 보여준 예언자였음을 밝히고자 했다 (전인수, 2010: 186－187).

이 맥락에서 흥미로운 것은 기독교 신앙과 민족 간의 관계에 대한 김교신의 관점이 근대 덴마크의 신학자이자 교육자인 니콜라이 그룬트비(Nikolaj F. S. Grundtvig, 1783－1872)의 그것과 일정부분 흡사한 성격을 보인다는 점이다. 그룬트비는 기독교 신학자로서 복음의 보편적인 가치를 인식하고 이를 통해 민족의 삶이 갱생되기를 원했

---

4) 당시 연재된 강연문은 해방 후 1950년 『성서적 입장에서 본 조선역사』라는 책으로 성광문화사에서 출간되었으며, 그 후 1962년에는 『뜻으로 본 한국역사』라는 바뀐 이름으로 일우사에서 출간되었다. 이후 숭의사(1963), 제일출판사(1966), 삼중당(1974) 등 여러 출판사의 손을 거쳐 오다, 1983년 한길사가 다시 펴냈고, 2003년에는 젊은 이들을 위한 독본으로 새로 엮어 출간했다(2018년 현재 29쇄). '성서적 입장에서' '뜻으로 본'으로 바뀐 도서명은 함석헌의 사상적 변천과정을 나타낸다.

다. 하지만 그렇다고 해서 민족의 삶을 단지 진공상태 같이 존재하는 것으로 보지는 않았다. 기독교가 인간과 민족을 살리기 위해서는 단순히 전자로부터 출발해서는 안 되고 후자를 조건으로 해야 한다는 것이다. "만약 사람들로 하여금 예수 그리스도를 믿도록 설득하려면, 그들이 실제로 살고 있는 장소에서 대면해야 한다"(Grundtvig, 1981: 42). 여기에는 양자가 각각 독자적 위상을 갖기는 하지만 하나가 존재하기 위해서는 다른 하나를 필요로 한다는 식의, 즉 양자를 상호 구별지으면서도 연관 짓는 변증법적 사유형식이 작용하고 있으며, 이는 김교신에게서 나타나는 사유형식과 상통한다. 흥미롭게도 그 양상은 김교신과 함께 우치무라에게서 수학했던 함석헌에게서도 일정부분 확인할 수 있는데(함석헌, 2018〔2003〕: 38), 그 자세한 논의는 이 글의 취지상 다른 자리로 돌린다.5)

3. 유교적 기독교: 유교에 대한 기독교의 관계 설정

김교신의 기독교 신앙의 성격을 밝히려면 또 한 가지 물음, 즉 그가 어떤 이유로 유교에서 기독교로 넘어갔고 이후 유교에 대해 어떤 입장을 가지고 있었는지 하는 물음을 밝혀야 한다.

김교신은 유교 가문에서 철저한 수업을 받고 성장했음에도 기독교로 전향하게 된 이유는 유교와 기독교 간의 질적 차이에 대한 인식 때문이었다. 그 가장 큰 동기는 그가 어릴 적부터 추구해 온 유교적 교훈, 즉 공자의 가르침을 따르자면 60세에 종심소욕불유구(從心

---

5) 이 주제는 필자가 최근 상론하였다(송순재, 2020: 51-76). 김교신과 함석헌이 그룬트비와 일정부분 상통하는 부분을 보이는 것은 그들이 동문수학했던 선생 우치무라 간조와 관련이 있는 듯하다. 우치무라도 그런 방향에서 자신의 논지를 폈기 때문이다. 우치무라가 1900년대 초 덴마크의 그룬트비를 일본에 소개한 중요한 사상가라는 점을 고려해 보면, 이들 간에 어떠한 맥락에 있었을 것이라는 추정이 가능해 보인다. 이 추정은 좀 더 정확한 연구를 통해 밝힐 필요가 있다.

所欲不踰矩, 마음이 내키는 대로 해도 거리낌이 없음)의 상태를 어서 속히 이루고자 품은 기대와 희망에 있었다. 하지만 그는 열심을 다해 공자보다 십 년을 앞당겨 이 경지에 도달하고자 했으나 그러면 그럴수록 그 목표가 더 멀어지는 것을 체험하였다. 이러한 절망에 처했을 때 기독교 복음에 접하여 20세라는 젊은 나이에도 하나님의 도우심으로 그러한 경지에 도달할 수 있겠다는 믿음을 가지게 되었다. 이는 유교의 교훈을 기독교를 통해서 달성코자 한 의도를 말해 준다.

그는 도덕률에 있어서 유교와 기독교 간에 현격한 차이를 보았다. – 공자와 예수의 가르침을 비교해 보았을 때 공자의 "견의불위무용야"(見義不爲無勇也, 정의를 보고 알면서 실천하지 않음은 용기가 없는 것이다)와 "의를 보고 행하지 아니함은 죄니라"라는 예수의 가르침이나, 공자의 "이직보원 이덕보덕"(以直報怨 以德報德, 원한에는 강직으로 갚고 착한 덕행에는 은덕으로 갚아라)과 "적을 사랑하며 오른뺨을 치는 자에게 왼뺨을 향하라"라는 예수의 가르침 간에는 질적으로 확연한 차이가 있음을 고백하였고 그 절정을 '산상수훈'에서 발견하였다. 그는 이 경지를 교회신자들이 흔히 생각하듯 내세에 가서나 바랄 수 있는 것으로 보지 않고 현세에 도달할 수 있는 문제로 보고자 했다.

그러나 그 즈음 우치무라로부터 산상수훈을 청강하던 때 기독교를 그러한 도덕률의 관점에서 보는 것은 오해요, 정수에 접하지 못한 것이라는 언설에 접하게 되어 돌연 막막한 심경을 가지게 되었고 결국 이도저도 아닌 '진퇴유곡'의 상태에 처하게 되었다. 하지만 그는 다시 성서의 가르침 앞에서 자신을 골똘히 파 들어가고자 했다. 그리하여 마침내 결정적인 대결의 자리에 이르게 되니, 그것은 자신의 내적 분열에 관한 사도 바울의 처절한 고백(로마서 – 신약 성서 중 예수의 복음서 외 기독교의 핵심을 조직적으로 설파하고 있는 대표적 사도 서신)과의 만남에 의한 것이었다. 그는 인간의 선한 성품에 의

거 자신을 수련, 완성해 나가고자 했음에도 불구하고 실상은 그와는 정반대로 그저 탐욕에 사로잡혀 있는 대 죄인에 불과하다는 것을 통렬하게 인식하게 된다. '자아의 수련 발전'을 통한 노력은 죄악에 사로잡힌 또 다른 자아 때문에 저지를 당하게 되므로 그는, 그러한 양자 간의 투쟁의 와중에서 내적 괴리의 심연에 떨어지게 되는 것 외에는 다른 도리가 없음을 인정한 끝에 마침내 내적 파산 상태에 도달한 자기 생명을 최종적으로 하나님의 구원의 행위에 맡기게 되었다("입신의 동기", 1928.11, 전집 2: 126–131). 죄악에 사로잡힌 자아와 선을 사모하는 자아 사이에서 나타나는 '이중인격', 바로 이 내적 갈등상태를 첨예하게 깨닫는 것이야말로 기독교의 핵심을 깨닫는 것이라 함이다("기독교 입문", 1930.11, 전집 2: 98–102).

그는 기독교에서 죄의 문제를 예리하게 직시케 하고, 그 해결책으로서 죄인을 의롭다고 칭하는 은총의 길을 말하고 있음을 발견하고, 그리하여 오직 예수를 통해서 오는 구원만을 바라게 된다("유일의 종교", 1930.7, 전집 2: 83–84; "유일의 구원", 1935.9, 전집 2: 88). 이 죄를 극복하는 길은 유교에서 말하는 '중용의 도'가 아니라 '극단의 도'를 통해서 온다. 그런 점에서 예수를 소위 4대 성인 중 하나로 보는 것은 핵심을 붙잡지 못한 것이라는 논지를 폈다("예수와 성인", 1930.2, 전집 2: 37–40). 이런 이유로 그는 사회문제 해결에 치우친 활동 같은 것은 핵심을 비껴간 것으로 평가 절하했다("우리 신앙의 본질", 1938.5, 전집 2: 331).

기독교 입문 후 시간이 많이 경과한 뒤 쓴 글에서 김교신은 기독교가 유교와 또 하나 결정적으로 다른 점으로, 종교의 궁극적 목적은 개인의 윤리와 품성을 닦아 고양시키거나 국가 사회를 이롭게 하는 등의 차원을 넘어서 죽음을 극복하는 길을 제시하는데 있음을 밝혔다. 기독교는 '죽음에 엄정히 직면하게 하고 죽음을 이기는 종교'라는 인식이었다("종교의 목적", 1940.11, 전집 2: 329–330). 초월성은 유교로부터 기독교를 질적으로 구분시키는 개념으로 이해되었다.

이렇게 죄와 은총, 그리고 죽음을 극복하는 종교라는 인식을 통해서 김교신은 처음 단계에서 경험했던 기독교 신앙 이해와는 질적으로 전혀 다른 새로운 국면에 이르게 되니, 그의 신앙의 길은 두 차례에 걸쳐 질적인 변화와 심화의 과정을 통해 정착되어 간 것이라 할 수 있겠다.

이상에서 볼 때 김교신은 일견 유교와 결별하고 기독교로 전향한 것으로 보인다. 그럼에도 자세히 보면 또 다른 면이 있는데, 그것은 양자 사이에 존재하는 연속성이다. 그 몇 가지를 짚어 보면 다음과 같다: 무엇보다도 유교의 이상을 기독교를 통해서 실현하고자 했다는 점에서 그러하다. 그는 기독교의 가르침을 설파하고자 할 때 종종 논어나 맹자 같은 유교 경전을 즐겨 인용하기도 한다. 같은 방향을 지시하기 때문이라는 이유에서이다. 그에게 동양의 현자들은 구약의 예언자나 세례 요한처럼 예수의 길을 예비했던 이들을 의미했다("제자 된 자의 만족", 1930.3, 전집 1: 182; "축 졸업", 1933.4, 전집 1: 74; "한없는 흥미", 1939.4, 전집 1: 94 외 여러 곳). 하지만 그는 유교에서 일정한 단계에 가면 더 이상 넘어갈 수 없는 한계에 부딪힌다. 여기서 다시 양자 간의 단절성이 드러난다. 그런가 하면 그는 진정한 기독교인이 되기 위해서는 인생 전체에 걸쳐 장기간 골똘히 파고들어 가야 할 과제로 보았다. 최소 십 년은 잡아야 하고, 심오한 단계에 이르려면 오십 년도 부족할 것이라 했다("교육과 종교", 1933.5, 전집 1: 86-88). 이는 유교에서 불교가 말하는 돈오돈수론(頓悟頓修論)이나 돈오점수론(頓悟漸修論)과는 달리 점수론(漸修論)만을 인정하는 입장과 궤를 같이 한다. 그런가 하면 그가 어릴 적부터 평생에 걸쳐 쓴 일기의 시발점은 수신에 대한 유교적 가르침을 따른 것이었다. 또 그의 성서연구회는 '서당식으로' 운영되었던바 이는 조선시대 향촌에서 널리 행해지던 유학의 전형적 공부법이었다.

이상과 같은 유교적 성격 때문에 김교신의 기독교는 '유교적 기독
교'의 한 형태로 해석할 수 있을 것이다. 김교신이 유교에 대해서
취했던 입장은 불교에도 마찬가지로 적용되었다. 이를테면 그가 경
주에서 신라의 유적을 대하고 토로한 감상이 그 중 하나의 절실한
표현이다.

> "경주에서 예술을 제한다 하면 남는 것은 영(零)에 가까울 것이다.
> 신라는 가고 경주는 황야가 될지라도 그 예술만이 영구히 남았도다.
> 경주의 예술품 중에서 불상과 사찰을 제하고 보면 또한 잔여(殘餘)가
> 영(零)뿐이다. 즉 불교의 신앙이 없는 곳에는 김대성도 없었고 신라의
> 자랑인 예술도 없었던 것이다. 신라인이 큰 것이 아니었고 저들이 가
> 졌던 신앙에 위력이 있었다. 신앙으로 설 때에만 영구하고 위대한 것
> 이 산출되었다"("경주에서", 1930.12, 전집 1; 48-49).

이 주제와 관련하여 더불어 살필 자료들도 있다. "제자된 자의 만
족", 1930.3, 전집 1: 182; "사토오도구지, 『불교의 일본적 전개』",
1936.12, 김정환, 2003: 215 등. 이렇게 볼 때, 기독교 신학에서 기독
교가 타종교에 대해서 취하는 입장에 대한 유형론적 해석을 따르자
면, 김교신은 '포괄주의'에 속한다고 할 수 있다. 타종교를, 기독교와
같은 방향을 지시하지만 완전한 빛으로 이행해 가는 도중에 있는
미완의 종교로 보는 입장이다. 타종교를 단순히 배척하는 입장에 서
서 보려는 '배타주의'나, 모든 길은 하나로 통한다는 의미에서 각 종
교의 독자적 위치와 가치를 동등하게 인정하려는 '다원주의'와는 구
별된다. 이는 우치무라를 비롯하여 일본 무교회주의 계열의 연구가
들이 유교나 불교와 전통 종교에 대해 가졌던 입장과 궤를 같이하
는 것이라 할 수 있다(류대영, 2019).[6] 한편 김교신과 신앙동지로서

오랫동안 같은 길을 걸어 온 함석헌은 추후 정진과정에서 다원주의적 입장을 취하게 되었는바(함석헌, 2018: 18), 추후 양자 간의 차이와 사상의 전개과정을 둘러싼 비교 연구가 필요해 보인다.

이상 기독교 신앙에 대한 간략한 논의에 이어 교육론으로 넘어가보자.

Ⅳ. 교육론

김교신은 당시 유력한 민족 교육자들처럼 학교를 세우지는 않았지만, 민족의 앞날을 위한 염원을 교육을 통해 구현하고자 했다. 이 점에 있어 그는 수학기를 통해 교육을 바라보는 관점을 형성해 갔으며 이를 통해 하나의 관점과 입장을 가지고 임하였던 것으로 보인다. 그의 철학과 방법은 한 시대를 뛰어넘는 것으로서 오늘날에도 여전히 신선하고 때로 도전적인 과제를 제시한다. 그의 교육활동의 핵심은 근대적 고등교육에서 형성된 것이지만 아울러 성장기 때 경험했던 유학 서당 수업을 기반으로 한 것이기도 했다. 이 둘 사이를 오가며 그는 자신의 길을 독창적으로 개척해 나갔다. 그뿐 아니라 일상적 경험이나 만남에서 배울 만한 것이 있으면 이를 서슴지 않고 도입하여 현장에 생기를 불어넣었다. 그러나 무엇보다 중요한 요인이라면 교사로서의 뛰어난 천품이라 할 것이다. 그의 관점과 실천 중에는 오늘날 전통적 가치와 진보적 가치 사이에서 발생하는 논쟁점들과 흡사한 것도 종종 찾아볼 수 있다. 그 성격을 한마디로 말하자면 우리나라 근대교육의 초창기에서 선구적으로 시도되었던 '인간교육'의 한 형태[7]로서, 현 시점에서 볼 때는 '대안교육 내지 혁신교

---

6) 이 문제는 그동안 양현혜(1997), 이정배(2003), 백소영(2005), 전인수 (2010), 김정곤(2012), 연창호(2017), 류대영 (2019) 등에 의해 여러 각도에서 논쟁적으로 다루어져 왔다.

육적 사유'를 반영하는 부분도 함축한다.

당시 학교 현장을 바라보며 그가 가졌던 비판적 시각으로부터 이
야기를 풀어보기로 하자.

1. 학교와 교사됨 – 학교비판과 학벌사회 비판

당시 조선에서는 교육을 통한 인재 양성과 조선의 재건이라는 목
적 하에 많은 민족 사학들과 선교사들의 미션스쿨들이 세워졌다.
세평에 따르자면 이들 학교는 사회적으로 많은 기여를 한 것으로
되어 있다. 하지만 김교신은 자기가 몸담았던 학교들과 특히 양정
에서의 경험을 중심으로 주위를 둘러보면서 학교는 물론 교육에 대
한 사회의 일반적 경향에 대해서도 매우 비판적인 입장을 취하였
다. 그는 이미 좋은 학교와 좋은 교육에 관한 정선된 관점을 가지
고 있었던 것으로 보인다. 이에 맞추어보았을 때 당시 학교들은 그
수준에 현저히 미치지 못하였다. 아무 학교나 학교가 아니고, 학교
다운 학교여야 한다는 것이었다. 교사에 대한 평가 역시 마찬가지
였다.

김교신은 당시 학교들이라는 곳에 대해서 학문을 즐기는 태도나
인간다운 품성이나 영혼을 위한 교육은 하지 않으며("축 졸업", 1933.4,
전집 1: 74–75), 그렇다고 지식교육에도 이렇다 할 만한 수준을 갖추
지 못한 것으로 평가 절하했다. 이를테면 8세 학령기를 준수하여 진
보된 교육을 한다고는 하나 4–5세에 천자문을 가르치기 시작하는
전통 서당보다 그 교육력이 열등하고, 학습지진아나 개별지도가 필
요한 부분들은 간과한 채 수재 양성에만 힘쓰고, 교사도 너무 자주
바뀌어 누가 누군지 알아볼 수도 없고, 성실하지 않은 교사도 많고,

---

7) 정호영(2005)은 김교신의 교육을 '인간화교육'으로 해석하되 기독교 신앙을 그 기초
로 보고자 했다.

학교가 할 일을 가정에 떠맡기고 대신 학비만 챙겨 간다는 등으로, 다량생산구조에 적합한 근대교육체제의 한계를 그 이유로 들었다 ("학교교육에 대한 불만", 1934.9, 전집 1: 80-81).

그는 교직을 신성한 일로 보았는데 이 기준에서 볼 때 당시 교사들은 그의 눈에 종종 비열하고 부패한 모습으로 비추어졌다. 애초에 명예로운 직으로 여겨졌던 교사직이 갈수록 변질되는 현상을 목도한 것이다. 이를테면 기회만 있으면 돈벌이가 잘되는 쪽으로 전직하려는 풍조에 대해서(일기 1937.4.20, 전집 6: 216), 혹은 직원회의에서 후원회 등의 일로 담임교사를 동원하고자 한 행위에 대해서 비분강개하였다(개인일기 1933.5.10, 일보: 154). 그런가 하면 강추위 속에서도 아이들을 교실 밖으로 몰아내고 교사들만 난로 주위에 옹기종기 모여 앉아 있는 보통학교 소식을 접하고는, 교육학이나 심리학, 혹은 교사로서의 자격 유무를 논하기 전에 몰인정한 이들이요, 돼지가 가진 정도 못가진 자들이라고 개탄하기도 했다(일기 1936.1.30, 전집 6: 17).

학교와 교사가 그렇게 수준 이하인데도 부모들이 자기 자식들 학교 입학에만 매달리는 현상을 목도하면서 그는 그들의 세속적 가치관과 탐욕, 그 맹목성을 통렬하게 지적했다. 학교는 '우상'이 되어 버렸고, 학부모들은 '자손 숭배'에 함몰되어 있었다. 그들은 이를 위해 수단과 방법을 가리지 않고, 학비를 조달하기 위해서는 비정상적인 경제활동도 마다치 않는다 하면서, 이는 학벌이 모든 것을 보장하고 그것이 바로 세상의 이치라는 것을 잘 알고 있기 때문임을 지적했다("최대의 우상", 1934.5, 전집 1: 78-80; "입학시험 광경, 1936.4, 전집 1: 65-66).

"단 100명 모집에 응모자 실로 1,400인… 실내에서 수험하는 어린이들 중에는 긴장한 나머지 번호, 성명을 실기(失記)하는 자도 있으며

혹은 소변을 앉은 자리에서 싼 자도 보이거니와 창외에서 배회하며
정립(停立)한대로 한 시간 두 시간을 기다리는 학부형 중에는 백발이
성성한 조부, 각모(角帽)를 숙여 쓴 형숙(兄叔), 고보 여학생 제목의 누
님들, 젖먹이 아기를 업고 섰는 어머니들, 별 수 없는 줄이야 피차
모르는 바는 아니건마는 그래도 교실 쪽만 바라보고 있다. …. 무슨
까닭에 이 군중이 이 야단들인고… 신기루를 잡으려는 1,400명의 천
진한 어린이들과 그들의 부형모자(父兄母姉)들과 또한 그들과 차부다
(差不多)한 교사 자신을 상급하니, 연민의 정, 증오의 분, 참회의 눈물
이 흉중에 교착하지 않을 수 없도다… 학교마다 정원초과에 곤피(困
疲)하니 과연 이것이 옳은 현상인가"("입학시험 광경", 1936.4, 전집
1: 65-66).

김교신이 당시 기존 학교나 교사나 유관 기관에 대해서 가지고
있었던 부정적 입장은, 생애 마지막 때 흥남질소비료공장에서 조선
노동자들의 생활 관리계를 맡아 복지와 그들의 자녀 교육의 일부를
위해 힘썼을 때 새로 가지게 된 생각을 통해서도 간접적으로 확인
할 수 있다. 제자 류달영에게 보낸 편지에서 그는 그곳에서 하는 일
을 소위 "교육이라는 이름이 붙은 교육보다는 … 훨씬 교육적이고
생생한 일"로 느꼈으며 … 공장장이나 근로자들도 소위 교육가들이
나 관리보다 훨씬 순진하고 피가 통하는 사람들임을 알게 되었다고
썼던 것이다(일기 1944.12.28, 전집 7: 374).

　해방 후 조선 교육계에 대한 류달영의 다음 기술은 김교신의 지
적과 일맥상통하며 일제 통치기 학교교육의 상황으로 돌아가 그 실
정을 들여다보기 위한 하나의 시각을 보여 준다:

　"해방 후에 교육계는 어떻습니까? 이것이야말로 일대 장관이라 하
겠습니다. 대학의 사태입니다. 하루아침에 우리의 문화 수준은 세계
최고 수준으로 뛰어 올라간 것 같습니다. 군청 공무원도 단번에 교장
이요, 회사원도 단번에 교수요, 학장입니다. 소학교도 못 마친 청년들

도 당당한 대학생으로 거리를 활보합니다. 인문계통대학에 가보면 변
변한 책 한 권이 없고 실업계통의 대학에 가보면 실험대 하나, 시험
관 한 개가 없는 형편이라, 초창기니까 그렇지 않으냐고 양해를 시키
고자 합니다마는 학교를 터무니없이 세우는 동기를 분석해 보면 모두
자기의 지위와 명예를 확보하자는 심보가 너무도 분명하게 보입니다.
그 학생들은 대학을 세운 정치 브로커들의 인형이 되어 아침저녁으로
시위 행렬이요, 동맹휴학입니다. 학생들은 선생을 때려죽이고 선생들
은 월급봉투의 무게를 따라 한 주일에도 몇 번씩 근무하는 학교를 바
꾸는 형편이 아닙니까? 이렇게 해서 취임도 없고 사직도 없고 부둣가
의 날품팔이처럼 뛰어다니는 형편입니다. 이러므로 여자대학교의 교
수가 여학생을 능욕하고 낙태시키러 다니기에 분망하다는 신문기사를
읽고도 놀랍지도 않을 정도입니다"(전집 별권: 127-18).

김교신이 바라고 생각했던 학교와 교사는 그런 것이 결코 아니었
다. 학교란 무엇인가? 그것은 (이 장 전체의 기조에 따라 살펴볼 수 있는
바와 같이) 자아를 발견하고 그 개성과 소질과 능력에 따라 성장하되
윤리적, 종교적으로 깨달은 사람으로서 나아가서 민족을 발견하고
그 빼앗긴 자유를 되찾고 그 미래를 세계사 안에서 의미 있게 개척
하도록 돕는 곳이어야 한다는 것이었다.
　교사에 대한 그의 비판은 그 자신 학생들에 대해서 가지고 있었
던 생각에 비추어 보았을 때 당연한 것이었다. 학생은 교사와의 관
계에서 '인격적으로 하나하나 사랑받아야 할 존재'이지 않으면 안
되었다. 그런 뜻에서 그는 '인격적 사랑의 관계'에서 지극하였다. 다
음 손기정의 회고는 김교신의 교사됨이 '인격적'이라는 해석의 뜻을
단숨에 대변해 준다.

　　"그냥 바라만 보고 있어도, 아니 선생님이 계시다는 생각만 하고
있어도 무엇이 저절로 배워지는 것 같은 분이 바로 선생님이셨다고
생각된다"(전집 별권: 154).

이러한 인격적 태도는 인간과 세상을 바라보는 김교신의 인간적 품격에서 비롯된 것일 수 있다. 그에 관해서 김성태가 선생님이 일본과의 관계를 두고서 하신 말씀을 상기하면서, "그렇게도 혹독하게 일인의 박해를 받으신 김선생님이 일인에 대한 적개심은 커녕 그들 중에 훌륭한 자, 쓸 만한 자가 있으니 일률적으로 간악하다고 보아서는 안 된다고 타일러 주신 그 객관적 태도, 너그러운 마음씨, 나는 여기에서 참 인간의 지표를 보았다"고 증언해 주고 있는바와 같다(전집 별권: 211–212).

따져보면 우리들은 실상 해방 후에도 줄곧 그와는 상반된 체제에서, 즉 학생을 단순히 배워야 할 자로 하대한다든지, 지시와 명령과 복종을 능사로 아는 비인간적 환경을 당연시 하지 않았었는가? 이를 놓고 보자면 김교신이 교사로서 일찍이 어떠한 안목을 가지고 교직에 임했는지 상상하기에 어렵지 않다. 그것은 상호 대화적 관계 맺음으로서, 이를 기본으로 그는 학생들과 함께 상호 간의 신뢰, 만남, 소통, 교제, 나눔, 동행 등을 체현하였던 것이다. 이러한 태도는 28세의 나이로 양정고보에 부임한 청년 교사로서 담임 반 학생들을 처음 대면한 자리에서 한 인사말에 단적으로 나타나 있다. 제자 류달영은 이렇게 회고하고 있다.

"여러분은 이 나라의 희망입니다. 참되이 배워 갑시다. 그리하여 이 나라의 앞날을 위해 꾸준히 준비합시다. 나도 여러분들과 똑같이 한 학도로서 함께 배우며 걸어가고자 합니다"(전집 별권: 130).

아주 간단한 문장 안에 골자가 모두 들어있다. 학생은 희망이다. 참되게 배우자. 민족의 앞날을 위해 준비하자. 학생과 함께 배우고자 한다. 나 자신을 학도의 한 사람으로 여기고, 학생들과 함께 배움의 길을 걷고자 한다.

중요한 것은 이 인격적 관계 맺음이 결코 관념적 수사가 아니라 일상에서 구체성을 띠었다는 점이다. 김정환은 이렇게 쓰고 있다: "그는 제자 하나하나의 성품, 가정환경, 출신 고향, 장래의 희망 등을 세밀하게 기억하고 그들을 위해 사랑을 발동시켰다." 이를 위해 거론되는 많은 사례들 중 안병헌이라는 학생에 대한 그의 기록은 대표적이라 할 만하다.

"안 군은 입학 당초의 모자, 양복, 양화를 졸업식까지 가졌다 하거니와, 그 모자, 제복, 양말까지 항상 형언할 수 없는 남루한 것이었다. 그러나 그렇게 초라한 외양 속에 인수봉처럼 우뚝 솟은 고매한 기품을 간직한 안 군을 볼 때마다 의식의 빈핍을 부끄러워하지 않아 공자님에게 칭찬받은 안연(顏淵)을 연상치 않고는 못 견디었다. 참으로 천연스러운 태도였다.
안 군은 5, 60명의 동급 학우 중에서도 가장 가난한 자의 1인이었다. 그런데도 불구하고 수백원 되는 학급비의 회계 책임자에는 언제든지 안 군이 피선되는 것을 보고 또한 기이하지 않다 할 수 없었다. 예수쟁이요, 고집불통인 안 군에게 사람마다 호감을 가졌다 할 수는 없으나, 금전을 저에게 맡기는 것이 안전하다는 신임에 이르러서는 학급전체가 일치하였던 모양이다. 작은 일에 충실한 자는 큰 일에도 충실하다. 가난하면서도 오히려 타인의 금전을 맡는 신임을 볼 때 불우한 시대의 에이브러햄 링컨 대통령을 눈앞에서 보는 감을 금할 수 없었다. 10인의 신임은 곧 전 국민의 신임과 마찬가지 아닌가"(1938년 5월).

사랑하던 안 군의 죽음을 당하여 애통해하며 그를 회상한 글이라 한다(김정환, 1994: 53-54). 그와 흡사한 사례로 이중일의 눈물겨운 증언이 있다. 학생 중에 장래가 촉망되며 자기를 따르는 자가 있으면 천리를 불고하시고 찾아주시던 것이나 방학 때는 외로운 지우들을 찾으시고 격려하셨고, "선생님은 자기 제자를 사랑하시되 끝까지 돌보아 주시고 위로해 주셨(음)"을 상기하고 있다.

"선생님이 서대문 형무소에 가시기 전에 지금 영남대학 장기동 교
수가 사상불온의 죄목으로 일본서 오던 도중 연락선 안에서 검거되어
부산에서 구금을 당한 일이 있었다. 이것을 탐지하시고 선생님은 곧
나에게 다음과 같은 암호 편지를 보내 주셨다. '내가 알고 싶은 것은
이사한 후의 동군의 본댁 주소, 그 형의 이름, 직업, 부산에는 두 서
(署)가 있는데 본서인지 북서인지 있는 서명, 그리고 혹 이미 넘어 갔
으면 언제였는지 알기 원하나이다 …'라고 있었다. 그 후에 일부러 대
구에 오셔서 그 친가를 방문하시고 친히 부산으로 가서 그를 찾으셨
다. 선생님은 가시는 곳마다 친지가 있으면 간단한 엽서 한 장이라도
던지셨고, 차 중에서나 역 대합실에서 서서 이를 쓰시는 것이 상례였
다"(전집 별권: 150-152).

자택에서 주일 오전마다 하는 성서 강의에 오지 못하고 오후에서
야 온 학생 앞에 단정하게 앉아 1인 강의를 해 주셨다든지(손정균,
193), 시험시간에 훔쳐보는 학생의 꼴을 보고 그 아이의 장래를 통
탄하며 눈물을 흘리셨다는 증언(윤석중, 180) 또한 그런 것이다.

그런가 하면 손기정은 선생님은 배울 만한 것인 있으면 누구에게
든 기꺼이 배우고자 하였음에 대해 회고하였다. 그가 베를린 올림픽
마라톤 대회를 마친 후 덴마크 초청으로 구경을 갔을 때 자전거들
을 많이 타고 다니는 것을 보고 그 이야기를 전해 드렸고, 또 독일
의 인상을 적어 보낼 때 독일 여성들이 화장을 하지 않는다는 사실
을 알려드렸더니, 어느새 자전거를 구해서 출퇴근을 하시고 계셨는
가 하면, 맏딸에게도 독일 여성의 근면함과 검소함을 기꺼이 따라야
할 교훈으로 엄중히 받아들이도록 했다. 부자 나라도 그러한데 하물
며 어려운 처지에 떨어진 조선에서 그럴 수는 없지 않느냐는 것이
었다(전집 별권: 154-155).

인격적 사랑의 관계 맺음에 관한 김교신의 시각은 서양 교육사에
서 나타나는 위대한 교육자들에게도 공통적으로 찾아볼 수 있겠으나,
상호 대화적 관계와 만남을 설파한 마르틴 부버(Martin Buber)나, 교육
공동체를 사랑으로 가득한 어버이의 가정적 온기로 감싸 안은 페스탈
로치(Johann H. Pestalozzi), '교육학적 사랑'(Pädagogische Liebe)을 설파한
에두아르드 쉬프랑어(Spranger), 혹은 교육에서 사랑의 구체성을 요구
한 야누쉬 코르착(Janusz Korczak) 등에게서 특히 그 흡사한 특징을 찾
아볼 수 있으나, 지면상 상세한 논의는 다른 자리로 돌린다.[8]

이런 정황에서 김교신은 비록 현재의 학교 체제에 몸담고 있기는
하나 그런 식의 학교 말고 근본적으로 다른 틀의 '새로운 학교'를 꿈
꾸었다. 이를테면 일본의 '삿포로 농학교'(일기 1938.7.14, 전집 6:
408-409; 우치무라가 다녔던 농업학교로, 미국 농학자인 윌리엄 스미스 클라
크 <William S. Clark, 1826-1886>의 깊은 영향하에 운영되었으며 기독교
신앙과 인간교육을 모토로 하였다)나 동경의 '무사시노(武藏野)학원' 같은
보통학교(일기 1936.1.30, 전집 6: 17), 혹은 자신이 성장기에 고향에서
받았던 유교식 서당 교육 등을 그 대안으로 보았다.

> "물통에 넣고 고구마를 씻듯이 하는 다량 생산적 학교 교육은 그
> 종막(終幕)이 닫히고, 이제 재래의 서당과 훈장을 다시 찾아야 할 기
> 운이 성숙하였도다. 감사하도다. 인간 교육에만은 다량 생산을 불허하
> 는도다. 영혼은 그처럼 귀한 것이다"("학교 교육에 대한 불만", 1934
> 년 9월, 전집 1권: 81).

서당 교육은 실제 자신의 경험에 의거, 이를 소위 근대식 학교체
제와 비교 평가한 데 따른 것이다. 이러한 관점과 시도는 당시는 물

---

8) 부버에 관해서는 이 책 중 강선보의 글 참조. 페스탈로치, 쉬프랑어, 코르착에 관해
   서는 송순재의 『코르착 읽기(삶과 교육 그리고 죽음의 여로)』(전북: 내일을 여는 책,
   2017): 55-59 참조.

론 오늘날 정황에서 보았을 때도 분명 하나의 혜안으로서, 이를테면 오늘날의 대안학교나 혁신학교를 위한 하나의 선구적 형태로 볼 수 있기 때문이다. 그는 일찌감치 저만큼 앞서 걸어가고 있었던 것이다.

2. 교육의 철학과 방법의 기본 특징

(1) 교육철학의 기조

김교신이 추구한 교육은 그 근본에 있어 '인간교육'이었다. 교육이란 입신양명이나 사회적응을 위한 지식교육이어서는 안되고 무엇보다도 인격형성문제를 중심에 놓아야 한다는 것이다. 학생들은 그들이 마땅히 가야 할 길로 걸어 가야 하고 진정한 의미에서 하나의 인간으로 자라나야 한다는 것이다. 이 과제는 두 가지 방향에서, 즉 삶의 수평적 차원과 수직적 깊이에 따라 추구되었다. 수평적 차원은 현세를 살아가는 능력에 관한 것으로, 지적 능력을 철저히 갖추게 하되 자기 탐구를 통해 자기만의 개성적 삶을 일구어 나가는 것이 모든 것의 출발점이 되어야 함을 뜻한다. 구건은 "선생은 언제고 자기를 분명히 알아가는 것이 인생의 근본이라고 하셨다"고 회고하였다(전집 별권: 177). 자기를 '아는 것'이 아니라 '알아가는 것'이라는 표현에 유의할 필요가 있다. 그것은 단번에 이루어지는 것이 아니라 과정 중에 있는 일임을 뜻하기 때문이다. 그런가 하면 자기 탐구는 주체성을 위한 것이기도 했다. 그래서 재삼재사 이렇게 강조했다: "먼저 요구할 것은 '나는 나'라는 것을 인식하라는 것이다"("나의 무교회", 1936.9, 전집 2: 248-249). 이 '나'에 관한 문제의식은 김교신의 도반(道伴)이었던 함석헌도 절박하게 요구한 것으로, 함석헌은 우리 민족의 고난과 비애가 바로 이 자아의 상실에서 비롯된 것이라고 보았다. "이 자아를 잃어버렸다는 일, 자기를 찾으려 하지 않았다는 이 일이 백 가지 병, 백 가지 폐해의 근본 원인이 된다. 나를 잊었기 때문에 이상이 없고 자유가 없다." 따라서 자아를 되찾고, 자아를 초석으로 삼는 일이야말로 교육의 생명이라 하였다(함석헌, 2018: 297). "감옥에 가 있고 교수대에 오르는 것은 누구가 아니라 곧 나, 이 나입니다. 내가 곧 사람이요 내가 곧 나라요 내가 곧 역사이기 때문입니다"(김언호 편, 2009: 71).

개성과 주체성과 아울러 그는 종종 창조성에 관해서도 언급했다. 우리는 각자 '창조적 삶'을 살아가야 한다는 것이었다. 최남식은 선생님이 졸업식 날 다른 반 학생들에게 훈화 요청을 받아 간 자리에서 "… 앞으로 어떠한 생활을 하는 것이 보람된 일이며 이를 위해 용감하게 참되게 창조성 있는 생활을 살아 보라고…" 말씀하셨던 것을 증언해 주고 있다(전집 별권: 165–166).

아울러 김교신은 체육 활동을 중시하고 이를 교육의 전면부에 배치했고 스스로에게도 이 과제를 부여했다(개인일기 1933.4.21, 일보: 148–149).

다음은 수직적 깊이에 관한 문제로 그는 종교 교육을 최종적 목표이자 교육의 기초로 보았다. 어떤 전문적인 교과전문지식을 쌓거나 수준 높은 학문에 이를지라도 배우는 이로 하여금 이 수직적 깊이, 즉 종교적 차원으로 나아가게 하지 못한다면 그것은 '미완성이요 실패'라는 것이다. 이것이 김교신의 입장이었다. 높은 학년으로 올라간 학생들에게 그는 이렇게 말한 적이 있었다.

"생도들이 제3학년으로 진급하여 지력(智力)과 연령(年齡)이 감당할 듯하므로 금학년부터 성서를 배우라고 권설(勸說)하다 … 단지 편편(片片)의 과학적 지식만 전수하고 인간의 기본지식을 가르쳐 주지 않으면 나에게 화가 미칠 듯하므로 간절한 마음으로 권려(勸勵)하다"(일기 1935.4.1, 전집 5: 285).

양정 10년 졸업식 기념품 증정문 중에서는 선생이 가르친 삶의 덕목으로 신의, 우애, 의, 우주를 향한 광대무면한 시선 등이 언급되었는데, 여기서 '우주를 향한 광대무변한 시선'이라는 말은 바로 이 문제의식을 나타낸 것이라 할 수 있다. 그는 당시 조선뿐 아니라 세계 여러 선진국 교육에서도 이 차원이 결여되었음을 지적하고 이런 경향과 자신의 교육을 차별화시키려 했다("양정 10년", 1938.4, 전집 1: 69–70).

그러한 지향성은 자신의 삶 자체가 그러했음을 대변해 주기도 한다. 그는 가르침보다는 먼저 배움에 천착하려는 자로 자처하되 성서의 교훈을 바탕삼아 그 직을 헌신적으로 수행하고자 했다. 종종『성서조선』을 만드는 일이 '본업'이요 교사는 '부업'이라 했을 정도였다(전집 별권: 212). 하지만 하나는 중요하고 다른 하나는 덜 중요하다는 식었다는 식의 오해는 피해야 한다. 잘 새겨보면 그에게 본업이란 기초를 뜻하며 부업이란 그 기초 위에서 수행해야 하는 불가결한 실천적 과제를 의미했다. 그에게는 성서적 신앙 없이는 교육도 없지만, 교육이라는 실제적 삶의 행위 없이 오로지 신앙의 도리만을 추구하는 것은 불가했던 문제였다는 점에서 그러하다. 그는 스스로 직업적 종교인이나 신학자나 목회자가 아닌, '소인(素人)', 즉 '평신도'임을 끊임없이 자처하고자 했는바, 이런 점에서 그에게 이 둘은 하나요, 선후를 가릴 수 없었던 문제였다고 말할 수 있다("우리는 한 평신도다", 1934.1, 전집 2: 190–191).

한 개인을 위한 교육은 반드시 사회공동체적 차원을 요한다. 이는 일제하 민족의 갱생과 독립을 위한, 즉 민족교육이라는 관점에서 관철되었다. 그 골자는 민족정신을 고취하되 개개인마다 '실제' 독립할 수 있는 능력을 기르는 데 있었으니, 이는 당시 물산장려운동이나 무력항쟁을 통한 독립운동 등과는 성격을 전혀 달리하는 것이었다. 그는 진로를 고민하는 학생과 상담하는 자리에서 진로는 개인적 관심사뿐 아니라 인류와 민족도 고려해서 결정해야 한다. 그러니 어려워도 의학 같은 특수 분야가 조선 민족의 앞날에 도움이 될 것이라는 의견을 피력한 적이 있었는데, 민족교육을 위한 관심사를 단적으로 보여주는 사례라 하겠다(전집 별권: 204).

김교신은 지리 박물 교사였다. 그는 일본 유학 당시 애초에는 영어과를 지원하여 공부했으나 1년 후에 지리와 동·식물 연구를 위해 지리 박물과로 전과했다. 이는 그가 처음 농학에 뜻을 두고 진학한 데서 알 수 있듯이 천성 상 이 방향에 대한 흥미와 소질의 발로였던 것으로 볼 수 있는가 하면, 조선 민족에게 필요한 것은 바로 이것이라고 판단했기 때문이었을 것이다. 니이호리 구니지(新堀邦司)는 이것이 아마도 지리학 연구가이기도 했던 우치무라의 영향 속에서 추동되었을 것으로도 추정하고 있다(니이호리 구니지, 2014: 35-37). 그 수업의 결과는 귀국 후 조선의 국토에 공부와 체험을 바탕으로 민족정신을 고취하고자 했던 그의 가르침에 여실히 반영되었다(전집 별권: 357-358). 당시 지리는 일본 지리가 주종을 이루었고 조선 지리는 두서너 시간뿐이었지만 선생은 거의 일 년 내내 조선지리만을 가르쳤다(전집 별권: 130-131). 앞에서 "교육은 자기를 알아가는 일"이라 했거니와 선생은 이렇게 조선의 지리와 역사를 아는 것 역시 "자기를 분명히 알아 가는 일"의 하나로 여겼던 것이다(전집 별권: 189).

김교신 전용의 박물 교실에는 박물학과 관련된 실험도구와는 별도로 성서연구에 관한 사전과 도서 자료, 영자 신문 등이 있었고, 또 벽에는 조선 지도가 걸려 있었다(전집 별권: 185). 지도는 지리 교과를 위한 필수 도구였겠지만 그는 이것을 늘 보기 쉬운 자리에 두고 우리의 조국과 국토에 대한 사랑을 심화시켰을 것이다. 흥남질소 비료공장에서 일했을 때에도 자기 사무실에 조선 지도를 걸어두었다는 사실이 이 점을 대변해 준다. 그는 늘 내 나라 내 땅의 '흙 맛'

을 알아야 함을 역설했다고 한다(전집 별권: 166-168).

그가 민족교육에서 핵심으로 본 것 중 하나는 언어, 즉 모국어였
다. 모국어는 한 나라의 국토에서 산출된 역사적 결과인 동시에 하
나님의 사랑의 표현으로서, 조선 사람으로서는 반드시 어릴 적부터
잘 습득하고 커서도 전공 여부와 상관없이 잘 구사할 수 있어야 할
것이라고 했다(일기 1937.3.6, 전집 6: 194). 그가 여기에 얼마나 중대한
의미를 부여했는지는 조선어와 그 문학을 하나님의 사랑의 표현이
라고 한 데에 잘 드러나 있다: "한 민족, 한 나라의 언어와 문학은
하나님의 사랑이 그 백성에게 나타난 기록이다"("한 없는 흥미", 1939.4,
전집 1: 94).

그는 일상에서 한글과 한문을 섞어 쓰는 우리말 방식, 즉 '한어(漢
語)적 국어'를 사용하는 데 대해 문제 의식을 가지고 있었는데, 이는
『성서조선』을 한글과 한문을 함께 써서 발간해야 했었던 자신의 한
계를 있는 그대로 표출한 것이기도 했다. 그럼에도 이 조건하에서
이 잡지에 기고한 글들을 보면 그가 정선되고 수려한 문장을 쓰기
위해 얼마나 정성을 기울였는지 잘 알 수 있다. 이런 뜻에서 그는
조선 사람들이 또 다른 차원의 '평이하고 순수한 우리말'을 잘 다듬
어 편하게 사용할 수 있게 되기를 바랬다("성서 개역의 필요와 목표",
1938.7, 전집 2: 80-81). 이 문제의식은 일제하 일어를 비롯한 외국어
가 지배적 힘을 가지게 된 반면 조선어는 사멸의 위기에 내몰렸던
1930년 대 후반 시대적 상황에서 더욱 강하게 표출되었다. 그가 학
교현장에서 조선어를 지켜내기 위해 온갖 위험을 무릅썼던 이유
이다.

선생은 일본 군인이 배속되어 감독을 하고 있었음에도 출석만은
꼭 우리말로 불렀다. 어느 조회시간에 '네'라고 답하는 학생을 일본
군인이 칼집으로 후려갈기니 학생들이 겁에 질려 '하이'라고 일본말
로 고쳐 대답했어도 김교신은 끝끝내 우리말로 출석을 불렀다(일기

1938.11.18, 전집 6: 475). 이름은 고유명사니 상관치 말라고 항의한 후 그 다음날부터는 출석을 아예 부르지 않았다고 한다(전집 별권: 164). 중일 전쟁이 한창이어서 군사훈련으로 주위가 시끄러웠던 때였음에 도 김교신은 출석은 물론 우리말로 또박또박 일본을 비판하는 내용 의 수업을 하기도 했다. 그는 양정을 그만두고 이후 경기중학교로 옮겨간 직후에도 부임 초부터 서슴지 않고 수업에서 우리말을 사용 하였다. 조선인도 일본어에 익숙했던 터라 이러한 행보는 바로 눈에 띄는 위험천만한 일이었음에도 그리하였다. 이 일로 그는 이직 6개 월 만에 사직을 당하였다(전집 별권: 177, 192, 194).

민족 교육이라는 점에서 그가 취한 관점과 입장은 일의관지, 철 두철미한 것이었다. 하지만 그것은 배타적 민족주의 교육과는 거리 가 멀었다. 김성태가 학생일 때 그와 나눈 대화에서 김교신은 참된 독립이란 "일본의 패망을 통해서가 아니라 우리 자신이 '참 인간'이 됨으로써 비로소 열린다고 하면서, 일본에도 '훌륭한 사람'들이 있 다. 그러니 무조건 배척하는 것은 옳지 않다"고 말했음을 상기했다 (전집 별권: 211–212). 어쩌면 이것을 두고 타협주의적 태도로 치부할 수도 있겠으나 그것은 곡해요, 사실은 민족 간에 있어서 갖추어야 할 관계에 대한 냉정한 인식과 판단에 의거, 견지하고자 했던 평화 주의적 정신의 결과로 보는 것이 옳겠다.

(2) 방법

가. 기본 특징

정신적 차원

개성, 주체성, 창조성이 교육철학의 주요 원리였다면, 그 구현을 위한 길은 무엇이었는가? 그 면면을 보게 되면 김교신이 얼마나 이 길에 있어서 천부적이었는지 또 얼마나 독창적이고 탁월했는지 잘 알 수 있다. 손정균의 증언에 의하면, 김교신은 학생들에게 체계를

세워 원리원칙을 제시하되, 흥미를 갖도록 하고 스스로 탐구하고 정
리하여 소화시켜 나가도록 했다(전집 별권: 157). 이는 그가 당시 지
배적으로 통용되었던 교과서와 교사중심의 주입식 방법을 벗어나
일찌감치 자기 나름 방법론을 개발하여 활용했음을 뜻한다.

체계를 세워 원리원칙을 제시한 것은 "먼저 대의를 파악한 다음
세부적인 사항을 조사하도록" 했다든지, "대강 요점만을 가르치는
식"의 "요점주의 학습"을 주로 활용했다는 구건의 증언(전집 별권:
179)과도 상통하며, 정곡을 찌르며 간결하게 말하는 방식을 구사했
다는 구본술의 증언(전집 별권: 204)과도 일치한다. 정곡을 찌른다 함
은 요점만을 단숨에 드러낸다는 뜻이다. 이러한 증언들은 김교신이
오늘날 '요체화(要諦化)'로 지칭되는, 즉 과제의 기본적이며 핵심적인
부분에 초점을 맞추어 하는 교수법에 상응하는 방법에 정통해 있었
음을 말해 준다. 음성 표현 방식에서도 그러한 의도는 잘 드러나 있
었다. 이시하라 호헤이(전『성서의 말씀』 주필)에 따르면, 김교신은 착
상이 참신했으며 절제된 언어에 자기만의 생각을 진부하지 않은 방
식으로 일상 친화적·구체적으로 탁월하게 단숨에 핵심을 드러내는
식으로 말했다고 한다(전집 별권: 97). 그가 학생들을 상대할 때에도
그렇게 했으리라는 것은 충분히 상상할 수 있다. 아울러 그의 화법
에는 열정과 신념이 늘 강렬하게 표출되어 있었던 것으로 보인다.
이경종에 따르면 선생님은 한 마디 한 마디에 힘을 주고 억양을 붙
여 명확하게 하시는 말씀은 매우 정열적이며, 신념에서 우러나오는
것이어서 누구나 다 선생님의 말씀에 끌리었다고 한다(전집 별권:
170).

이는 김교신이 자기가 가르치는 교과에 있어 철저하고 완숙한 지
식을 가지고 있었음을 반증한다. 그렇지 않다면 체계를 세운다든지
요체를 드러낼 수는 없기 때문이다. 그는 어떤 지식활동에 있어서도
명료한 이치를 궁구하고자 했던 것이다. 이는 문제를 분석하고 논리

를 명석하게 세워 제시하는 능력과 관계가 있다. 그는 그러한 사람
이었다. 구본술은 "자연과학자로서의 모든 사물을 근원까지 꿰뚫어
보려는 안광과 그리고 그릇된 것은 티끌 만한 것도 용서치 않는 기
혼이 넘쳐흐르는 용모"에 대해서 알려주고 있다(전집 별권: 203-204).
구본술은, 변호사였던 선친과 친분이 깊던 양정 교사 최재원 선생의
소개로 김교신 선생님이 댁의 가옥 소송 일로 상의하러 오셨을 때,
선친께서 그동안 소송 일로 각계각층에서 많은 인사들을 만나보았
지만, "법률가 아닌 분으로서 재판까지 해야 할 복잡한 사건에 대하
여 이로정연(理路整然)하게 정곡을 찌르며 간결하게 진술하는 분은
처음 보셨다"고 형제들에게 말씀하셨다는 이야기도 전해 주고 있는
데, 같은 말이라 하겠다(전집 별권: 203-204). 이런 뜻에서 그는 학생
들에게도 지식 습득의 엄밀성을 요구했다. 대충 알아서는 안 되고
정확해야 하고 자신이 있어야 한다는 것이었다. 거짓말은 추호도 용
납하지 않았다(전집 별권: 164, 193).

흥미를 갖게 한다 함은 단순히 객관적 자료로서의 교재로부터 출
발하는 방식은 가능한 한 배제하고, 개성적 내적 활동에 끌리도록
만들어 제시했음을 뜻하며, 스스로 탐구하고 정리 소화한다는 것은
학습은 '자가생산활동'을 주축으로 해야 한다는 것을 뜻한다. 그 뜻
은 졸업생을 위한 다음 언설을 통해서 잘 살필 수 있다. 즉, 졸업 후
에는 한 가지 전공과 한 가지 기호를 택해야 한다는 것이었다. 전공
은 일인(一人) 일사(一事)의 연구로서, 각자 전공은 각자 여러 학문
분야 중 한 가지 소 분야를 택하여 10년이나 20년, 장기간 전심전력
노력하여 그 한 소 분야에서 최고의 실력자가 되도록 일로매진해야
한다. 또 기호를 택한다 함은 전공과 직업의 종류를 막론하고 인문
학 분야, 특히 철학과 문학 등의 분야에서 상당한 조예를 쌓음으로
정신적 세계를 구축, 병행해 나가는 것을 뜻했다. 이 두 가지 방향
을 통해 참된 인간을 기를 수 있다고 보았다("졸업생에게", 1941.5, 전

집 1: 76).

이렇게 가르침뿐 아니라 스스로 하는 방식, 즉 전체적으로 보아 교육에서 교(敎)와 학(學)이 상호 어우러지도록 한 방식은 실은 서당에서 해 온 유학공부법에 상응하는 것이다. 일상에서 학생들과 상대하는 태도에 있어서도 그런 성격이 잘 드러나 있었는데, 윤석중에 따르면 선생은 강직하고 단호했지만 인격적·대화적·감성적 태도로 학생들과 관계했으며, 특히 눈물을 흘리는 때도 많았다고 한다. 때로 꾸짖어야 할 때에도 분노나 강압적 태도는 보이지 않았다(전집 별권: 146-148, 201-202).

이런 엄격함에도 불구하고 그는 자주 유머를 써가면서 수업을 진행했기에 학생들은 자주 폭소를 터뜨렸고 이를 통해 교실 분위기는 늘 역동적이었다고 한다: "선생님은 엄격하신 교육가였습니다. 지식보다 인격을 항상 중시했습니다. 선생들의 미지근한 태도는 참 싫어했습니다. 엄격하시나 유머로 이야기도 잘 하셔서 전교생이나 학급 학생들을 폭소시키어 딱딱한 긴장미를 풀어 주는 일도 적지 않았습니다"(전집 별권: 196). 이런 기법은 김교신과 동문수학했던 마키노 세이로(牧野正路, 소아과의)의 증언에 따르자면 일상적 태도와 어법에서 자연스레 우러난 것으로 보이기도 한다. "김군은 … 진실 그것인 말 뒤에는 여유도 작작, 유머도 넘쳐 있었습니다"(전집 별권: 107). 일방적 지시나 훈계가 아니라 인격적 감성적·대화적 관계 맺음, 혹은 엄격함과 유머가 상호 작용하여 만들어 내는 교실의 역동적 분위기 등은 오늘날에서 혁신을 추구하는 교육현장에서 잘 찾아볼 수 있는 특징이기도 하다.

그럼에도 양자의 관계에서 좀 더 중시되었던 것은 '자유로운 관계'였다. 이 점은 집에서 자녀들을 대하는 선생의 태도에서도 확인할 수 있다. 그는 자녀교육의 성패는 가르치는 자의 의도적 은폐성에 달려 있다고 보았다. 부모는 자식에 대하여 '없는 것과 같은 존재자'로 있어야 한다는 것이다. 간섭이나 강압(자기 식대로 기르기 위해 일정한 형에 끼워 맞추는 행동)이 아니라 각자 나름 자유롭게 놓아 기르는 태도를 뜻한다. 그는 이 원리를 부모가 되어 그때까지 일곱 자녀를 낳아 기르는 과정에서 깨닫게 되었다고 했다. 없는 것 같지만 실은 있고, 무능한 것처럼 보이지만 실은 전능한 존재와 행동방식에 관한 인식은 성서적 원리에 근거한 것이다. 하나님이 인간을 기르는 방법 안에는 부모가 자식을 가르치기 위한 '완전한 교육 원리'가 함축되어 있다고 보았다("어버이가 되기까지", 1941.5, 전집 1: 243-245). 하지만 이 '없는 것과 같은 존재자'라는 생각을 초창기부터 한 것 같지는 않으며, 그러한 생각에 도달하기까지는 상당한 시간과 경험을 요했을 것이다.

이를테면 이 생각을 일기에 적었던 1941년보다 7년 전에 쓴 일기를 보면 좀 미숙하게 보이는 행동, 즉 체벌을 했다가 크게 뉘우친 기록을 찾아볼 수 있는데(일기 1934.8.21, 전집 5: 205; 일기 1936.7.8, 전집 6: 67), 흥미로운 변화라 하겠다. 이렇게 할 때 학생이 얻게 되는 '자유'야말로 진정한 교육이 최종 기대하는 바에 부합할 수 있다는 것이다. 우리는, 이 생각이 19세기 중엽 덴마크와 러시아에서 그리고 19세기 말엽부터 독일, 스웨덴, 이탈리아, 영국, 프랑스, 미국 등지에서 태동되어 전개되기 시작한 자유교육운동의 핵심과 맞닿아 있다는 사실에 유의할 필요가 있다.

김교신이 서당 공부법에서 가져온 것 중에는 암송과 붓글씨도 있었다. 이해와 응용에 초점을 맞추면서 암송은 간과하는 근대식 방법은 오류로 보았다. 수학과 국어와 외국어와 과학과 종교, 이 모든 분야에는 암송을 요하는 부분들이 엄존하고 있기 때문이다. 이해와 응용이 중요하다면 암송도 중요하다. 이 양자를 상호 어울려 작용하게 할 때 교육의 정당한 효과를 기대할 수 있다는 것이 그의 생각이었다. 붓글씨도 마찬가지인데, 연필, 철필이 생긴 후에는 경시되고 있는 이 기예는 연필과 철필로는 기대하기 어려운 인내(忍耐)와 역 (力)과 성(誠)의 힘을 기르게 할 수 있으니 반드시 익혀야 할 것이라 했다("회오록", 1936.7, 전집 1: 85–86). 붓과 연필, 철필 사이에 놓인 변증법은 편리함과 불편함 사이의 변증법을 뜻한다. 이 변증법에 그 의 방법의 특징이 있다.

김교신이 여기서 언급한 것 말고도 서당의 학습방법 중에는 십분 경청할 만한 것들이 여럿 있다. 자기주도 학습, 개별학습, 협력학습, 일종의 소교사제인 접장제, 자연체험의 일상화와 계절에 맞춘 교육 과정, 노작교육, 한자와 한글을 혼용하는 우리말의 올바른 사용을 위한 한문교육, 동양철학과 인문학 공부, 소규모 기숙형태의 공동체 생활교육 등, 그 장점들을 잘 새겨보면 우리 사회의 교육관이나 근 대식 학교 교육의 한계와 맹점을 바로잡을 수 있는 길을 찾을 수 있 을 것으로도 판단된다. 그 가능성은 우리나라에서는 널리 알려지게 된 풀무농업고등기술학교 사례를 통해 일견할 수 있다. 그곳에서는 특정한 면에서 일종의 '서당의 현대화'를 시도하기도 하였던 것이다. 김교신의 견해는 케케묵은 과거 회귀적 시도가 아니라 미래적 가치 를 함축한 것이라 할 만하다.

신체적 차원

김교신은 신체 단련의 중요성을 깨닫고 다양한 체육 분야를 섭렵 하며 가르쳤는데, 씨름, 농구, 마라톤 등이 그런 것들이었다. 이는 가까이 지내던 사토(佐藤) 교수의 자극에 의한 것이기도 했다. 그리 하여 그는 학생 교육에서 뿐 아니라 스스로 매일 30분 정도를 내어 운동장에서 운동을 하기로 작정했다(개인 일기 1933.4.21, 일보: 148–149). 그의 담임반 학생들은 체조과 교사가 따로 칭찬을 할 정도로 체육 활동에 자발적으로 또한 적극적으로 참여하여 좋은 평가를 받기도 했다(일기 1936.10.13, 전집 6: 116). 농구부를 맡아 연습 때면 심판을 맡아 보았고, 전교 씨름대회 리그전에도 출전했다. 전국대표까지 낀 씨름대회에서도 2, 3위를 다투었다(전집 별권: 190). 그 중 마라톤 교육에는 더욱 주력하여 전설적인 성과를 거두었다. 양정은 당시 대부분의 민족사학이 그러했듯이 학업뿐 아니라 스포츠를 강조하고 선수 양성에 힘을 기울였는데 그 이유는 일본에 대한 '대항의식' 때문이었다. 양정은 육상경기에 강했고 특히 마라톤에 역점을 두어 우수한 선수들을 많이 배출했다(니이호리 구니지, 2014: 49-50).

일기에 보면, 오전 3시간 수업 후 열린 교외 마라톤 대회에서 김교신은 홍제천 모래밭에서 구파발까지 왕복 7리 반을 병자 등을 제외한 전교 5백 수십명 생도들과 같이 뛰었는데, 결승점까지 온 302명 중 22위로 들어왔다. 이렇게 뛰어 본 것은 7-8년만의 일이었으니 괜찮은 성적이라는 자평이 나온다(일기 1936. 11. 13, 전집 6: 128). 베를린 올림픽의 손기정은 바로 그가 기울인 노력의 결과 중 특별한 것이었다. 손기정은 마라톤에 탁월했던 학생으로, 입학하던 바로 그해 봄 도쿄 요꼬하마 왕복 중등학교 역전경주에서 우승을 한 경력이 있었다. 그는 이러한 그를 세계적인 선수로 길러 내고 싶었다. 그 결과 손기정은 메이지 신궁경기대회와 베를린 올림픽 예선 경기에 출전하여 각각 1위와 2위를 기록하고, 마침내 올림픽 본선에서 27개국 57명의 선수 중에서 우승이라는 역사적 기록을 세우게 된다. 하지만 이 승리는 손기정의 육체적 능력뿐 아니라 정신의 힘을 넘어 손기정을 도우신 하나님의 은총이었음을 술회하였다("손기정 군의 세계 마라톤 제패", 1936.9, 전집 1: 37-38; 니이호리 구니지, 2014: 81-89).

김교신의 체육활동은 그 자신 체육교사가 아니었던 만큼 모두 담임교사의 자격으로나 해당 운동부 지도교사로 한 것이었다. 특징이라면 단지 학생들만 하도록 지시하기보다는 학생들과 섞여 같이 했다는 점일 것이다.

신체 단련 방법과 연관지어 한 가지 언급할 만한 것은 (다음 2)의 나. '교과수업 사례: 통합교과교수학습론' 부분 참조), 지리 수업에 도입한 답사활동이다. 즉 답사는 장거리를 걸을 수 있어야 가능하므로 심신을 함께 닦을 수 있는 과정으로 이를 적극 권유하였다(전집 별권: 178).

이 주제는 우리 교육에서 한 번도 제대로 심도 있게 현실화되지 못했으며, 또한 갈수록 빠르게 디지털화되어가는 우리의 생활세계를 놓고 볼 때 이 주제와 씨름해야 할 이유는 더욱 분명할 것이다.

이상 기본 특징을 바탕으로 구체적으로 그가 담당했던 지리 박물 교과수업의 구조와 진행방식을 살펴보기로 하자.

나. 교과수업 사례: 통합교과교수학습법

김교신은 지리교과 수업에서 과학연구의 기본 방법들을 활용했다. 주목할 만한 점 하나가 더 있는데, 그것은 특이하게도 오늘날 '통합교과교수학습법'에 상응하는 방법을 개발하여 활용했다는 사실이다. 자연과학 교과인 지리 수업을 과학뿐 아니라 철학, 역사, 윤리와 종교 등 학문 분야를 함께 연계지어 자유자재로 풀어내면서, 학문적 자료에 대한 1차적 경험, 즉 답사를 도입했고, 또 이를 통해 신체운동을 촉진하는가 하면, 나아가서 자연을 통한 미적 체험도 끌어내는 방식이었다(전집 별권: 179, 174-175, 185-186, 210-211). 그 특징을 알기 위한 두 가지 통로가 있다. 하나는 그의 논문 "조선지리소고"이고 다른 하나는 수업을 받은 학생들의 증언이다. 수업에서는 비교, 관찰, 감각활용이라는 세 가지 방법이 사용되었다.[9]

---

9) 김교신의 "조선지리소고"와 그 교수법적 활용에 대해서는 일찍이 이은숙이 분석하여 그 특징을 드러낸바 있고(이은숙, 1996: 43, 44-46), 이후 임희숙도 이 점에 대해 가치 있는 분석을 제시했다(임희숙, 2005). 이 작품은 본래 조선에서 처음 나온 본격적인 지리학 논문으로, 그 배경에는 우치무라의 "지인론"(1897)이 있었다 (우치무라 간조, 2000: 187-296).

비교: 한 지역을 다른 지역과 비교한 후 그 결과에 따라 일반화를 시도하는 것이다. 이 과정에서 지역의 개별적 특징에 따라 지역의 다양성이 드러나게 되는데, 이에 따라 면적, 기후, 인구 등을 단위로 각 지역을 서로 비교하고, 그 조건하에서 각 지역들의 문화와 국력의 상이성을 드러내고자 했다. 동일한 조건에서도 양상이 상이한 경우에 대해서는 그곳에 거주하는 사람들의 의지와 결부지어 설명했다(전집 별권: 49-62).

관찰: 두 경로가 있다. 하나는 답사로, 자기 발로 걸어 다니면서 지역 현상을 실증적으로 직접 관찰·조사하는 방법이고, 다른 하나는 간접적인 방법으로 대축적지도와 지리부도가 제시하는 현상을 분석하는 것이다(전집 별권: 203). 답사는 '무레사네'('물에 산에'라는 뜻)라는 답사반을 만들어 금요일이나 토요일에 집합 장소를 사전에 공지한 후 일요일마다 시행했고 원하는 학생들이 참가하도록 했다(전집 별권: 189-190). 드물기는 하지만 담임반에서 참가를 권유한 적도 있었다(전집 별권: 189). 1934년 9월 30일 일기를 보면, 우천 시에도 학생들과 함께 동소문, 식송리, 오현, 번리, 월계리 뒷산, 창동역, 도봉리, 침라정을 답사했고(전집 5권: 219), 1934년 11월 11일 일기에는 당일 학생 140명과 함께 북한산에 올랐다고 기록하였다(전집 5: 237).

감각활용: 앞의 관찰 부분에서 언급한 간접적 방법인 지도 사용법에서 활용되었는데, "기술된 지표를 엄격하게 분석함으로써 이 자료를 토대로 지리적 현상의 일반화를 위한 단서를" 찾도록 했다. 이것은 모든 지리교육에 있어서 최초의 단계를 의미했다. 그는 지리책이나 노트 등 일체의 다른 교재나 설명에 앞서 지도 작업을 출발점으로 삼았는데, 보통 한반도의 5만분의 1 지형도를 활용했다. 지형도는 학생들에게 한 장씩 배부했다. 강이나 개울은 파란 색 물감으로 칠하고, 해발 100미터 이상은 다갈색으로 하되, 고도의 차이에 따라 농담을 달리하여 고도가 100미터 높아질수록 진하게 칠하도록 했다.

산봉우리로 갈수록 세심한 주의를 요했는데 면적이 콩알만큼 아주 작아지기 때문이다. 이렇게 하여 지도는 생명의 기운을 띠게 되어, 개울에서는 물소리가 들리고 산지의 경사의 기울기도 알게 된다. 색칠 작업 하나를 통해 등고선의 의미를 깨달을 수 있게 한 것이다(전집 별권: 333-335, 368). 또 칠판과 지리부도를 활용할 경우에는, 처음에는 칠판에 한 나라의 지형을 선으로만 그려 나타내고, 다음에는 주요 도시를 영자로 표시하고, 이어서 기후 특징을 소개한 후, 마지막으로 주요 지역의 농산물과 공산품 종류와 국내외 유통과정에 대해 설명한다. 이 설명이 끝난 후에야 학생들 각자 지리부도를 펴서 찾아보도록 했다(전집 별권: 183, 203).

이런 식으로 김교신은 한반도의 아름다운 산천, 좋은 기후, 특이한 해안선, 한류와 온류의 교차지대, 바다와 물의 풍부함, 동양의 중심 위치, 대양과 대륙으로 뻗어 나갈 수 있는 가능성 등 희망적이고 낙관적인 지리적 특징을 제시했다. 그런데 그의 지리수업의 특이성은 이러한 이해의 차원으로 끝나지 않고, 조선의 학생들과 조선 사람들이 지리를 통해서 자기가 사는 국토의 특징을 이해할 뿐더러 나아가서는 그 역사와 문화의 성격과 미래적 과제에 대해 인식하도록 했는바, 지리수업에서 정말 중시한 것은 바로 이 점이었다는 것이다. 이는 애당초 그의 지리공부가 민족을 위한 역사의식의 관점에서 점화·추구된 것임을 반영해 준다: "조선의 국토는 산하 그대로 조선의 역사이다. 그리고 조선인의 정신이 이 땅에 깃들어 있다. 조선인의 마음, 조선인의 생활의 자취가 고스란히 이 국토 위에 박혀 있다"(전집 별권: 189).

정리해 보자면 과학적 자료를 근거로 이를 자연스레 인문학적 성찰과정이나 심미적 감상 혹은 개개 지역의 구체적 생활상에 대한 깊은 공감과 연계지어 다루고, 최종적으로는 역사적 인물들에 대한 탐사를 추구하였던 것이다. 여기서 조선이 위대한 역사와 역사적 인물을 가진 나라임을 깨닫도록 역설했다(전집 별권: 177). 이는 다른 나라 지리와 비교하는 작업에서도 동일하게 적용되었다. 이를테면 인도의 수출품과 수입품을 제시하면서 인도의 수억 인구를 병들게 하는 문화(文化)병과 사치(奢侈)병은 대영제국의 철광석보다 몇 배 더 무서운 것임을 지적했다. 그리하여 다음과 같은 발상이 가능하게 된다: "인도의 산물중의 산물은 오직 간디라"(전집 별권: 183). 또 암기도 시켰는데, 세계 여러 나라 지리를 배경으로 언급한 만한 위인들이 언행을 소개하면서 때로 그와 관련된 역사적 자료 예컨대 제갈량의 출사표나 소동파의 적벽부, 도연명의 귀거래사(歸去來辭) 등 자료들을 사용했다(전집 별권: 210).

이 방법은 박물시간에도 적용되었다. 구건은 선생님이 수업시간에 진도와는 상관없는, 자기가 최근 읽은 책을 소개했고, 거미의 암수결합 이야기를 하다 남녀 간의 사랑이야기로 넘어가기도 하고, 이것을 다시 춘향전, 롱펠로(Henry W. Longfellow)의 에반젤린의 사랑의 애가로 이어갔고, 지리시간이든 박물시간이든, 대고구려, 세종대왕, 이순신을 가르치는 식의 한마디로 파격적인 수업을 했음을 증언해 주고 있다(전집 별권: 177-178, 185). 이창호는 박물 수업시간을 통해 과학적 지식을 배운 것도 좋았지만 인생을 보는 눈을 가지게 되었음을 술회하였다(전집 별권: 167).

김교신이 말하고자 했던 것은 한 지역의 지리적 위치와 정치적 운명이 가지는 관계에 대한 역사적, 철학적 해석이라 할 수 있다. 먼저 어떤 지역의 지리적 위치는 그 지역의 정치적·경제적 성격을 형성하는 근본적 요인으로 설정된다. 위대한 문명을 건설한 나라들은 그에 걸 맞는 지리적 조건을 갖추고 있다는 뜻이다. 그러나 그것은 일정한 조건하에서 그러한데 흡사한 지역에 사는 민족이 상이한 운명에 처하게 되는 수도 있기 때문이다. 한 민족은 번성하는 반면,

다른 민족은 쇠락하는 경우가 있는데 그 이유는 무엇일까? 그는 그 이유를 사람들의 정신, 즉 그 '소질'과 '담력'에 기인하는 것으로 보았다. 조선은 지리상으로 보아 극동의 중심이지만, 그 소질과 담력을 어떻게 발휘하느냐에 따라 강국으로 뻗어 나갈 수도 있고 반대로 외부의 침략으로 위태로운 지경에 빠질 수도 있다. 불행하게도 조선은 후자의 지경에 처하게 되었다. 그와 흡사한 지리적 조건을 갖춘 고대 그리스나 이탈리아나 덴마크 같은 나라들과 다른 운명에 처하게 된 이유는 그러한 정신적 수준에 이르지 못했기 때문인바, 우리는 어떻게 해야 할 것인가 하는 것이었다. 요는 그러한 정신을 갖추기 위해 힘써야 하고 그렇다면 우리도 그렇게 될 수 있다는 것이었다. 그러한 수준에 도달하기 위한 필수적인 조건을 그는 기독교의 수용으로 보았다. 유럽 대륙 여러 나라들이 현대 세계 문화의 중심을 이루게 된 것은 전적으로 기독교에 기초해 있었기 때문이라는 이유에서였다. 그리고 조선 민족이 현재 받는 고통은 (유대인도 그러했듯이) 하나님의 섭리에 의한 것으로, 만일 조선 민족이 신의 의지를 따른다면 이 시련을 통해서 조선인이 좀 더 높은 상태로 도약할 수 있을 것이라고 생각했다("조선지리소고", 1934.3, 전집 1: 62-64). 이는 '반도정체론'을 통해 식민 지배의 필연성을 내세운 일본에 맞서 현재의 불운한 상태를 극복하기 위한 논리요, 자명한 요청에 다름 아니었다.

요컨대, 김교신은 지역의 개별적인 지리 현상을 직접적 경로와 간접적 경로를 통해 관찰하고, 각 지역들 간의 비교를 통해 개별적 특징과 공통점 및 다양성을 드러내는 동시에 이를 토대로 일반적 법칙을 추출해 내고, 이를 문명사적 비교를 거쳐 인문학적 성찰에서 윤리·종교적 차원에 이르기까지 인간 삶의 다양한 차원들과 연관지어 해석하고 최종적으로는 문제 전체를 종교에 귀착시키고자 했다. 박물시간도 그런 방식으로 진행되었다. 따라서 수업의 형태도 달라질 수밖에 없었다. 이는 일반학교의 수업 형태와는 거리가 먼, 상상하기에 쉽지 않은 수업 형태라 할 수 있다. 여러 교사가 함께해야 가능한 이 복잡한 구조를 그는 혼자서 구사했다. 이 독창적 수업 방법은 어릴적 서당 공부와 일본 교원양성대학에서의 수업을 기반으로 그 스스로 창안해 낸 결과물로서, 오늘날 개혁을 추구하는 학교들이 주력하는 방법 중 하나라는 점에서도[10] 그 역사적 의미와 가치에 대해 숙고해 볼 필요가 있다.

다. 종교교육 방법

김교신은 어떤 지식을 공부하든지 또 그의 개성이 어떠하든 상관없이 모든 공부의 바탕을 만들어내는 게 결정적으로 중요하다고 보았는데 그 바탕이란 바로 종교적·윤리적 차원의 인간성을 뜻하는 것이었다. 하지만 이것을 교과로 가르치거나 강제한 적은 없었고, 대신 수업 구조에 약간의 변화를 주어 그 의도를 반영하려 했던 것으로 보인다. 어떤 증언에 의하면, 수업을 시작할 때 그는 출석을 부른 후, 바로 교과 수업으로 들어가지 않고 생활에 유익한 덕담이나 시사적인 이야기 혹은 종교에 관한 훈화를 해 주곤 했다. 이야기가 시작이 되면 십여 분이 가기도 하고 어떤 때는 수업시간 전체의 삼분의 이가 그렇게 지나가기도 했다고 한다(전집 별권: 179). 이것은 일종의 '예비시간' 같은 것이었다. "세상에서 가장 존경하는 인물이 누구인가?"라는 질문을 학생 하나하나에게 던져 이야기를 풀어 가는 식이다. 흥미롭게도 학생들은 선생님이 교과로 바로 들어가기보다는 이런 이야기를 해 주기를 은근히 기다렸다고 한다(별권: 174–175, 179). – 이런 방식을 덴마크 자유학교[11]에서도 찾아볼 수 있어 흥미

---

10) 예컨대 독일의 혁신학교인 헬레네랑에슐레(Helene-Lange-Schule)의 수업방식 중 "학생생활나눔터의 나무 한 그루. 프로젝트 수업과 교과수업에서 하는 실천학습" 사례 참조(리겔, 2012), 31-49.
11) 공교육 체제와는 별개로, 법과 행정, 교육과정과 교수활동에 있어 자유를 가지고(단

롭다. 이곳에서는 학교 일과가 시작되기 전, 학생 전체가 한 자리에 모여 노래를 부르고 동화나 덕담, 혹은 일상사에서 도움이 되는 이야기나 학교생활에 관한 정보를 나누는 관례를 오래 전부터 발전시켜 왔다. − 그렇지 않으면 담임반 학생들에게 성서를 배우도록 권면을 하거나, 학교 밖 혹은 가정에서 하는 성서연구회에 초대하는 식으로 기회를 제공하기도 했다(일기 1935.4.1, 전집 5: 285).

이와는 달리 의미상 동일한 방향의 한 가지 명시적인 방법이 있었다. 자아성찰을 위한 '일기쓰기'가 바로 그것이었다. 그는 학생들에게 종종 일기쓰기를 권장하고 담임반 학생들에게는 의무 사항으로 부과했다. 이유는 하루를 살고 난 후 자신을 돌아보며 가지게 되는 소감과 일상에서 겪은 중요한 일을 기록하면 자신에 대한 비판적 성찰을 할 수 있고, 글씨쓰기와 작문 연습에도 유익하다는 이유에서였다. 그는 이 과제를 종종 교과 수업시간에 제안했으며, 담임반 학생들에게는 의무 사항으로 부과했다. 일주일에 한 번씩 검사를 해서 안 쓸 수가 없었다고 한다. 일기를 쓰지 않다가 청소 당번 전날 밤 일주일 치를 한꺼번에 써서 지적을 받는 수도 있었다. 방학 때도 예외를 두지 않았다. 하지만 종종 많은 부담을 느낀 학생들 때문에 의견 충돌이 생겨 문제를 조율하지 않으면 안 되는 상황에 봉착하기도 했다고 한다(전집 별권: 170−172).

이 과제는 김교신 자신의 일상적 성찰행위에 근거한 것이었다. 그는 서당수학을 하던 당시 자기성찰을 위한 유교적 수신(修身)의 가르침에 따라 열 살 때부터 일기를 쓰기 시작했고 그것은 일본 유학 시절을 거쳐 귀국을 한 뒤 교직생활 동안에도 내내 '일지(日誌)'

일정한 조건 하에) 운영되는 학교 형태. 1800년대 중엽 근대 덴마크의 국부격인 그룬트비와 교사 크리스튼 콜에 의해 시작되었다. 교육은 초등, 중등, 고등 단계에서 모두 민족과 공동체, 학습자의 개성과 자유로운 삶의 성장에 맞추어 이루어지고 있다. 교육법의 보호와 지원을 받고 있다는 점에서 특징적이다.

형식으로 계속되었다("성서城西의 변천", 1931.2, 전집 1: 323).

분량은 1936년 현재 30여 권에 달하였다고 하나(25년간 지속된 기록 활동), 지금은 공책에 쓴 28권(1932.1.1.－1933.3.31.)과 29권(1933. 4.1.－1934.8. 31.)만이 남아 있다. 이 두 권에는 '날마다 한 걸음'이라는 뜻의 '일보(日步)'라는 이름이 붙여져 있다(일보: 4). 선생이 언제부터 이 명칭을 언제부터 사용하기 시작했는지는 불분명하지만, 이 말을 어떤 뜻으로 썼는지는 1931년 9월의 김교신의 '주기도의 연구'의 한 대목, 즉 '하루 살림'과 '그날그날 하루하루의 살림'에 관한 언설을 보면 확인할 수 있다: "신자의 생애는 육으로나 영으로나 하루 살림을 원칙으로 한다. 절대 신뢰의 생애는 그날그날 하루하루의 살림이 아닐 수 없는 까닭이다"("부(附): 주기도의 연구", 전집 4: 161). 이때는 우치무라 문하에서 수학을 마친 후(1921－1927) 교사로 일하던 시기로, '일일일생(一日一生)'의 도를 설파했던 우치무라(우치무라 간조, 2004)의 영향을 추론할 수 있다. 이만열은 그럼에도 선생이 자기 방식대로 '종말론적' 의미를 부여하여 하루하루를 엄중하게 살고자 했던 뜻으로 해석하였다(일보: 4).

일보가 사적인 일기였던 데 비해 또 다른 형식의 일기도 썼는데, 그것은 공개일기로 '성서통신(城西通信)' 혹은 '성조통신(聖朝通信)'이라는 제목으로 『성서조선』에 연재하던 것이었다("성서(城西)의 변천", 1931.2, 전집 1: 323－325). 여기에는 김교신의 개인사뿐 아니라 성서 읽기, 가정사, 교육, 민족문제, 『성서조선』 발간문제 등 다양한 글들이 실렸다.

한 가지 특기할 만한 사실은 1933년을 기점으로 하루가 지날 때마다 날수를 계산하여 적은 것이다. 1933년 4월 18일 일기(전집 5: 121)와 1935년 2월 3일 일기(전집 5: 188)에 의하면 이 계수법은 그의 선배 격인 류영모와 일본에서 박물학을 배웠던 오고카아사 지로(丘淺次郎) 박사의 영향으로 보인다. 선생이 가까이 교분을 가졌던 류영모는 '오늘살이'(今日生活)를 모토로 어제도 없고 내일도 없이 오늘 하루를 영원한 것으로 여기되 그가 현존하는 바로 여기에서 자기의 날을 계수하며 살아가고자 했다(함석헌, 2001: 19-20; 김흥호, 2001: 28). 김교신의 일기 중에는 그에 상응하는 다양한 표현들이 나온다: 1934년 3월 일기 "제12,000일의 감(感)"에서는 "하루는 일생이요, 일생은 하루이다"라고 했는가 하면(전집 1: 347), 1935년 3월 일기 "제12,345일"에서는 "작년 3월호에 제12,000일의 소감을 쓴 후에 벌써 345일을 더 살았다. 단, 그 하루하루를 과연 살았는가?"라 자문해 보고, 또 이어서 "우리는 … 하루의 삶을 의식하고 살며 참으로 살고자 하는 자이다"라 하면서, 생리적 나이에 따라 성쇠(盛衰)하는 삶이 아니라 신앙의 원리에 따라 노쇠할지라도 "속사람이 나날이 새로워지는 삶", "하루의 생명 성장"을 위해 힘써 살아야 함에 대해 성찰하였다(전집 1: 350-352). 그는 이 계수법을 통해서 자신의 '하루 살림'을 보다 정밀하게 심화시켜 나가기 시작한 것으로 보인다(전인수, 2018: 305).

김교신은 원칙을 정하여 일기쓰기를 엄격하게 준수하고자 했으며, 아무리 피곤하고 졸려도 몇 자라도 적었다. 이러한 습관은 자기 심신을 날마다 스스로 준엄하게 다스리지 않으면 결코 해낼 수 없는 일로, 매우 이례적인 행위요, 놀라움을 주기에 충분하다. 학생들에게 요청한 일기쓰기는 하나님 앞에서의 자아성찰과 자기 자신과의 내적 투쟁, 즉 '자기교육'을 위한 기록으로서의 바로 이 일기쓰기를 배경으로 했던 것이다. 일기쓰기는 그의 마음가짐의 자연스러운 표현 중 하나로 특기할 만한 것이라 하겠다. 유학과 기독교의 가르침을 배경으로 한 이러한 실천행위는 마음과 말과 행위를 일상에서 추호도 어긋나지 않게 하나로 관통시켜 살아가고자 했던 태도로, 이렇게 보았을 때 그를 일컬어 고고한 높이로 살아있는 한 사람의 선비요, '구도자'나 '수행자'가 아니라면 과연 어떤 다른 말로 표현할 수 있을까?

이렇듯 도덕적 이상과 절대자 앞에서 스스로 준엄하게 살아가고자 했던 김교신의 몸가짐, 마음가짐이 사제 간의 일상적 교류를 통해 미친 영향은 모든 방법에 선행하는 전제였을 것이다. 다음 이창호의 증언은 이이 점을 뒷받침해준다.

> "내가 선생님에게 더 큰 관심과 존경을 갖게 된 것은, 선생의 그리스도에 대한 믿음 그것이었습니다. 나는 선생님의 강직, 근면, 의를 위하여 분기하시는 태도, 신념 있는 생의 태도 그것이 바로 그리스도에 대한 신앙에서 나온 것이라는 사실을 알았을 때, 나는 더욱 더 기독교 신앙을 탐구하게 되었으며 선생님이 하시는 일요집회는 물론 모든 집회에 빼놓지 않고 출석했던 것입니다"(전집 별권: 167).

3. 근대식 학교교육의 대안: 집에서 시도한 작은 교육공동체

김교신은 교사였지만 근대식 학교체제에 늘 문제를 느꼈고 따라서 이를 넘어서기 위한 길을 찾고자 했다. 하지만 그것은 기존 형태 안에서 이루었어야 했기에 늘 부분적으로 성취되었고, 따라서 이 결핍을 학교와는 구분된 공간, 즉 자기 집에서 하는 교육으로 보완하거나 혹은 아예 자기 집을 새로운 이상의 실현을 위한 터전으로 일구어 내고자 했다.

김교신에게 집은 가족과 개인 생활 및 연구를 위한 사적인 공간이었던 동시에 일정부분 공동성서연구와 도움이 필요한 학생들의 생활과 공부를 위한 공적인 공간이기도 했다. 그는 1928년 3월 처음 양정고보에 부임할 때 학교와 가까운 곳(용강면 고양리 활인동〔현 공덕동〕130번지)에 집을 정하여 어머니를 모시고 아내, 장녀, 차녀와 함께 살았다. 주일 오후에는 성서연구와 기도를 위한 가정 집회를 열었고 원하는 사람들도 참석할 수 있었다. 식구들과 함께 성경을 읽었는데 처음부터 끝까지(창세기부터 요한계시록까지) 배열된 순서에 따라 매일 하루 한 장씩 읽는 식으로 했고, 읽기를 마치면 처음으로 돌아가서 다시 시작했다.

1934년 11월에는 사랑방을 수리하고 방 두 칸을 증설하였다. 평시에는 학생들이 기숙하고 때로는 친구들도 머물 수 있게 하기 위해서였다. 인간교육에는 기계적으로 찍어 내는 식의 대량생산체제보다는 자그마한 사숙(私塾)이 그 최선의 방책이라 생각하고 실행에 옮긴 결과였다. 그는 이곳에서 청소년들과 지적으로 또한 정서적으로 가까운 사귐을 가지면서, 때로는 가르치고 때로는 배우는 동시에, 신앙을 생활로 증언할 수 있는 곳으로 만들어 내고자 했다(일기 1934.11.12, 전집 6: 237–238).

그러다가 8년 후 1936년 5월경 경성 외곽에 위치한 정릉리로 거처를 옮기게 된다. 정릉리를 택했던 것은 자연이 아주 좋으면서도 최소한의 문명의 이기도 이용할 수 있는 곳이었기 때문이었다. 그는 어느 하루 가족과 함께 시외로 나가 북한산록의 정릉리 어느 곳을 산책하다가 맑은 물이 흐르는 개천과 주위의 장엄한 산악과 숲의 아름다움에 사로잡혔고, 그곳에서 수천 평의 토지와 과수원이 딸린 집을 하나 찾아냈다(일기 1936.3.21, 전집 6권: 32; 니이호리 구니지, 2014: 97–98).

김교신의 집은 늘 가족들로 붐볐다. 어떤 때는 새벽에 출생한 질녀까지 합해 아홉인데 모두 열여덟이나 된 적도 있었다. 나머지 아홉이 학생들이었던 셈이다(일기 1938.2.18, 전집 6: 345). 공덕리에서 시도한 숙(塾) 형태의 생활공동체학교가 본격적으로 확장된 모양새라 할 수 있다(김정환, 1994: 116–117).

그는 밭에서 흙을 만지며 노동하는 것을 즐기면서 가족과 자기 집에 머무는 이들의 일용할 양식을 손수 거두었다. 너른 대지에 감

자, 호박, 참깨, 수세미 등 채소를 심고 수십 마리의 가축도 길렀다
("농사잡기", 1934.9, 전집 2: 347-348). 때로는 이웃 농민의 칭찬을 들
을 정도로 솜씨 있게 해 냈고(일기 1936.8.25, 전집 6: 92), 풍성한 결실
의 기쁨도 맛보았다(일기 1936.8.31, 전집 6: 98). 가축 사육에도 무척
소질이 있어, 1938년 4월 2일 일기에는, 오류동의 송두용이 돼지새
끼 암수 한 쌍과 감자 종자 10관을 보내 주어 수탉 1마리, 암탉 9마
리, 병아리 22마리, 개 1마리, 돼지 2마리가 되었고, 그로부터 석 달
가량이 지난 6월 30일 일기에는 개 1마리, 돼지 15마리, 닭 52마리,
이렇게 도합 68마리로 증식되었고, 이튿날에는 산 양 1마리도 더 오
게 되었다고 즐거워하는 모습이 그려져 있다(전집 6: 363, 401). 이 일
이 주는 유익과 건강상 효능에도 유의했다("농사잡기", 1940.6, 전집 2:
347).

정원과 산야에 즐겨 나무를 심었는데, 채벌은 할 줄은 알아도 식
목은 할 줄 몰라 산야를 황폐하게 만드는 조선 사람들의 풍조를 큰
문제로 여기기도 했다("식목의 심리", 1935.3, 전집 2: 340-341). 1936년
4월 23일자 일기에 보면, 그는 정원에 약 20그루를 심었고 그리하여
그가 그해 봄에 심은 나무는 삽목(揷木)과 과일나무까지 합해 1천
그루에 달했다고 한다(전집 6: 41). 나무를 살리는 기술도 탁월했다.
울안에 심겼다 추운 날씨 탓으로 죽게 된 감나무 10여 주 중 두어
주를 살려 냈고, 접붙였다 동사한 무궁화를 정성껏 돌보아 살려 냈
는가 하면, 손기정 선수가 베를린에서 갖고 와 양정학교 교정에 심
은 월계수가 죽게 된 것도 끈질기게 가꾸어 살렸다는 기록도 있다
(김정환, 1994: 118). 그는 식목에 힘썼을 뿐 아니라 나무를 그 식물학
적 속성에 따라 살피고 여기에 철학적·종교적 성찰도 가했는데, 이
를테면, 소나무와 은행나무와 매죽 등 여러 나무의 성질을 세세히
세어 가다 포플러 나무에서 예수의 삶을 읽어 내려하기도 했던 것
이다("포플러 나무 예찬" 1과 2, 1934.11-12, 전집 2: 356-359).

인간교육을 위한 김교신의 철학과 방법

농사일은 그가 소싯적 농업학교에 진학했었던 것처럼 일찍이 커다란 의미를 부여해 오던 것이기도 했다(전집 별권: 151). 후에는 그의 동지 송두용과 당시 창조적 생활로 명성을 얻은 김주항의 영향도 컸었던 것 같다. 그는 송두용이 도시를 떠나 오류동 웅곡으로 이사하여 농군이 되어 살고자 한 것에 탄복하고 부러움을 표한바 있다(일기 1930.10.22, 전집 5: 29-30). 김교신이 김주항을 알게 된 것은 1934년경 춘원 이광수가 농촌사업가인 김주항이라는 분의 '창조적 생활'에 대해 동아일보에 기고한 글을 통해서인데, 거기서 그는 삶을 위한 하나의 의미심장한 표본을 발견한다. 그는 학생들을 데리고 종종 그곳을 방문하여 김주항이 자연석재를 이용하여 직접 지은 집과 살림법 그리고 농사법이 지닌 창조적 가치에 깊은 감명을 받고, 학생들 각자 자신들의 힘으로 의식주라는 차원에서 창조적으로 살아가야 할 삶에 대해 역설했던 것이다.

이는 또한 자기 자신을 위한 과제이기도 했다. 즉, 그 자신 정릉리에 이주한 뒤부터 본격적으로 농사를 짓고 또 김주항이 잡석과 양회로 지은 주택형태에 따라 이를 표본삼아 따로 서재도 지었던 것이다. 한 칸 크기의, 미보다는 실용성 위주로 일광과 공기가 충분할 만큼 큼지막한 창을 여러 개 만들어 붙이고 유리창은 중문으로 하여 소음을 차단하여 집중도를 최대화시킨 형태였다. 서재를 지은 것은 학문과 종교적 연구와 실천을 위한 자기만의 공간이 필요했기 때문이었다. 그는 손으로 하는 일을 좋아하고 재주도 있어서 일부 목수의 도움을 받아 이 집을 손수 지었다. 서재를 짓고 난 후 감상으로, 누구나 일생에 한 번쯤 손수 이런 식으로 집을 지어 보면 좋을 것이라 할 만큼 건축일이 주는 즐거움에 빠져들었다("성조 소감", 1937.7, 전집 1: 250-251; 전집 별권: 180-181, 323).

너른 텃밭, 각종 농사일, 울창한 나무 숲, 수많은 가축들, 돌로 된 서재 등을 통해서 정릉리 집은 새로운 면모를 계속 더해 갔다. 이렇게 하여 김교신은 자신의 집을 가족과 학생들이 어울려 살면서 인격적 존중과 상호 교류, 성서적 신앙, 자발적 연구와 공부, 노동을 통한 생산활동 등을 함께 경험할 수 있는 삶의 보금자리요, 작은 교육공동체로 만들어 내고자 했다. 이런 형태는 경성에서는 분명 낯선 것으로, 농가가 곁들인 어떤 서당식 가정 학교나 혹은 일종의 작은 공동체 학교와 같은, 이를테면 20세기를 전후로 하여 근대기에 영국, 독일과 스위스 등지에서 시작된 '전원학사(Landerziehungsheim)'[12]와 같은 모양새를 갖추어 나가고 있었다. 그곳은 하나의 대가족공동체를 위한 보금자리였던 동시에 근대식 학교를 넘어서기 위한 하나의 창조적 실험의 자리였다.

이 모든 것은 북한산록이라는 천혜의 자연을 바탕으로 하고 또 그의 품을 배경으로 한 것이었다. 그는 천부적으로 자연의 사람이었다. 이 점에서 그는 아주 특별하였다. 자연은 우선은 그에게 원천적 아름다움을 뜻했지만 아울러 고독하게 영적인 세계에 몰입, 정진할 수 있는 최적의 자리를 뜻하기도 했다. 거기서 그의 심미적 정서는 종교적 정서와 늘 하나로 엮여 불러일으켜졌다.

> "동쪽 산꼭대기는 백열화(白熱化)한 은 같은 아름다운 빛으로 보이고 바야흐로 떠오를 위대한 태양을 예고한다. 안개 낀 북한산을 바라보고 사람에게 더럽히지 않은 깨끗한 공기를 마음껏 호흡한다. 다시 발을 옮겨 산정에 오르면 온갖 새들의 환영악이 아름답게 들려온다. 동천의 장엄한 일출이 하루의 시작을 선언할 때 나의 입에서 감사 기도가 튀어나오지 않을 수 없다"("인생 사상沙上의 족적", 1941.11, 전집 1: 298-299).

---

12) 도심을 벗어난 자연과 역사적 유적이 풍부한 곳에 세워져 운영되는 일종의 기숙학교로 아동 개개인의 삶과 그들의 자발성, 창조성, 전체성을 존중하여 교육하기 위한 대안 학교이다. 여기서 교육에 대한 매우 흥미로운 철학적 관점과 교수-학습기법이 새로 발전되었다.

'침묵은' 종종 그러한 미적―종교적 체험에 동반되었으며, 그것은 어쩌면 미학적 신비주의라는 시각에서 해석해 볼 수 있는 행위이기도 했다. 이는 그에게 우연한 일회적 경험이 아니라 그가 일상에서 즐겨 빠져들고 싶어했던 내적 상태를 뜻하는 것으로, 정릉 계곡에서 들려오는 새소리나 스님의 목탁소리, 종소리 같은 것도 그러한 내면성을 정밀하게 강화시키곤 했다.

> "새벽 남천(南天)에는 화성과 하현달이 나란히 하였고 금성은 아직 지평선 위에 솟을락말락한데 북한산은 엄숙히 솟았고 우주는 정숙히 침묵하다. 5시를 지나매 약사사 스님의 목탁소리 시작되니 산록의 적멸(寂滅)은 일단 더 깊어 간다. 고마운 스님!"(일기 1939.3.14, 전집 7: 45).

그 흡사한 표현은 그의 일기 여러 곳에 종종 등장한다(일기 1940.8. 19, 전집 7: 275–276; "북한산록의 집", 1937.12, 전집 1: 253 등). 그리고 이렇게 형성된 종교적 심안을 기점으로 그는 출발했던 지점으로 되돌아가 다시금 아름다움의 세계로 빠져들었다.

그는 학생들에게도 그와 같은 체험이 주어지기를 기대했다. 구건은 선생이 자신에게 '물에 산에' 모임에 다니면 '호연지기'(浩然之氣)를 기르는데도 좋을 것이라 하며 적극 권한 것에 대해 언급하고 있는데 같은 말이라 하겠다(전집 별권: 178–179). 다만 기존 학교에서는 접근하기 쉽지 않았던 이 체험의 문제를 자신의 집이라는 고유한 교육공동체에서 마음껏 향유하고 펼쳐 보이고자 했던 것이 아니었을까 생각된다.

신앙과 교육이라는 두 가지 지향성 속에서 살아간 김교신의 하루는 "새벽에 깨어 한 등산, 냉수마찰, 기도, 독서, 집필, 등교, 수업,

총독부 검열행, 인쇄소행, 교정, 잡지배달, 발송, 밭농사" 등의 일들
로 새벽부터 늦은 밤 시간까지 빼곡하였다. 하루 수면시간은 4−5시
간 정도. 구건은 이 초인적 삶에 대해 경탄해 마지않으면서 이것을
추동했던 원천적 힘이 과연 무엇일까에 대해 깊이 자문하였다(전집
별권: 189). 불가사의한 삶의 행적이라 아니 할 수 없다. 마지막으로
그의 삶을 이끌었던 주요한 맥을 요약해서 짚어보고 그 귀결점을
오늘을 위한 생산적 단초로 제시해 본다.

V. 맺는 말

지금까지 김교신 연구는 신학에 집중되어 있었으며, 일제하 민족
운동의 범주에서는 당시 정치입국이나 군사입국, 농업입국, 산업입
국 등과는 성격을 명백히 달리하는 종교입국을 위한 시도로 해석되
어 온 경향이 짙다. 이 글은 그에게 종교와 더불어 교육이 의미했던
바에 초점을 맞추고자 했다. 그 교육은 명백히 개인뿐 아니라 민족
운동을 위한 것이기도 했는바, 김교신의 역사적 위치는 종교입국뿐
아니라 교육입국적 관점을 통해서 조명할 때 정당한 의미를 가질
수 있을 것이다.[13]

그는 특정한 의미에서의 성서적 신앙의 사람으로서 유교 철학과
기독교 신앙을 기반으로 '자기 교육'에 철두철미했던 수행자였다. 그
의 기독교 신앙이란 독창적 의미에서의 무교회적, 성서적 신앙이었

---

13) 당시 김교신이 일본에서 수학했거나 교분을 가지고 있었던 우치무라와 당시 그의
유력한 제자들이 가지고 있었던 정치적 관점에 대한 논의는, 이 글의 기본 의도뿐
아니라 글의 양과 범위를 벗어나기도 하여 다루지 않았다. 이 점에 대해서는 최근
박홍규의 매우 논쟁적인 글 "김교신과 우치무라 간조 – 무교회운동의 한일간 교
류"(2014)를 거론할 수 있으나, 주의 깊은, 정당한 해석을 요하는 문제로 추후 여러
자리에서 비판적 논의가 이어져갔으면 한다.

다. 이를 그는 '조선산 기독교'라는 개념을 통해 정립하고자 했다. 이 기독교는 유교를 시발점으로 하고 그 연관성 속에서 전개되었기에 유교적 기독교의 성격을 갖는다고 할 수 있다.

기독교 신앙 및 그 사유형식과 실천은 당시 제도 교회를 기반으로 추구되었던 제반 시도들과는 상당히 다른 양태를 띠고 있었으며, 학구적이며 과학적이며 실천적이었다. 전도보다는 성서연구에 천착했고 연구회와 저널을 통한 나눔과 사귐이 주축을 이루었다. 그 학문적 수준과 성과는 매우 이례적인 것이었다.

그는 기독교 신앙을 통해서 민족의 독립을 추구했으나 양자 중 어느 하나도 다른 하나 때문에 훼손하지 않고, 즉 기독교에 민족운동을 종속시키거나, 반대로 민족운동에 기독교를 종속시키는 식으로 하지 않고, 오히려 양자 간 상호 연관 관계를 통해서 그 각각의 의미가 구현되도록 했다. 이는 당시 종교계나 민족운동 영역에서 찾아보기 어려운 매우 특유한 사유요, 실천활동이라 할 수 있다. 그 사유형식이 덴마크의 그룬트비의 그것과 유사한 양상을 보인다는 점에서 매우 흥미롭다. 그 상세한 비교와 이유를 밝히는 문제는 추후 과제로 설정해 둔다.

기독교 신앙에 대한 김교신의 관점과 입장은 오늘날 정황에서 볼 때, 그 정신과 삶에서 그 정체성을 상실해 가고, 민족문제를 기독교적 시각으로만 풀어보려 하거나, 배타주의적 입장만을 고수하려는 식의 한국 기독교회의 대체적 경향과는 배치되는 논쟁적 위치를 보여준다. 이 길을 위한 그의 신앙적 사유와 실천적 투쟁은 현 상황에서도 여전히 시사적이다.

그러한 신앙을 바탕으로 김교신이 추구했던 교육은 특정한 의미의 '인간교육'으로서, 조선의 청소년 각자의 자아 발견과 그 개성적·창조적 형성을 추구하고 나아가 민족의 삶을 되찾아 그 밝은 미래를 기약하기 위한 것이었다. 이 문제에 있어서 김교신은 당시 통속적 학교교육을 넘어서는 비판적이며 독창적 안목을 가지고 있었다. 그의 학교비판과 학벌사회 비판은 역사적 의의를 지니기에 충분하다. 그의 철학과 실천의 제 양상은 한마디로 참신하고 역동적인 것이었다. 그는 다양한 연구와 수업을 통해서 이미 있는 것들을 넘어서서 늘 스스로 사유하며 새롭게 도전해 보려 했으며, 그 결과 개개 현장은 생기를 띠게 되었다. 그의 시도는 오늘날 우리 사회에서 말하는 대안교육이나 혁신교육과 큰 틀에서 일치하며 그런 점에서 여전히 도전적이다. 그는 기존 학교에서 결핍되어 있었던 것을 자기 집이라는 또 다른 교육공간에서 보완하거나 나아가서는 그 한계를 넘어서기 위해 부분적으로나마 하나의 이상적 교육공동체를 구현해 보고자 했다. 그것은 전원적 서당을 모형으로 한 숙(塾) 형태의 교육공동체였다. 흥미롭게도 이것은 유럽의 '전원학사'와 견주어 볼 만한 양상을 보여준다.

그 자체 매우 특이한 형태의 기록 문헌인 일기쓰기는 자기 성찰이나 수련이라는 점에서 오늘날 교사교육을 위해 많은 시사점을 보여주며, 오늘날 기능주의적 교육현장과 관련지어 볼 때 깊이 숙고할 만하다. 그것은 또한 '일상'에 대한 최근 문화인류학계의 관심을 위해서도 유의미해 보인다.

김교신은 그 삶과 학문과 가르침에 있어서 교사 '한 사람'의 존재의 힘과 창조적 가능성을 더할 나위 없이 여실하게 보여주며, 그런 점에서 오늘날 교사상에 대한 성찰적 조명을 가능케 하는 하나의 희귀한 역사적 족적이라 할 수 있다.

김교신은 민족의 독립문제를 종교와 교육이라는 근본적 접근을 통하여 튼실하게 오랫동안 준비해야 비로소 가능한 목표요 과제로 생각했다(류달영의 증언, 전집 별권: 130). 이것이 바로 그가 정치나 군사, 산업 등을 통해 독립을 추구하려 했던 당시 다른 이들과 명백히 구별되는 점이다. 해방 후 길을 찾지 못하고 혼돈 속에 방황하는 조

국을 경험한 제자 김성태도 오랜 시간이 지난 후 선생님의 입장이
십분 정당하였음을 토로하였다.

 "… 우리가 살 길은 일인이 거꾸러지는 것으로 되는 것이 아니라,
우리들 자신이 잘 살 수 있는 참 인간이 되는 것이라는 말씀을 하셨
다. … 해를 거듭할수록 그 말씀은 나에게 크나큰 교훈으로 여겨지게
되었다…. 해방 후 20여 년의 과정에서 우리의 독립과 발전은 우리를
지배하던 자의 퇴거로 이루어지는 것이 아니고, 우리들 자신이 독립
과 발전을 누릴 수 있는 인간으로 되어야 한다는 선생님의 가르침의
실증을 보며 선생님의 모습이 더 한층 역력해지는 것이었다"(전집 별
권: 212).

 그가 민족교육을 위해 품었던 의도와 이상은 오늘날에도 여전히
의미심장하다. 독립은 되었지만 한반도는 분단되었고 이 비극적 상
태는 여전히 많은 아픔과 갈등을 빚어내고 있다. 이 분단 상태를 해
결하지 않고서는 결코 진정한 독립을 말할 수는 없으리라. 이 문제
를 위해서는 정치적 차원을 비롯한 여러 차원의 노력도 필요하겠으
나 그 무엇보다도 교육적 노력이 가지는 함의는 다시금 곱씹어 새
겨 볼 필요가 있다. 그것은 과연 어떤 정신과 어떤 실천, 어떤 철학
과 어떤 방법이어야 하는가? 삼일운동 백주년을 지나며 이 난제 앞
에서 김교신을 다시 생각해 본다.

참고문헌

1차 문헌

노평구 편(2001). 『김교신 전집』 1-7권, 별권. 서울: 부키.

『성서조선』 제1호(1927.7.) - 제158호(1942.3.). 경성: 성서조선사.

김교신선생기념사업회 편(2016). 『김교신 일보』. 서울: 홍성사.

2차 문헌

단행본

김교신선생기념사업회(2017). 『김교신, 한국 사회의 길을 묻다』. 서울: 홍
　　성사.

김언호 편(2009). 『함석헌 전집』 9권, 경기도: 한길사.

김정환(1994). 『김교신. 그 삶과 믿음과 소망』. 서울: 한국신학연구소.

김정환 편(2003). 『성서조선 명논설집』. 서울: 한국신학연구소.

김흥호·이정배 편(2002). 『다석 유영모의 동양사상과 신학』. 서울: 솔.

민경배(1992). 『교회와 민족』. 서울: 대한기독교출판사.

박재순(2008). 『다석 유영모』. 서울: 현암사.

박찬규 편(2011). 『김교신』. 경기도: 익두스.

백소영(2005). 『우리 사랑이 의롭기 위하여』. 서울: 대한기독교서회.

서정민(2002). 『겨레사랑 성서사랑 김교신 선생』. 서울: 말씀과 만나.

송순재(2017). 『코르착 읽기(삶과 교육 그리고 죽음의 여로)』. 전북: 내일
　　을 여는 책.

양현혜(1994). 『윤치호와 김교신: 근대 조선에 있어서 민족적 아이덴티티
　　와 기독교』. 서울: 한울.

양현혜(2013). 『김교신의 철학』. 서울: 이화여자대학교 출판부.

이정배(2003). 『한국 개신교 전위 토착신학 연구』. 서울: 대한기독교서회.

전인수(2012). 『김교신 평전. 조선을 성서 위에』. 서울: 삼원서원.

함석헌(1950). 『聖書的 立場에서 본 朝鮮歷史』. 서울: 성광문화사.

함석헌(2018〔2003〕).『뜻으로 본 한국역사』. 경기도: 한길사(일우사, 1962).

논문

김선양(1995). "김교신의 교육사상".『인문과학연구소논문집』22, 603−619.

김정곤(2012), "한국무교회주의의 초석 김교신(金敎臣)의 유교적 에토스에 대한 고찰".『퇴계학논집』10, 201−238.

김정환(2002). "김교신".『한국사시민강좌』30, 283−295.

길창근(2003). "김교신의 교육사상에 관한 고찰".『인문사회과학연구』12, 117−290.

류대영(2019). "복음적 유자".『한국기독교와 역사』50, 5−41.

민경배(1974). "김교신과 민족기독교".『나라사랑』17, 47−61.

박홍규(2014). "김교신과 우치무라 간조 – 무교회운동의 한일간 교류".『日本思想』30, 121−146.

백소영(2003). "김교신의 전적(全的) 기독교".『기독교사상』47(12), 230−249.

백소영(2004). "김교신의 '서당식' 기독교".『기독교사상』48(1), 234−248.

서정민(2004). "김교신의 생명이해".『한국기독교와 역사』20, 177−206.

송순재(2003). "기독교적 삶의 형성을 위한 일상성(日常性) 문제".『신학과 세계』48, 59−89.

송순재(2020). "근대 기독교 민족운동에서 기독교와 민족 간의 관계 해명 – 함석헌과 그룬트비(N.F.S. Gruntvig)의 관점에 비추어".『현상과 인식』143, 51−76.

안수강(2017). "김교신(金敎臣)의 신학 분석 – 조직신학적 접근".『한국기독교신학논총』104, 175−204.

양현혜(1997). "김교신과 조선의 상대적 중심성".『한국기독교신학논총』14(1), 134−158.

양현혜(2015). "김교신의 무교회주의와 일상성 속의 증거로서의 신앙".『기독교사상』677, 46−53.

연창호(2017), "김교신의 전통사상 인식 – 유학 이해를 중심으로".『東洋古典研究』68, 237−281.

이은숙(1996). "김교신의 지리사상과 지리학 방법론 – 조선지리소고를 중심으로". 『문화역사지리』 8, 37-51.

임희숙(2005). "김교신의 민족교육과 기독교". 『신학사상』 128, 251-284.

전인수(2010). "김교신의 조선산 기독교: 그 의미, 구조와 특징". 『한국기
   독교와 역사』 33, 163-192.

전인수(2013). "김교신, 한국교회의 지침으로 부활하다". 『기독교사상』
   748, 116-121.

전인수(2016). "김교신과 성서적 입장에서 본 조선역사". 『이제여기너머』
   8, 62-69.

전인수(2018). "김교신의 일기 연구: 삶에 대한 그의 철학과 그 구현 형
   태". 『신학논단』 92, 289-320.

정호영(2005). "김교신의 인간화교육 사상". 『교육철학』 27, 297-321.

간행사

이만열(2016). "『김교신 일보』 간행사". 김교신선생기념사업회 편. 『김교
   신 일보』. 서울: 홍성사, 4-7.

강연문

박의수(2016.11.). "김교신의 교육관과 실천". 김교신선생기념사업회 주관
   <김교신 선생 추모 학술대회>.

강선보(2016.11.). "만남의 교육가, 김교신". 김교신선생기념사업회 주관
   <김교신 선생 추모 학술대회>.

양현혜(2015.4.). "한국 사학교육, 김교신에게 길을 묻다". 양정고등학교
   주관 <김교신 선생님 서거 70주기 기념포럼>.

역서/외국문헌

니이호리 구니지(新堀邦司)(2014). 『김교신의 신앙과 저항』(김정옥 역).
   경기도: 익두스.

우치무라 간조(內村監三)(2000). 『내촌감삼 전집』 2 (김유곤 편역). 서울:
   크리스챤 서적.

리겔, 에냐(Riegel, Enja)(2012). 『꿈의 학교, 헬레네랑에(Schule kann
   gelingen)』(송순재 역). 서울: 착한책가게.

Grundtvig, N.F.S.(1847). "Folk−Life and Christianity"(1847). Edited and Translated by J. Knudsen(1981). Selected Writings Nikolaj F. S. Grundtvig. Copenhagen: Det Danske Selskab.

근대 민족주의와
김교신의 민족교육

임희숙

근대 민족주의와
김교신의 민족교육[*]

Ⅰ. 여는 말

한국 교회사에서 김교신은 크게 주목되는 인물 가운데 한 사람이다. 그에 관한 글들은 1970년대부터 활발하게 쓰였고, 특히 김교신 전집 간행위원회(위원장 노평구)가 『김교신 전집』(경지사, 1975)을 처음 간행한 뒤에 관련 연구들이 많이 발표되었다.[1] 이러한 선행연구들은 일제 강점기를 살았던 한 기독교 지식인이 어떻게 자신의 신앙

---

* 이 글은 "김교신의 민족교육과 기독교,"『신학사상』128(2005/03)에 기고한 글(251-284)을 추가 보완한 것임을 밝혀 둠.
1) 노평구 편, 『김교신과 한국 – 신앙·교육·애국의 생애』(서울: 제일출판사, 1972); 김정환, 『金敎臣 – 그 삶과 믿음과 소망』(서울: 한국신학연구소, 1993); 양현혜, 『윤치호와 김교신 – 근대조선에 있어서 민족적 아이덴티티와 기독교』(서울: 도서출판 한울, 1994); 서정민, 『겨레 사랑, 성서 사랑, 김교신 선생』(서울: 말씀과 만남, 2002); 김정환, "김교신의 민족정신사적 유산 –『성서조선』의 일기를 중심으로,"『민족문화연구』10(1976), 169-194; 민경배, "김교신과 민족 기독교,"『나라 사랑』17(1974), 47-61 등.

을 민족에 대한 사랑과 헌신으로 구현시켰는가를 밝히고, 그것이 한
국 역사와 교회사에 끼친 영향과 의미를 드러내고 있다.

김교신은 정규 사범학교를 나와 생애의 대부분을 교사로서 활동
하였으나, 그의 교육활동은 정규 학교의 틀에서만 이루어진 것이 아
니었다. 그의 개인적 헌신으로 발행되다시피 한 『성서조선』(1927-
1942년)과 수련회 활동은 제도 교육의 틀을 벗어난 사회교육의 맥락
에서 전개되었다고 볼 수 있다. 이를 통해서 그는 지인들과 제자들
에게 인격적 감화와 지대한 영향력을 끼쳤을 뿐만 아니라, 교회와
사회에 남다른 가르침과 정신을 보여준 특별한 인물로 기억되었다.
그는 당대 기독교의 교권 추구에 대항해서 일평생 평신도 지도자로
활동하였으며, 민족문제가 심각한 상황에서도 교회 유지와 부흥에
전념하던 교회 지도자들과는 달리 조선 민족 전체를 아우르는 민족
교육을 전개하였다. 이런 점에서 그의 삶과 활동은 기독교 정신을
주체적으로 수용하고 실천한 중요한 실례로 평가할 수 있다.

이 글에서 필자는 김교신의 사상과 교육활동을 재조명하여 그 역
사적 의의를 살피고자 한다. 교육사는 주로 학교와 기관을 중심으로
한 제도사 측면에서 다루어지지만, 제도교육사의 관점에서 김교신의
교육활동을 살피기는 어렵다. 그러나 만일 교육이 특정한 역사의 시
기에 특정한 사회에서 살아갔던 사람들의 지향과 욕구를 반영하고
사회변동과 깊은 관련이 있다면, 교육사는 사상과 제도를 포함한 문
화 전체를 대상으로 한다고 말할 수 있으며,[2] 이러한 교육사 서술
은 교육사회학과 문화교육학의 뒷받침을 받아 좀 더 큰 문맥을 살
필 수 있게 한다. 바로 이러한 교육사적 관점에서 필자는 김교신의
교육활동을 살필 것이다.

본 연구에서 필자는 김교신의 일기와 편지, 그에 대한 지인들의

---

2) 『한국 교육사 연구의 새 방향』, 한국 교육사 연구회 편(서울: 집문당, 1982)를 참조
하라.

회고, 『성서조선』의 원고 등, 그에 관한 방대한 자료들을 집대성한 『김교신 전집』3)을 일차자료로 사용하고, 선행연구들의 성과를 참고로 하였다. 특히 본 연구의 주요 자료인 『성서조선』을 다룰 때, 필자는 이를 기독교 포교를 위한 종교 잡지로 보기보다는 제국주의 지배에 저항하면서 민족의 미래에 대한 희망과 민족의 자부심을 고취하고 함양하고자 한 사회교육 텍스트로 읽고자 한다.

이 글에서 필자는 먼저 민족교육과 관련하여 민족의 개념과 근대 민족주의의 특성을 파악하고(II장), 일제 강점기에 전개되었던 민족교육의 역사와 그에 대한 기독교의 영향을 정리한다(III장). 이를 통해 김교신의 교육활동이 전개되었던 사상적·시대적 맥락이 밝혀질 것이다. 그 다음, 김교신의 교육 사상을 민족의식, 역사의식, 민중의식에 초점을 맞추어 분석하고(IV장), 그의 교육 방법을 살핀다(V장). 끝으로, 김교신의 사상과 교육에 대한 평가를 시도할 것이다.

II. 민족의 개념과 근대 민족주의의 특성

1. 민족의 개념

민족교육은 민족주의의 태동과 긴밀한 관계가 있다. 역사적으로 볼 때, 민족주의는 크게 두 가지 유형으로 나뉜다. 하나는 프랑스 혁명을 기점으로 서구 근대국가를 형성하는 과정에서 형성된 자국 중심적, 국가주의적 민족주의다. 서구 국가들에서 민족주의는 국민국가의 내적 결속력을 강화시키고 민족세력의 확장을 지지하고 정당화하는 정치적 이념으로 전개하였으며, 그 결과 제국주의나 군국주의로 치닫는 논리를 갖고 있었다. 가장 부정적인 실례는 국수주의

---

3) 노평구 엮음, 『김교신 전집』(서울: 도서출판 부키, 2001), 전 7권 및 별권.

와 파시즘이다.[4] 또 하나의 유형은 제국주의에 희생된 지역들에서 나타난 저항적 민족주의이다. 이러한 민족주의는 외세에 대한 저항과 민족 해방을 목표로 민족 집단의 정치적 동원과 문화적 결속을 겨냥한다.[5] 이런 점을 고려할 때 민족주의는 역사적으로 '축적된 문화'와 '민족을 형성하고자 하는 의지'의 결합물로 이해될 수 있다.[6]

민족주의와 관련하여 반드시 다루어야 할 것은 민족 개념이다. 민족 개념에 대한 담론들은 다양하게 전개되었는데 주로 '자연적 실재론,' '상상적 공동체론,' '문화적 공동체론,' '제한적 공동체론' 등으로 분류된다.[7]

자연적 실재론은 민족을 혈연, 언어, 환경, 역사적 기억을 공유하면서 자연적으로 발생한 공동체로 정의하고, 혈연, 언어, 종교, 지형, 동질성의 의지, 공통의 역사적 경험 등을 민족을 구성하는 주요 요인으로 본다.[8] 여기서 민족은 초역사적인 실체로 여겨지고 민족의 동일성은 당연하게 수용되는 경향이 있다.[9]

---

4) 서양 역사에서 민족교육의 개념은 문예부흥과 종교개혁 시기에 발현하여 19세기 근대국가의 형성기에 민족주의와 관련하여 정립되었다. 근대 유럽 교육학의 주류를 형성한 민족교육의 개념은 주로 Friedrich Paulsen(1846-1908)과 Eduard Spranger(1882-1963)에 의하여 발전되었다. 민족주의는 같은 민족이라는 혈연적 유대와 공통된 언어·습관·주거환경으로 결속된 문화적 민족의식과 자기 민족에 의한 권력 지배를 지지하는 정치적 민족의식을 필요로 하는데, 교육은 이러한 민족정신을 창출하여 국가에 기여하는 기능이 있다. 이런 점에서 민족교육은 국가가 당면한 시대적 요구에 대하여 민족적 의식과 실천으로 대응하는 교육으로 시대와 국가에 따라 다양하게 전개된다.
5) 저항적 민족주의와 연관해서도 민족교육의 개념을 정립할 수 있다. 이 경우, 민족교육은 민족의 주체성과 자긍심을 강조하면서 외세에 저항할 수 있는 민족 성원의 동력을 강화하는 데 그 초점이 맞추어질 것이다. 그러나 그 구체적 내용은 특정 민족이 처한 역사적 단계나 시대적 과제의 성격에 따라 매우 다양하게 나타날 수 있다. 이 글에서 필자는 민족교육의 과제와 그 내용을 필요한 문맥에서 역사적으로 약술할 것이다.
6) 엘네스트 겔너, 『민족과 민주주의』, 이재석 옮김(서울: 예하, 1983), 79-80.
7) 임희숙, 『기독교 근본주의와 교육』(서울: 동연, 2010), 206-208.
8) 신용하, "민족 형성의 이론," 『민족이론』, 신용하 편(서울: 문학과 지성사, 1985), 13f.
9) 이에 대한 반론은 임지현, 『민족주의는 반역이다 - 신화와 허무의 민족주의 담론을

상상적 공동체론에서 민족은 언어를 매개로 사람들이 상상하는 문화적 공동체10)로서 집단소속감의 필요에 따라 만들어진 '형성의 산물'이다. 가령, 18세기 서구의 국민국가가 공동체의 동질성과 단결을 강조하면서 '민족'을 '발명'했고, 19세기 말부터 시작한 인구이동과 제국주의적 팽창도 외국인과 구별되는 자국민의 우월감을 부각시키는 '민족'을 필요로 했다는 것이다. 이는 민족이 근대적 개념이라는 주장을 옹호하는 입장이다.11)

문화적 공동체론은 유사한 자연환경과 역사적 경험을 공유하면서 공통의 세계관과 성향을 내면화한 문화 공동체를 민족으로 지칭한다.12) 문화공동체의 정체성은 사회공동체의 일상에 드러나는 민족정서와 민족의식의 사회적 에토스로 표현된다.

제한적 공동체론은 '다름'을 기준으로 민족의 정체성을 규정하면서 민족은 복수(複數)로만 설명되는 개념이라고 주장한다. 이는 보편성을 내세우며 지배를 정당화하는 제국주의에 대한 저항을 드러낸다.13)

이처럼 다양한 담론들을 염두에 둔다면, 민족은 고정된 것이라기보다 역사적 상황과 맥락에 따라 형성되고 재구성되는 유동적 개념

넘어서』(서울: 소나무, 2005); 고자카이 고시아키, 『민족은 없다』(서울: 뿌리와이파리, 2003)을 참조하라.

10) 베네딕트 앤더슨, 『민주주의의 기원과 전파』, 윤형숙 옮김(서울: 나남, 1991), 17.

11) 앤더슨과 같은 입장으로 엘네스트 겔너, 같은 책, 77ff; 에릭 존 홉스봄, 『1780년 이후의 민족과 민족주의』, 강명세 옮김(서울: 창작과비평사, 1994), 26을 참조하라. 이와 같은 근대주의 이론과 다르게 민족을 종족 보존의 목적에 의한 정치적 산물로 보고 민족은 근대 이전부터 존재했다는 전통주의 입장을 지지하는 이론에 대해서 아자 가트·알렉산더 야콥스, 『민족-정치적 종족성과 민족주의, 그 오랜 역사와 깊은 뿌리』, 유나영 옮김(서울: 교유서가, 2020)을 참조하라. 신용하도 민족을 서구 근대화의 산물로 보는 입장을 비판하였다. 신용하, 『한국 민족의 형성과 민족사회학』(서울: 지식산업사, 2000), 339.

12) 이지명, 『넘쳐나는 민족 사라지는 주체 - 민족담론의 공존을 위해』(서울: 책세상, 2004), 125.

13) Anthony Giddens, *A Contemporary Critique of Historical Materialism, vol. 2: The Nation-State and Violence*(Berkeley: University of California Press, 1987), 119.

으로 볼 수 있다. 역사적으로 한국인은 근대 이전에 왕조 체제에서 살아가는 백성이요 가족의 일원이라는 지위를 갖고 충과 효의 규범적 가치관을 내면화하였으나, 아직 민족이라는 관념을 형성하지 못했다. 한국인의 민족의식은 한편으로는 반봉건의 기치를 내세운 동학운동에 의해, 또 다른 한편으로는 외세의 근대화 요구로 인해 유교적 세계관과 조선 왕조가 근본적인 위협을 받고 일제의 식민화에 대항하는 과정에서 활성화되었다. 이렇게 태동한 민족의식은, 아래에서 살펴보겠지만, 저항적 민족주의 물결을 타고 강화되었다.

2. 근대 민족주의의 특징

앞서 말한 바와 같이 민족주의는 크게 두 가지 유형으로 나뉜다. 하나는 서양 근대에서 국민국가를 형성하기 위한 거대한 운동을 이끌어가는 이데올로기였던 '네이셔널리즘'(nationalism)이고, 또 다른 하나는 근대적 국민국가가 대외적 팽창정책을 추구하면서 식민지로 편입된 지역에서 나타난 저항적 성격의 '네이셔널리즘'이다. '네이셔널리즘'을 민족주의로 번역하는 것이 적절한가는 조금 따져 보아야 한다. 왜냐하면 '네이셔널리즘'의 핵심을 이루는 '네이션'(nation)은 근대 역사에서 '민족'보다는 '국민'이라는 말로 번역되는 것이 더 적절할 것이기 때문이다. 근대 역사에서 '국민'은 단일한 종족이나 단일한 언어나 단일한 문화를 공유하는 종족공동체(nationality)를 넘어서는 개념이었다. 국민국가를 구성하는 국민은 각기 다른 언어, 각기 다른 문화적 정체성을 갖는 다양한 종족들로 구성되는 경우가 적지 않다. 미국이나 스위스 등이 대표적인 경우이고, 독일이라는 국민국가도 게르만족과 슬라브족을 위시해서 매우 다양한 종족들로 구성된 국가이다. 다만, 우리나라에서는 매우 오랫동안 언어와 문화적 정체성을 공유하는 종족체가 지배적인 지위를 갖고 있었고, 외래 종족이 극소수를 이루고 있었기에 단일민족이라는 관념이 쉽게 자리를 잡을 수 있었고, 그 때문에 근대 국가의 주체로 설정되는 '네이션'이 '민족'이라는 낱말로 새겨지고 '네이셔널리즘'이 '민족주의'라는 낱말로 자리를 잡는 경향이 나타났다고 볼 수 있다.

서양 근대에서 나타난 '네이셔널리즘'은 자본주의가 태동하고 발전하는 과정에서 헤게모니를 장악한 부르주아 계급을 중심으로 경제활동의 자유를 보장하기 위해 강력한 치안과 국방을 책임지는 국가를 창설하고자 하는 요구에서 발명된 이념이다. 부르주아 계급은 소유권을 확립하고, 계약의 자유와 그 효력을 보장하고, 화폐와 신용제도를 확립하고, 도량형을 통일하는 등 시장제도를 창설하고, 표준어를 제정하고, 국민교육 제도를 통하여 양질의 노동력을 육성하고, 사회경제적 인프라를 구축하는 등 시장경제를 지원하는 장치들을 마련하기 위해서는 강력한 국가가 필요하다는 것을 인식했다. 그 국가는 부르주아 계급의 자유와 이익을 자의적으로 침해하는 군주나 귀족들의 지배를 국민의 이름으로 통제할 수 있는 국가여야 했다. 따라서 서양 근대에서 '네이셔널리즘'은 봉건체제를 타도하는 시민혁명과 궤를 같이 하는 경향이 나타났고, 그것은 무엇보다도 프랑스에서 두드러졌다. 프랑스에서는 시민혁명을 통해서 구체제가 무너지고 인간과 시민의 권리들이 부여된 국민이 탄생하여 국민국가 형성의 길로 나아갔던 것이다. 프랑스 '네이셔널리즘'은 부르주아적 요구에 따라 국가제도를 개혁하는 일에서도 위력을 발휘하였지만, '국민'의 군대를 조직하고 전개한 나폴레옹의 대외정책에서도 그 힘을 유감없이 보여주었다.14) 시민혁명이 지체되어 있었던 독일은 나폴레옹 전쟁의 여파로 1807년 신성로마제국이 붕괴된 이후 무수히 많은 영방(領邦, Land)으로 분열되어 있었기에 국민국가 형성조차 뒤늦

---

14) 오토 단, 『독일 국민과 민족주의의 역사』, 오인석 역(서울: 한울아카데미, 1996), 48f.

게 시작되었다. 나폴레옹 프랑스의 지배로부터 벗어나기 위한 자유전쟁 이후 분열된 영방들 사이에 관세장벽을 헐고 통일된 자유 시장을 구축하여야 한다는 절박한 요구에 따라 국민국가 형성이 촉구되었고, 독일의 국민국가 형성운동은 독일 민족의 문화적 정체성을 매개로 해서 강화되는 특징을 보였다.15) 프랑스와 독일의 경우에서 보듯이, 서양 근대에서 '네이셔널리즘'의 형성과 발전은 다양한 양상을 보였다. '네이셔널리즘'은 영국, 미국, 이탈리아 등지에서도 각기 다른 특징을 보이지만, 여기서 더 자세하게 다룰 겨를은 없다. 다만, '국민' 형성이 최우선 과제로 설정된 '네이셔널리즘'의 시대에는 어느 나라에서나 '국민' 형성에 장애가 되는 계급 이슈나 젠더 이슈, 인종 이슈 등이 부차화되는 경향이 나타났다는 것을 지적해 둘 필요가 있다.

부르주아 계급의 헤게모니 아래서 발전한 자본주의는 자본의 축적과 팽창에 따라 국민국가 바깥에 식민지를 확보하여야 하는 제국주의 단계로 발전하게 되었고, 국민국가를 통합하는 이념인 '네이셔널리즘'은 자국의 이익을 최우선으로 하는 공격적인 성격을 띠기 시작하여 국수주의로 퇴락하였다. 강한 나라가 약한 나라를 지배하는 것이 당연하다는 정치적 다윈주의가 버젓이 자리를 잡고, 우수한 '민족'이 따로 있다는 인종주의적 신화가 등장하여 우수한 '민족'이 열등한 '민족'을 지배해야 그들의 야만적 상태를 문명 상태로 개선할 수 있다는 터부니없는 주장이 횡행하였다. 심지어 제국주의자들의 '네이셔널리즘'은 무수히 많은 식민지 지역들에서 인종 차별과 배제, 심지어 인종섬멸(genocide)을 정당화하는 이데올로기로 자리를 잡기까지 했다.

이러한 제국주의적 침탈과 지배를 당하는 식민지 지역에서 외세를 배격하고 자주적인 국가를 형성하여야 한다는 요구가 분출하는

---

15) 오토 단, 같은 책, 38f.

것은 필연적인 일이었고, 그 요구는 저항적 성격의 '네이셔널리즘'으로 표출되는 경향을 보였다. 식민 본국에서 밀려들어오는 상품과 자본에 의해 생존 위협에 몰린 토착 부르주아나 지주는 외세에 맞서기 위해서라도 피압박 '네이션'을 창안해 내고, 피압박 '네이션'이 주제가 되는 국가 형성을 뒷받침하는 '네이셔널리즘'을 고안하지 않으면 안 되었다. 외세를 적으로 돌리고 나서, 그 적에 맞서는 세력을 결집하기 위해 언어, 종족, 문화 등의 동질성에 호소하여 일종의 운명공동체를 상정하는 것은 식민지 지역에서 나타나는 '네이셔널리즘'의 문법과 같은 것이었다. 그러한 '네이션'으로 호명되는 식민지의 주민들은 다양한 계급, 계층, 신분 등에 속하기 때문에 각기 다른 이해관계를 갖고 있지만, 식민지적 수탈과 억압으로부터 해방되는 것이 그들의 삶을 질곡에 묶어왔던 제반 여건을 변화시키는 길이라고 생각하여 저항적 '네이셔널리즘'을 지지하는 세력으로 동원되는 경향이 나타났다.

식민지로 편입된 지역에서 나타나는 '네이셔널리즘'은, 크게 보면, 서구 민족주의를 모방하는 유형과 식민지 고유문화의 정체성을 강조하는 유형으로 나타난다. 첫째 유형은 '서구 민족주의'의 역사가 보여준 특성을 되풀이하는 경향이 나타난다.[16] '네이션' 형성과 강력한 국민국가 형성이 급선무이기 때문에 '네이션' 내부의 억압과 차별, 특히 계급 차별, 젠더 차별, 인종 차별을 부차화하고 심지어 '네이션'의 이름으로 그 해결을 끝없이 유예시키는 경향이 나타난다. 둘째 유형은 서구 제국주의 세력의 침탈에 맞서기 위해 문화적 주체성을 유지하고 이를 강화시켜야 한다는 점을 강조한다.[17] 문화적 주체성은 제국주의 세력이 가져오는 서양 문화와 사고방식에 맞서

---

16) 앤더슨, 같은 책, 제7장 참조하라.
17) Parthar Chatterjee, *Nationalist Thought and the Colonial World: A Derivative Discourse?* (London: Zed Books 1986), 36-53.

는 식민지 주민의 고유문화와 공동체의식에서 드러난다.[18] 저항적 '네이셔널리즘'은 한편으로는 식민지에 편입된 지역에 온존하는 봉건적 혹은 반봉건적 체제를 타파하는 근대화의 과제를 수행해야 하고, 또 다른 한편으로는 문화적 정체성을 보존하고 추구하는 과제를 갖기 마련이다. 이러한 저항적 '네이셔널리즘'의 문화 전략은 식민지 피압박 '네이션'에 자주적 생존을 위한 저항의 힘을 제공하고,[19] 식민지 주민의 고유한 정서와 결속에 바탕을 둔 동원력으로 '제국주의적 도전에 대한 방파제'[20]가 되도록 하는 것이다.

위에서 '네이셔널리즘'으로 음역해서 썼던 낱말은 적어도 한국 근대사에서 '네이션' 형성에 관련된 서술과 설명의 맥락에서는 '민족주의'로 새겨도 무방할 것이다. 이미 앞에서 말한 바와 같이, 한국 근대사에서 '네이션'을 구성하는 대부분의 사람들은 오랫동안 언어와 문화와 종족적 특성을 공유하는 사람들이어서 '겨레'나 '배달민족'으로 일컬어지는 것에 대해 큰 저항감을 느끼지 않기 때문이다.

한국 민족주의를 연구하는 학자들은 한국 민족주의가 저항적 민족주의의 특성을 지녔다고 한결 같이 지적한다. 한국 역사에서 민족주의는 외세에 의해 개화와 근대화를 강요받았던 개화기 이래로 봉건성을 극복하는 가운데 일제의 침략에 대항하여 자주독립을 추구하는 과정에서 태동하고 발전하였다는 것이다. 윤경로는 한국 근대 민족주의의 유형을 세 가지로 분류했다. 위정척사론을 내세운 유학자들과 의병운동을 중심으로 한 민족지향적 민족주의, 실학파의 동도서기론을 계승한 개화파인사들의 국민주권지향적 민족주의, 동학

---

18) 고부응, 『초민족 시대의 민족 정체성』(서울: 문학과 지성사 2002), 116.
19) 김동춘은 민족주의가 한국사에서 "구체적 행동을 이끌어 내는 힘"을 지니고 저항, 열정, 도덕적 분노로 존재했음에 주목한다. 그는 민족주의를 이념이나 사상보다 민족과 생존과 민족국가의 건설, 민족 단위의 생활과 문화의 유지를 우선시하는 모든 정치이념이나 사상으로 정의한다. 김동춘, 『근대의 그늘. 한국의 근대성과 민족주의』(서울: 당대 2000), 273-277.
20) 정현백, 『민족과 페미니즘』(서울: 당대 2003), 44.

농민운동, 삼일운동, 일제하 소작쟁의와 노동쟁의를 중심으로 한 민
중해방지향적 민족주의 등이 그것이다.[21] 손규태도 한국 근대사에
서 형성된 민족주의를 성리학적 민족주의, 실학적 민족주의, 동학적
민족주의, 개신교적 민족주의로 유형화하였다.[22] 이러한 민족주의
유형들은 민족주의가 특정 시기에 시대의 지향과 욕구를 서로 다르
게 반영하는 노선들로 분화되었음을 보여준다.[23]

손규태가 민족주의의 한 유형으로 지목한 개신교적 민족주의는
구한말에 기독교 개종자였던 서재필과 윤치호가 기독교적 가치관에
바탕을 두고 변법자강(變法自强)의 기치를 내세운 데서 비롯되었다고
볼 수 있다. 그들은 독립협회와 만민공동회 활동을 통하여 개개인의
자유와 권리가 보장되는 국민국가를 형성하여 외세를 물리치고 근
대화의 과제를 실현하는 방안을 제시하고자 했다. 이러한 개신교적
민족주의는 105인 사건과 3·1운동을 통해 힘을 발휘하였고, 김교신
의 민족적 기독교 운동을 통해서 독특하게 발현되었다. 아래의 연구
에서 구체적으로 살피겠지만, 어쩌면 김교신은 저항적 민족주의를
추구하되, 기독교 복음을 한국 문화에 체화하여 한국인의 문화적 능
력을 강화하고자 노력한 사상가라고 볼 수 있을 것이다.

한국의 근대 민족주의가 저항적 민족주의의 성격을 강력하게 띠
고 있음에도 불구하고 다른 식민지 지역에서와는 달리 외래 종교인
기독교가 민족주의를 형성하는 한 요인이 되었다는 것은 매우 주목
되는 현상이다. 그것은 기독교가 한국을 식민지로 지배한 일본의 종
교가 아니라, 주로 미국을 통하여 전래되었고, 기독교가 부강한 서
구 문명의 기반으로 여겨졌기 때문에 나타난 결과일 것이다. 실제로
일제하 기독교는 존망 위기에 처한 조선의 봉건성과 일제 식민지

21) 윤경로, "한국 근대민족주의의 유형과 기독교," 『기독교사상』 375(1990), 34-45.
22) 손규태, "기독교와 민족주의," 『기독교사상』 375(1990), 157-165.
23) 윤경로가 말하는 위정척사론과 동도서기론, 손규태가 말하는 성리학과 실학 유형의
민족주의는 구한말 지식인들의 노선이 분화되었음을 보여준다.

상황을 극복하는 데 필요한 근대적 세계관과 정치적 지지 세력을 제공하고, 특히 근대교육과 교회 조직을 통하여 한국인들이 민족의식을 함양하고 민족주의를 확산하는 데 기여했다. 이와 같은 민족주의와 기독교의 만남은 일제의 탄압과 한국 교회의 선교정책에 따라 일관성 있게 발전하지 못한 한계가 있음에도 불구하고,[24) 식민지 지배에서 고통받는 한국인들에게 절망을 넘어선 희망과 불굴의 저항 정신을 갖도록 원동력을 부여한 것은 주목할 만하다.

III. 일제하 민족교육의 전개와 한국교회

개화기 이래의 민족교육은 앞에서 말하는 다양한 민족주의적 지향들을 반영하면서 역사적으로 발전되었는데, 민족교육의 역사는 대체로 다음과 같이 구분된다.[25)

- 개화기 국민개학사상(國民皆學思想)과 근대학교 설립기(1876–1894년)
- 갑오개혁과 근대민족교육 형성기(1894–1905년)
- 교육구국운동과 일제 억압기(1905–1910년)
- 저항적 민족교육과 무단교육정책기(1910–1919년)
- 실력양성운동과 문화교육정책기(1920–1931년)
- 민족교육의 수난과 황민화 동화정책기(1931–1945년)

---

24) 당대 한국 교회가 선교사들의 지배와 영향으로 한민족의 전통 문화에 대해 부정적인 인식과 관행을 보였으나 기독교 학교에서 다양한 방식으로 이루어진 민족교육은 민족 문화에 대한 자긍심과 가치를 함양하는 데 주력하였다. 일제 식민지 시기에 이루어진 민족주의와 기독교의 관계에 대해서 박찬승, 『민족주의의 시대: 일제하의 한국 민족주의』(서울: 경인문화사, 2007)을 참조하라.
25) 차석기, 『한국 민족주의 교육의 생성과 전개』(서울; 태학사, 1999), 9ff.를 참조하라.

앞의 시기 구분은 지나치게 세분화되어 있기에, 필자는 개화기 이래 한일 합방까지의 민족교육, 삼일운동 전후의 민족교육, 전시체제의 민족교육 등 크게 세 시기로 나누어 민족교육의 전개과정을 약술하는 것이 적절하다고 생각한다.

1. 개화기 이래 한일 합방까지의 민족교육

1876년 외세의 강요로 인해 문호가 개방된 뒤에 개화파 인사들은 모든 국민이 배워야 한다는 국민개학사상(國民皆學思想)을 주장하고 근대학교를 설립하기 위해 노력하였다. 그들은 부국강병을 위한 사회개혁을 추구하면서 광범위한 서구문화의 수용과 국민교육의 실현을 계획했다. 특히 신교육의 청사진으로 남녀평등, 신분제 철폐, 근대학교의 창설과 근대학문의 도입, 의무교육의 실시 등이 구상되었는데, 그것은 반봉건적 개화사상을 구현하려는 시도로 볼 수 있다. 이 시기에 전래된 개신교는 개화파 인사들의 도움과 지원으로 근대학교를 설립하고 근대교육을 제공함으로써 한민족의 개화에 대한 기대에 부응하였다.26)

1894년 갑오개혁은 근대교육의 제도화를 공고히 하고 민족 주체성의 확립을 교육적 과제로 확산시켰다. 이 개혁을 계기로 국가에 의한 근대 학제가 성립되고 개화 이후 계속되는 국가위기를 극복할 수 있는 민족각성운동이 촉발되었다. 당시 조직된 독립협회를 중심으로 민족의 자주성과 교육구국이념이 확산되었다. 이러한 사회변동에 기독교인들은 적극 참여하였고, 조국의 자주와 근대화를 추진하는 주요 세력이 되었다.

을사늑약(1905)으로부터 한일합방(1910년)에 이르는 시기에 민족의

---

26) 개화기에 전개된 기독교 학교 설립과 그 의의에 대해서는 임희숙, 『한국 사회와 교회 여성교육』(서울: 동연, 2018), 15-39를 보라.

식과 반일투쟁정신이 앙양되고 교육구국운동이 그 어느 때보다 치열하게 전개되었다. 특히 일제에 의한 식민지교육정책이 시행되는 과정에서 국권회복을 위한 민족교육운동과 애국계몽운동은 다양하게 전개되었고, 많은 민족 운동가들은 평교사로서 학생들에게 민족의식을 고취하고 함양하기 위해 애썼다. 1883년부터 1910년 사이의 사립학교 교과서에 반영된 민족교육의 면모는 한글 사용, 국토 사랑, 창조적인 민족문화, 민족사의 역사적 인물 배우기 등을 중심으로 전개되었다.27)

이 시기에 민족 운동가들은 교회에 들어와서 미션계 학교와 교회 조직을 중심으로 민족교육을 펼쳤으며, 신민회 사건은 한국 기독교가 민족교육을 위해 어느 정도 기여했음을 말해준다. 하지만 1901년의 정교분리 선언과 1903년부터 시작한 부흥운동은 한국 기독교 지도세력이 당대 현실에 대한 책임적 대응으로부터 벗어나서 개인구령 운동 차원의 개종과 교회 확장으로 기울기 시작했다는 것을 시사한다.

2. 삼일운동 전후의 민족교육

1910년 한일합방 후 일제의 식민지교육이 강화되면서 민족교육은 수난을 겪게 되었지만, 국내에서는 음성적인 민족교육이 계속되는 반면에, 해외의 민족교육이 새롭게 전개되었다. 당시 비밀리에 일제의 지배를 배척하는 민족교과서가 읽혀지고, 사상교육이 이루어졌으며, 비밀결사를 중심으로 민족교육운동이 그 명맥을 이어갔다. 이러한 민족교육의 결실은 1919년 동경 유학생들의 이팔운동과 조선의 삼일운동으로 나타났고, 이 운동의 실질적 주체 세력으로 학생들이

---

27) 차석기, 같은 책, 169-205.

부상하게 되었다.

삼일운동의 영향은 일제의 식민지 정책과 한국 민족운동 양 진영
에 변화를 가져왔다. 무단정치에서 문화정치로 탈바꿈한 일제의 식
민정책은 더욱 정교한 방법으로 민족교육을 탄압하고, 교육령 개정
을 통하여 민족학교들을 철저히 통제하였다. 이러한 일제의 정책에
대응하여 민족교육은 실력양성운동으로 전개되었고, 그 대표적인 것
이 민립대학 설립운동과 물산장려운동이다. 삼일운동은 민족교육의
대중화를 촉진하여 민중을 대상으로 노동야학을 확산시켰다. 학생들
은 전국 순회강연단과 각종 학생단체들을 조직하고, 식민지교육에
대한 저항으로 동맹휴학을 단행하기도 하였다. 이를 보여주는 중요
한 실례는 육십만세운동(1926년)과 광주학생운동(1929년)이다. 이와
같은 학생들의 적극적인 항일구국운동은 그동안 민족교육을 통하여
축적된 힘과 저력이 드러난 결과이며, 1920년대에 등장한 사회주의
의 영향을 입은 것으로 평가할 수 있을 것이다.

이 시기의 기독교 인사들은, 정교분리를 주장하는 교회 지도부의
정책과 일제의 탄압에도 불구하고, 미선계 학교들과 교회교육을 통
하여 민족문제를 인식하고 역사의식을 함양하는 데 기여했다. 삼일
운동 뒤에 민족운동과 사회운동이 분화되는 과정에서 기독교 인사
들은 YMCA와 YWCA를 중심으로 농촌계몽운동과 사회개조운동에
나섰다. 그러나 사회주의 진영을 위시한 지식인들의 기독교 비판은,
그것이 설사 기독교에 대한 무지나 이데올로기적으로 굳어진 관점
에서 비롯된 것이라 해도, 한국 사회에 비추어진 기독교가 사회와
역사로부터 후퇴하여 교회와 교권문제에 집중하는 현실을 반영한
것으로 볼 수도 있다.28) 이 시기에 전개된 기독교 여성 교육은 여러
가지 제약에도 불구하고 교육과 직업을 통하여 여성의 주체성을 확

---

28) 장규식, 『일제하 한국 기독교 민족주의 연구』(서울: 혜안, 2001), 163ff.

립하고 민족문제에 눈을 뜨게 하고 사회개혁에 참여하도록 지원했다.29)

3. 전시체제의 민족교육

1930년대부터 일제는 전시체제로 돌입하여 만주사변(1931년), 중일전쟁(1937년), 태평양전쟁(1941년)을 일으키고 내선일체를 내세운 황민화 동화교육을 강제하였다. 일본어 강요, 한글사용의 금지, 사립학교 교명의 변경, 신사참배, 근로동원, 학병지원의 강요, 사립학교 설립 인가 금지, 언론과 집회의 제약 등이 그 주요 내용들인데, 이러한 일제의 정책에 따르지 않는 학교들은 많은 불이익을 당했고 심지어 폐교를 감수해야 했다. 따라서 민족교육은 비밀결사의 형태로 전개되고, 1940년을 전후로 학생운동이 무장하는 성향을 보였으나, 일제의 막바지 기간에 민족교육의 현실은 암담한 상황을 감내할 수밖에 없었다.

한국 기독교는 일제의 황민화 정책과 신사참배에 대체로 굴복하였으나, 일부 기독교 목사들과 학교들은 이에 끝까지 저항하기도 하였다.30)

IV. 김교신의 민족교육 사상의 이해

김교신은 1927년 일본 유학에서 귀국하여 함흥영생여자보통학교와 양정고등보통학교에서 교편을 잡고 교육활동을 시작했다. 그는

---

29) 이에 대해서는 임희숙, 『한국 사회와 교회 여성교육』(서울: 동연, 2018), 40-64를 보라.
30) 이에 대해서는 오인탁, "일제하 민족교육과 종교교육의 갈등," 『근대 민족교육의 전개와 갈등』, 손인수 외(서울: 한국정신문화연구원, 1982), 259-265를 보라.

귀국 직후 동인들과 함께 『성서조선』을 발간하였다. 이런 점에서 그의 교육활동은 1920년대 후반에서 해방 직전까지의 황민화 교육 시대에 걸쳐 있다고 볼 수 있다.

이 암울한 시대에 김교신은 한국 역사 속에서 기독교 복음을 구현하고자 한 사상가로서 복음의 힘으로 민족과 민중을 섬기고자 했으며, 그런 마음으로 교육활동을 펼쳐나갔다. 따라서 김교신의 교육사상을 살피기 위해서는 그의 역사의식과 민족의식, 그리고 민중의식을 밝힐 필요가 있다. 아래서는 논의의 편의를 위해 김교신의 민족의식을 먼저 다룬다.

1. 민족의식

민족의식은 자기가 속한 민족에 대한 의식적·감정적 결속과 민족에 대한 사랑과 헌신을 포함하며, 다른 민족의 상대적인 인정과 존중을 병행한다는 점에서 민족주의와 구별되는 개념이다. 김교신에게 민족(조선)은 평생 '애인'처럼 사랑과 헌신을 바치는 대상이었기에 그의 민족의식은 남다른 것이었다. 그가 이런 민족의식을 갖게 된 것은 그의 생애(1901-1944)가 일제의 침략과 지배로 점철되었고 그가 배운 기독교가 자민족의 애국심과 배치되지 않았기 때문이다.

김교신은 함경남도 함흥에서 태어나 그곳에서 성장하면서 1918년 함흥농업학교를 졸업하고, 1919년 삼일운동에 참여하였다. 유교 가풍에서 자라난 그는 일찍이 아버지를 여의고 12세에 동향인과 조혼을 하여 농업을 배웠는데, 이와 같은 성장사는 훗날 그의 민족문화에 대한 생각들에 많은 영향을 끼친 것으로 짐작할 수 있다. 그가 삼일운동에 참여했던 경험은, 그와 동년배 청년이었던 함석헌의 표현대로, '생애의 전환점'[31] 같은 의미를 지닌다. 그 뒤에 일본에서

유학생활을 하면서 그는 '세상에 둘도 없는 대 선생'[32]인 우찌무라
간조를 만나 기독교와 자기 민족에 대한 애국심을 배웠다. 서로 결
합하기가 쉽지 않은 기독교의 보편성과 민족이라는 특수성을 김교
신은 자신 안에 함께 수용하면서 둘의 연합을 이렇게 표현하였다.

> "우리는 오직 성서를 배워 조선에 주고자 한다. 더 좋은 것을 조선
> 에 주려는 이는 주라. 우리는 다만 성서를 주고자 미력을 다하는 자
> 다. (⋯) 그러므로 이러한 구형적(具形的) 조선 밑에 영구한 기반을 넣
> 어야 할 것이니 그 지하의 기초공사가 즉 성서적 진리를 이 백성에게
> 소유시키는 일이다. 널리 깊게 조선을 연구하여 영원한 새로운 조선
> 을 성서 위에 세우라."[33]

귀국한 뒤에 김교신이 교사와 복음 전도자로 추구한 민족의식의
강조점은 일제하 피지배 민족이 민족적 긍지를 잃지 않고 주체성을
확립하는 데 있었다. 민족의 자긍심은 고유한 역사와 문화 전통을
바르게 알고 창조적으로 계승하는 일과 관련이 있고, 민족의 주체성
은 외세의 정신적·물리적 침략으로부터 자주적 독립을 확립하는 일
과 연관된다. 이와 같은 목표의식을 갖고 김교신은 지리교사로서 조
선 지리와 조선의 역사적 인물을 학습시키는 데 주력하였고, 선교사
들의 지배와 미국 기독교에 대한 의존에서 벗어나는 민족적 기독교
를 정립하려고 노력하였다.

민족문화에 대한 김교신의 남다른 관심과 열정은 당시 민족교육
을 저지, 말살하려는 일제 식민지 교육체제와 갈등을 빚고 미국 선
교사들의 영향이 지배적이었던 한국 교회의 교권주의와 배치되는

31) 함석헌, 『죽을 때까지 이 걸음으로』(서울: 삼중당, 1964), 77; 동저자, "김교신과 나,"
  『나라사랑』 17(1974), 92.
32) 『김교신 전집』 제1권, 274.
33) 『김교신 전집』 제1권, 22.

결과를 초래할 수밖에 없었다. 암담한 식민지 현실에서 미래에 대한 희망을 갖고 학생들에게 민족정신을 고취하려는 김교신의 노력은 다양한 실력배양운동으로 전개되었다. 김교신이 손기정의 마라톤 코치 역할을 담당하면서 그에게 민족혼을 불어넣은 일은 그 좋은 예이다. 1920년대부터 항일민족운동의 주체가 된 학생들을 대상으로 김교신이 가르친 민족의식은 단순한 저항의식이 아니라 민족의 역사와 문화를 바르게 알고 그 뿌리 위에 주체적인 선택과 자리매김을 할 수 있는 능력을 배양하는 것이었다. 그런 점에서 김교신은 학생들에게 엄격한 교사였고, 젊은 세대들의 서구문화 수용에 대하여 각별한 관심을 갖고 있었다. 그 단적인 면모를 『성서조선』 창간호에 실린 「한양의 딸들아」라는 김교신의 글에서 엿볼 수 있다.

> "나는 나를 낳아준 친모의 품속에서 자랐고 농(農)을 주업으로 하는 소박한 이웃 사이에 살면서 듣고 보고 하였다. 그리고 이렇게 생각하였다. '조선을 망하게 한 것은 그 남성들이었다. 남성 자신은 멸망하여 다시 소망이 있는 것 같지 않다. 그러나 조선의 여성은 세계에 무비(無比)이리라. 조선의 희망은 과연 그 특유한 조선적인 여성의 장점에 있으리라'고. (…) 더욱 성서를 알게 됨에 따라 정조 문제는 이것이 단지 열녀불경이부(烈女不敬二夫), 충신불사이군(忠臣不事二君)에만 그치는 것이 아님을 알았다. 과연 정조 문제는 인생을 일관하는 근본 원리이다. 단지 여성의 문제가 아니요 동시에 남성의 문제이며, 단지 현세의 제도가 아니요 과연 내세에 걸친 우주의 법칙이다. (…) 인류 중에서 만일 가장 완전히 정조의 도를 지켜온 민족이 있었다면 이는 조선의 여성이었으리라. (…) 그러나 근일의 소문은 어떠한가. 만일 근년에 들리는 바 서울을 중심으로 한 학생의 풍기, 각종 오락장에 현현(顯現)되는 암흑의 형편."[34]

---

34) 『김교신 전집』 제1권, 29f.

이 글에서 김교신이 강조한 것은 조선 여성들의 정절이다. 그런데 김교신의 권고는 유교적 여성관을 답습하고 있지 않다. 왜냐하면 그는 정조의 의무를 여성에게 국한하는 관점을 부정하고 남녀 모두에게 적용되는 우주와 내세의 원리라고 보았기 때문이다. 김교신의 가정관과 가정생활에서 가부장적 성격이 두드러지지 않는다는 점도 주목할 필요가 있다. 이 글에서 김교신은 당시 외래문화의 도입과 근대화의 시류를 타고 여성들의 성문화가 변화하는 과정에서 문화 수용의 민족적 주체성을 강조하고 이를 성서적 관점에서 뒷받침하고자 한 것으로 보인다.

그는 한국 기독교가 서구문화를 무비판적으로 수용하는 현실에 대해서 매우 비판적인 입장을 견지했다. 그 단적인 생각이 『성서조선』에 실린 일기(1933년 6월 5일)에 잘 드러나 있다.

> "치기, 유취 분분한 미국식 기독교! 조선기독교가 완전히 발육되려면 우선 온갖 미국과의 관계를 그 교회와 교육기관에서 절연하여야 하리라. 미국 능사는 하나는 황금, 둘은 스포츠, 셋은 무성영화(토키). 단 종교만은 별문제."[35]

또 「『성서조선』의 해(解)」라는 짤막한 글에서 그는 『성서조선』의 독립성을 강조하면서 다음과 같이 말한 바 있다.

> "『성서조선』은 단지 그 주필의 전책임으로 경영하는 것이오, 조선을 성서화하기에 찬동하는 소수의 우인(友人)들이 협력하는 것뿐이다. 무슨 교파나 단체나 외국 금전의 관계는 전연 없다."[36]

이 글들에서 김교신은 미국문화에 대한 한국 교회의 민족적 주체

---

35) 『김교신 전집』 제5권, 112.
36) 『김교신 전집』 제1권, 22f.

성의 결여와 미국 선교사들의 재정적 지원에 대한 의존을 비판했다. 김교신은 이 두 가지 결함 때문에 한국 기독교가 교권주의에 안주하고 민족 역사에 대한 소명과 책임을 상실하게 된다고 판단했다. 이와 같은 김교신의 비판의식은 당대 한국 교회의 주류를 거슬러 저항하는 외침이고 몸짓이었다.

일제가 전쟁체제로 치달으며 황민화 교육을 강제했던 1930년대에 김교신은 신사참배나 모국어 말살, 군사훈련 등 민감한 교육 현안에 대한 입장을 『성서조선』에 발표할 수는 없었다. 『성서조선』은 일제의 가혹한 검열과 폐간 위협 아래서 발간되었기 때문에 여기서 김교신의 공개적인 입장을 찾을 수는 없다. 그럼에도 불구하고 그는 1936년 12월 10일자와 동년 12월 11일자 공개일기[37]에서 다음과 같이 말한다.

> "숭실전문학교를 비롯하여 장로교 선교회에서 경영하는 130여 학교를 폐교하기로 동(同) 선교회에서 결의하였다고. 세론(世論)이 분분하다. 폐교하는 것이 해(害) 될 것인지 이(利) 될 것인지는 하나님만이 아실 것이다. 필경은 사람들이 염려하는 정도의 염려는 없을 것이오, 시기 넘어 늦은 것이 오히려 한스러운 일이다."[38]

> "장로교 선교회에서 그 경영하는 학교 130여 교를 폐쇄하기로 결의한 일에 관련하여 모 신문의 사설 일절에 왈 '(…) 그리고 그들 서양 분네로 하여금 이런 아름다운 일을 즐겨 하도록 한 예수 그리스도의 힘과 은혜가 얼마나 위대한가를 다시 한 번 깨달읍시다.' 운운. 늦었다 할지라도 전 민족을 대표하여 예수께 감사할 줄 알게 된 것만 큰일이다."[39]

---

37) 공개일기에 대해서는 아래의 설명을 보라.
38) 『김교신 전집』 제6권, 140.
39) 『김교신 전집』 제6권, 141.

위의 두 인용문은 김교신이 신사참배에 대해 거부 입장을 에둘러 표현하였다는 점에서 주목된다. 아직 양정고보 교사로서 학생들을 인솔하여 조선신궁 참배를 할 수밖에 없었던 김교신은 그 이상 분명한 입장을 밝히기는 곤란하였을 것이다.

김교신이 교육을 통하여 강조한 민족의식에는 저항정신과 민족의 주체성이 강조되고 있지만 민족의 고난에 대한 근본적인 물음, 왜 우리는 고난을 받아야 하는가라는 질문이 가로 놓여 있었다. 그는 성서의 빛에서 민족이 걸어온 고난의 역사를 조명함으로써 그 질문에 대한 대답을 얻고자 했다. 그의 민족의식은 독특한 역사의식에 바탕을 두고서 불굴의 힘을 갖게 되었다.

2. 역사의식

김교신의 역사의식은 기독교의 섭리사와 관계가 깊다. 삼일운동이 끝난 뒤에 일본으로 유학을 갔을 당시 그는 유교적 인생관과 사회관에 회의를 느끼고 방황하던 중 기독교로 입교하였다. 그러나 그의 기독교적 역사관은 교회를 통해서가 아니라 '무교회 기독교'를 창시한 우찌무라 간조의 문하생으로 7년간 사숙하는 과정에서 형성되었다. 김교신은 우찌무라가 복음의 진리를 일본 역사 안에서 구현하기 위해 예리한 사회비판을 전개하는 것을 보고서 이를 예언자적 기독인의 신앙으로 수용하였고, 조선의 식민지 역사 속에서 복음의 보편적 진리를 스스로 실천하고자 했다.

그에게 역사의 구체성을 상실한 기독교는 추상적인 종교성과 교리의 체계에 불과했다. 그는 기독교가 역사에 뿌리를 내려야 한다는 것을 강조하였으나, 역사 현실은 그 자체가 절대화될 수 없고, 언제나 하나님의 의와 사랑의 빛에서 평가되고 변화되어야 하는 상대적 가치를 지닌다고 생각했다. 기독교는 역사적 참여의 사명을 가지지만 역사의 방향과 그 성취에 대하여 비판적이어야 한다. 이러한 역사의식을 가졌기에 김교신은 "하나님 이외에 그 어떤 것도 무섭지 않다"고 말할 수 있었다.

이와 같은 김교신의 역사의식은 함석헌의 도움을 받아 심화되었고, 조선 역사의 섭리사적 의미를 인식하는 데까지 나아갔다. 함석헌은 『성서조선』 제61호부터 제83호에 걸쳐 「성서적 입장에서 본 조선 역사」라는 글을 연재하면서 자신의 역사관을 피력하였다. 함석헌에 따르면, 역사는 신의 아가페가 실현되는 무대이며, 인간은 신의 요구에 응답하는 책임감을 갖고서 역사에 참여한다. 조선이 당하는 고난의 역사는 신의 아가페가 이루어지지 않는 불의의 현실이며, 조선사는 이러한 불의를 극복해야 하는 구원사로서 세계사적 의미를 지닌다.[40] 따라서 불의한 역사에 대한 비판은 단순한 윤리의 문제가 아니라 개인과 사회의 악에 대항해서 '하나님의 의'를 실현하는 신앙의 문제로 해석되며, 신의 사랑은 신의 의를 전제한다.[41] 김교신은 이러한 함석헌의 역사 해석을 높이 평가하면서 다음과 같이 술회하였다.

"고난의 역사를 걸머진 조선 백성에게도 조선 및 세계와의 관계에 있어서 그 무겁게 지고 가는 짐에도 의의가 있고 그 짐을 잘 지고 참아가는 중에 백성은 정화되고 사람은 생각하는 자가 되어서 깊이와 무게를 가하게 되면 예전 조상들의 특색이었던 '인(仁)'에 의하여 나중 영원한 문 앞에 서는 나사로가 될 것을 지시받아 우리의 위로와 소망이 적지 않았다."[42]

40) 함석헌, 『성서적 입장에서 본 조선역사』(뜻으로 본 한국역사)(서울: 삼중당, 1950), 3-54 참조.
41) 『김교신 전집』 제3권, 155.
42) 『김교신 전집』 제5권, 153.

김교신의 비판적 역사의식은 부활 신앙을 통해서 더 정교해진다. 그에 따르면, 그리스도의 부활은 신의 사랑의 힘이 악을 정복하고 승리한 역사적 사실이다.[43] 부활은 인간의 이성적 판단을 뛰어넘는 전적인 신의 권능을 드러내며, 옛 것이 사라지고 신의 새 역사가 시작되는 종말론적 의미를 가진다. 김교신은 이러한 부활 신앙으로 일제의 가혹한 전시체제 아래서 생존과 민족정신이 위협받는 현실에서 희망을 이야기하고 새 역사의 도래를 예고했다.

『성서조선』을 폐간하기 위해 일제 검열 당국이 빌미로 삼았던 「조와(弔蛙)」라는 글에서 김교신은 우화적인 기법으로 죽은 것처럼 보이는 민족이 생명력을 잃지 않고 살아남을 것이라고 노래했다.

"봄비 쏟아지던 날 새벽, 이 바위틈의 빙괴(氷塊)도 드디어 풀리는 날이 왔다. 오래간만에 친구 와군들의 안부를 살피고자 담 속을 구부려 찾았더니 오호라, 개구리의 시체 두세 마리 담 꼬리에 부유하고 있지 않은가! 짐작컨대 지난겨울의 비상한 혹한에 작은 담수의 밑바닥까지 얼어서 이 참사가 생긴 모양이다. 예년에는 얼지 않았던 데까지 얼어붙은 까닭인 듯. 동사한 개구리 시체를 모아 매장하여 주고 보니, 담저(潭低)에 아직 두어 마리 기어 다닌다. 아, 전멸은 면했나 보다."[44]

투철한 역사의식에 기대어 민족의 불굴의 생명력을 인식한 김교신의 민족교육은 일제의 억압과 착취 아래서 고난과 절망을 경험하는 민족에게는 고난의 구원사적 의미를 부여하고, 다른 민족을 부당하게 지배하는 제국주의와 식민주의 세력에게는 불의에 대한 하나님의 분노를 회상시키며, 불의의 역사가 부활의 그리스도에 의해서 반드시 끝나리라는 희망과 연결된다. 그리고 식민지에서 고난당하는

43) 『김교신 전집』 제1권, 210.
44) 『김교신 전집』 제1권, 38.

민족 가운데 밑바닥 민중에 대한 김교신의 관심과 애정은 이와 같은 역사의식에 구체성을 부여하는 실천으로 나아가게 만든다.

3. 민중의식

김교신은 기독교 지식인으로 민족교육을 전개하면서 민중과 만나고 민중의 현실을 떠나지 않았다. 식민지 상황에서 고난받는 민족 가운데 민중은 그 고통과 질고를 일상생활에서 몸으로 감당하는 사람들이었다. 이러한 사람들에 대한 김교신의 감수성과 연대의식은 민족의식에 뿌리를 둔 것이기도 하지만, 십자가에 나타난 그리스도의 사랑에서 배운 바가 크다. 김교신은 기독교로 입교하면서 유교의 윤리관에서는 배우지 못했던 인간의 죄를 깊이 자각하게 되었다. 인간은 수양을 함으로써 잃어버린 본성을 되찾는 것이 아니라, 그리스도의 사랑에 힘입어 인간으로서는 해결할 수 없는 악한 본성에서 구원받을 수 있다는 것이다. 그리스도는 '인간의 죄를 몸에 지고 십자가에 걸려서' 자기희생으로 인간에 대한 사랑을 완성하셨다.[45] 따라서 예수 그리스도의 공로로 구원받은 그리스도인들은 신 앞에서 이웃과 더불어 평등한 관계를 이루며 서로 어려움을 나누고 함께 배워야 한다.[46] 이러한 이웃과의 연대적 소명을 김교신은 깊이 자각하고 철저히 실천하였다.

그의 민중 체험은 교사로서 어려운 학생들을 돌보고 베풀었던 많은 일화에서 잘 드러나고 있다. 여기서는 이에 대한 예증을 생략하고, 단지 학교 밖의 사회관계에서 드러난 김교신의 민중교육을 몇 가지 살피고자 한다.

김교신은 1935년 3월 16일 소록도 사람에게서 편지를 받은 다음

---

45) 『김교신 전집』 제1권, 159, 417; 제2권 440.
46) 『김교신 전집』 제2권, 98.

부터 소록도의 5천여 명의 나환자들에게 관심과 사랑을 갖게 되었다. 그는 이 편지를 받은 일을 가리켜 '주필의 일생의 가장 큰 사변'이라고 했고, 편지의 전문을 『성서조선』 1935년 4월호에 게재하였으며, 다음과 같은 말을 덧붙였다.

"본지가 조선 기독교의 교권자들에게서 이단시되고 압수를 당하면서도 골육이 썩어가는 나환자에게 희망을 전하고 환희를 일으킨다고 증명받았으니 이보다 더한 영광이 어디 있나 (…) 때마침 몰로카이도(島)의 성자 다미엔전(傳)을 탐독하는 중에 이 편지를 받았으니 얼마나 섭리의 기이함인가. 만일 1934년 가을에 5인의 나환자가 공덕리 성서조선사의 대문을 두드렸다고 하자. 저들 형자(兄姉)를 맞기에 부족함이 없는 준비가 나에게 있었을까? 이렇게 생각할 때에 나는 엎디어 통곡하지 아니치 못하였다. 가장 작은 자와 천한 자를 대접하는 것이 만왕의 왕이신 우리 주 그리스도를 대접하는 것이라고 주는 일러 주셨건만 (…) 참회의 눈물이 끝없이 흐른다. 형제여, 용서하고 위하여 기도하라. 주 예수여, 긍휼을 베푸시옵소서. 그리고 끝까지 아껴하고 탐하는 것이 있을진대 이 죄인부터 나병을 주시사 속사람을 씻어 주옵소서."[47]

소록도 사람들을 위하여 김교신은 잡지를 무료로 제공하였으며, 나환자 구원사업 캠페인을 전개하였다. 그는 신앙과 인생에 관한 소록도 나환자들의 글들에 감탄하면서 이를 『성서조선』에 실었다. 1935년도 『성서조선』의 총목록에는 소록도 문집이라는 문항 아래 18편의 글이 수록되어 있다.

언젠가 김교신은 유물론에 심취한 지인과 토론을 벌였던 일을 회고한 바 있다. 그의 생각으로는 기독교 신앙과 유물론은 '동과 서,' '흑과 백'처럼 다르지만, 그 지인은 놀랍게도 "기독교회와 그 신도는

47) 『김교신 전집』 제2권, 106ff.

가증하나 예수 자신은 비난할 점이 없을 뿐인가, 가경가애(可敬可愛)할 만한 유물론자라고 찬사를 마지않았다"고 했다는 것이다. 김교신은 이 일화를 소개한 다음에 행함이 없는 믿음을 경책한 야고보 2, 14-17을 인용하고서 다음과 같이 말했다.

> "사람에게 선한 것을 가르치면서 자기는 행치 않는 종교가배(宗教家輩)(일종의 유심론자)를 향하여 그리스도는 격렬한 반격을 금치 못한 것이었다(마태 23장). 그리스도는 부자 청년을 대하여서도 추상적 윤리를 강(講)하시지 않고 소유를 다 팔아가지고 와서 좇으라고 적확하게 가르치셨고, 자신의 언행에 쌍륜의 궤적(軌跡)을 용허치 않았다. 예수를 유물론적으로 보면, 부패한 종교가는 물론이거니와 문사적(文士的), 도취적, 가상적 신도를 일소하는 효험은 확실한 바 있다."[48]

김교신은 1942년 성서조선 사건으로 1년간 미결수로 옥중생활을 하게 되었다. 이 시기의 경험은 김교신이 출옥한 뒤에 그를 방문한 박석현의 「선생을 추억함」[49]이라는 글에 잘 묘사되어 있다. 이 글에 따르면, 김교신은 일 년 감방생활을 유쾌하고 유익한 일이 많았던 시간으로 회상을 하면서 감옥도 인생의 대학이요, 신앙을 단련하는 수련장으로 여겼다고 했다. 또 민족의 고난을 몸으로 같이 맛보는 민족교육의 자리였고 사색하며 앞날을 계획하는 여가의 기간으로 삼았다고 한다.

옥중생활에서 벗어나고 교직에서 추방된 뒤에 김교신은 일제의 강제징용을 피하기 위해 자진해서 흥남질소비료공장에 취업하였다. 그곳은 일본 해군의 특수비밀 군수공장으로 한국인 노동자만 5천여 명이 일하는 대공장이었다. 김교신의 업무는 기본적으로 조선인 노동자들의 주택을 관리하는 일이었으며, 도로 보수작업, 하수도와 변

---

48) 『김교신 전집』 제2권, 47.
49) 노평구 편, 같은 책, 34-50.

소 청소, 부엌과 침실 점검 등으로 이루어져 있었다. 이 일에 대한 김교신의 마음가짐은 다음의 편지글에 잘 나타나 있다.

　"더욱, 빈한하고 궁핍한 자를 더럽고 모자란 시설 중에서 일으켜 교도하는 일, 하수도 청소하는 일은 우리에게 지워진 책무요 사명인 지라 가장 큰 정과 성으로 경주해야 하겠나이다."[50]

　공장에서 김교신의 활동은 업무상의 책임을 넘어서서 다양하게 전개되었다. 그는 회당을 지어 노동자들에게 한글을 가르쳤고, 생활 개선을 위한 교육을 실시하였으며, 언제나 '조선인'의 민족의식을 고취했다. 이러한 김교신의 노력으로 한국인 노동자들의 의식과 생활이 변화되었다. 김교신은 당시 일본의 패망을 예감하고 민족의 앞날을 준비하는 민중교육을 전개하였다. 그것은 일제 패망 뒤에 공장을 접수하려는 계획과 맞물려 있었다. 그러나 이 계획이 결실을 거두기도 전에 김교신은 노동자들의 전염병을 간호하다가 병을 얻어 세상을 떠났다. 죽음을 앞두고 김교신이 병상에서 한 이야기를 안경득은 다음과 같이 전하고 있다.

　"안 의사, 나 언제 퇴원하여 공장으로 갈 수 있습니까? (…) 나 40 평생에 처음으로 공장에서 민족을 내 체온 속에서 만나고 왔소. (…) 이 백성은 참 착한 백성입니다. 그리고 불쌍한 민족입니다. 그들에게는 말이나 빵보다도 따뜻한 사랑이 필요합니다. 이제 누가 그들을 그렇게 불쌍한 무리로 만들었느냐고 묻기 전에 이제 누가 그들을 도와줄 수 있느냐가 더 급한 문제로 되었습니다. 안 의사, 나와 함께 가서 일합시다. 추수할 때가 왔으나 일꾼이 없습니다. 꼭 갑시다."[51]

50) 『김교신 서간』 146.
51) 김정환, 같은 책, 183f.

이상에서 살펴본 대로 김교신의 민족교육은 민족의식과 역사의식에 이끌려 민중의 현실 속에서 그들과 실천적으로 연대하는 과정에서 발전적으로 전개되었고 그 결실을 얻었다고 평가할 수 있겠다.

V. 김교신의 민족교육 방법론

김교신의 교육사상은 그가 지리 담당의 평교사로 일하던 학교교육과 평신도로 주관하던 『성서조선』의 사회교육을 통하여 실천되었다. 학교는 일제에 의하여 철저한 감독을 받았지만, 김교신은 교육행정가가 아닌 평교사로서 학생들과 일상적으로 접하면서 교육의 자율성을 누릴 수 있었다. 또한 『성서조선』은 사상적으로나 재정적으로 당대의 교권과 무관한 잡지라는 점에서 나름대로 주체적인 교육의 영역을 확보할 수 있었다. 김교신의 민족교육은 개인적 수준에서 이루어졌다는 한계를 갖지만, 이것이 그 영향력을 가리는 것은 아니었다.

그의 민족교육은 다음의 세 가지에 중점을 두고 있다.

1. 고난의 역사를 기록하고 기억하기: 일기쓰기

김교신에 관한 문헌에서 일기는 매우 중요한 의미를 지니고 있다. 당시는 모든 인쇄물이 '불온한 사상'의 여부를 가리기 위해 일제의 감시와 검열을 받는 삼엄한 시기였기에 일기쓰기는 개인의 고백적 기록이라는 점에서 고난의 민족사를 기록할 수 있는 기능을 갖고 있었다. 설사 김교신이 처음부터 이러한 목적으로 일기를 쓰지 않았다고는 해도, 『성서조선』을 통해 공개된 일기는 12년(1930－1941)

에 걸쳐서 계속되었으며 그 양도 2002년도에 발간된 『김교신 전집』
의 제5권, 제6권, 제7권을 이룰 만큼 방대하다. 일기는 그의 삶과 사
상을 이해하는 데 귀중한 자료가 될 뿐 아니라 민족사의 생생한 기
록으로 그 가치를 인정받고 있다.

그가 남긴 일기는 두 종류로 구분되는데, 하나는 『성서조선』에
기록된 공개일기인 「성서통신」(城西通信)52) 혹은 「성조통신」(聖朝通
信)53)이고, 다른 하나는 사생활을 기록한 비공개 일기 「일보」(日步)
이다. 김교신은 공개일기의 성격을 다음과 같이 설명하고 있다.

"달마다 본지의 끝부분을 차지하던 '성조통신'은 주필의 개인적인
일기인 동시에 성서조선사의 공적 역사요 독자로서의 소식난도 되었
으나, 그런 것보다도 실생활에 응용한 성서주해의 의미로서 여러 가
지 거북한 일도 무릅쓰면서 이것을 연재하여 왔다."54)

이 일기는 날씨, 성서 읽기, 가정예배, 가정사, 교사생활, 지인이
나 독자들의 편지, 지인들과의 만남, 신변에서 일어난 일들에 대한
단상, 세상사, 민족문제, 민족 교회, 『성서조선』 발행 등과 관련된
매우 잡다하고 다양한 내용들로 이루어져 있다.55) 김교신은 개인의
일로 여겨질 수도 있는 이 기록을 공개함으로써 생활과 성서읽기를
연결시키고, 성서 위에 조선을 세우고자 하는 노력의 구체적인 모습
을 드러내고자 했다.

---

52) 성서통신은 성서조선 제8호(1929년 8월)부터 고정난을 마련하여 게재되었는데, '성
서'(城西)라는 단어는 『성서조선』의 발행처인 김교신의 자택이 서울의 서쪽에 위치
한다는 지명을 의미한다.
53) 성서통신을 성조통신으로 개명한 것은 성서조선 제84호(1936년 1월)부터이고 그 뜻
은 『성서조선』의 통신을 가리킨다. 이 공개일기는 1941년 2월(『성서조선』 제145호)
까지 연재되다가 총독부의 검열로 끝나게 된다.
54) 『김교신 전집』 제7권, 347.
55) 일기의 내용은 김정환에 의하여 유형별로 정리되었다. 이에 대해서는 김정환, 같은
책, 190ff.

그가 남긴 일기의 좋은 예는『성서조선』제57호(1933년 10월호)에 수록된 「남선 여행 별기」인데, 그 주요 내용은 지리공부를 위한 여행 기록이지만, 김교신은 이순신 장군에 대한 회상과 교회 예배에 참석한 일 등을 기록함으로써 임진왜란의 영웅을 회고하여 민족의식을 드높이고, 무교회주의자로서 교회를 존중하는 자세를 갖고 있음을 드러내고자 했다.

이와 같은 일기 형식의 지속적인 글쓰기는 앞에서 김교신이 지적한 목적 이외에도 생활사의 기록이라는 점에서 교육적 가치가 있다. 김교신은 자신의 학생들에게 일기쓰기를 엄격하게 요구하고 그 일기의 내용에 대한 조언과 심지어는 문장 수정까지를 성실하게 수행했다. 그러나 식민지 상황에서 학생들의 일기조차 일제의 수사 대상이 되었기에 학생들은 물론 김교신 자신도 개인 일기의 대부분을 스스로 소각해야 하는 아픈 경험을 하게 되었다.56)

현재 남아있는 김교신의 미공개 개인 일기는 공책 두 권 분량으로만 남아 있다. 이 미공개 일기는『김교신 전집』에 수록되지 않았다. 그러다가 김교신에 대한 학문적 관심이 고조되고『성서조선』간행본 158권을 모두 영인본으로 만드는 과정에서 이 개인 일기도 함께 공개되었다. 이 개인 일기의 내용도 김정환에 의하여 잘 정리되었는데,57) 그 가운데는 가족 이야기,『성서조선』출판의 어려운 사정들, 시국에 대한 비판들, 교회와 관련된 자신의 활동들, 희로애락에 얽힌 이야기 등 공개되지 않은 사적인 내용들이 많다. 미공개 일기는 외부적으로 평가되는 김교신의 사상과 활동을 심도 있게 재고하고 성찰하는 데 소중한 자료로 활용될 수 있을 뿐만 아니라, 일제

---

56)「聖朝通信」1938년 2월 22일자에 기록된 내용에 따르면, 김교신이 담임을 맡았던 5학년 학생의 일기 내용으로 인해 여러 연루자들이 드러나는 상황이 발생하자 상부 지시로 학생들의 일기를 소각하도록 지시했고, 자신이 열 살 때부터 써 왔던 30여 권에 이르는 일기도 모두 소각하였다.
57) 김정환, 같은 책, 189-207.

의 검열로 인해 활자화되지 못했던 민감한 시국 사안들에 대한 김교신의 견해를 찾아볼 수 있다는 점에서도 그 가치가 크다.

2. 생활신앙과 생활교육

김교신의 신앙 유형은 무교회주의이며, 그의 교육방법론도 무교회주의의 영향을 많이 받았다.[58] 김교신은 기독교의 예배를 종교적 의미로 해석하기보다 하나님이 위탁하신 직업을 충실하게 수행하는 일로 여기면서 하루 생활 전체가 예배의 연속이라고 생각하였다. 또한 그는 교회가 생활의 장이자 둘 이상이 모여 기도하는 곳임을 강조하였다. 이러한 생각은 기존 교회와 교권 세력의 교회 이해와 많이 달랐기에 갈등의 요소가 되었다.

『성서조선』은 성서연구를 중심으로 구성되었으나 교리와 신학을 다루는 전문 신학 잡지가 아니었고, 도리어 민족교육을 위한 잡지라고 말할 수 있다. 그 집필자들도 다양한 직업을 가진 평신도들이었다.『성서조선』의 성서연구에 담긴 교육적 특성은 다음과 같은 김교신의 일기에서 엿볼 수 있다.

"다만 서당에서 논맹(論孟)을 강해(講解)하던 것처럼 성서를 강해하면서 말하는 자와 참석한 자 힘을 합하여 운동할 것은, 하나님 편에서 조선에 대해 경륜(經綸)하신 역사를 실시하도록 일심(一心) 기원할 것뿐이다."[59]

이 말을 분석해 보면, 강해식 성서연구는 일방통행적 설교와 다

---

58) 김교신의 무교회주의에 대해서는 신학적 논쟁이 계속되고 있지만, 이를 다루는 것은 김교신의 교육사상을 분석하는 이 글의 한계를 초과하기에 여기서는 더 다루지 않는다.
59) 『김교신 전집』 제5권, 15f.

르다. 강해식 성서연구의 주안점은 사람마다 성서를 직접 읽고 연구
하여 저마다 복음의 진리를 깨닫고 이를 생활의 지침으로 실천하는
데 있다.[60] 여기에는 성직자와 평신도의 구분이 없고, 심지어 교회
제직의 필요성도 인정되지 않는다.

성서와 생활을 직결시키는 관점은 민족교육관에도 그대로 나타난
다. 김교신은 민족교육을 위해 거창한 구호나 정치적 조직을 앞세우
지 않았으며, 그 대신에 일상생활을 중시하고 일상 속에서의 실천을
놓고서 교육의 성과를 판단했다. 김교신은 이와 같은 생활교육을 학
생들과 일반 사회인들에게 강조한 것만이 아니라 스스로 그 모범이
되었다. 그가 그들을 감화시키고 영향을 끼친 것도 바로 이러한 모
범적인 행위 때문이었다. 그의 많은 지인들과 제자들이 오늘날까지
그를 '영원한 선생님'으로 기억하고 존경하는 것도 이를 증명한다.
학생 한 사람 한 사람을 대할 때에도 성적보다 인물을 보면서 평가
하고 가르쳤던 김교신의 교육은 신앙을 삶과 일치시키고 민족 사랑
도 신앙의 실천과 결합하려는 노력이었다.

이러한 김교신의 교육 방법은 한 사람 한 사람의 내면이 변화되
어야만 그 사람을 통하여 건전한 사회가 이루어지고 민족의 미래가
열린다는 확신에서 비롯되었다. 그는 사회개조를 위해 변혁단체를
결성하는 일에 찬성하지 않았고, 이를 위해 신도들을 동원하는 일에
도 동조하지 않았다.[61]

3. 통합학습

김교신은 교사로서 다양한 학습법을 활용하였는데, 그 가운데 우
선 눈에 띄는 것은 소풍과 고적 순례이다. 그는 학생들에게 조국의

---

60) 『김교신 전집』 제1권, 93-99.
61) 독자의 단신을 인용한 1940년 9월 29일자 일기: 『김교신 전집』 제7권, 298 참조.

아름다운 풍광을 보게 하고, 그 가운데서 호연지기를 기를 수 있도
록 배려하였으며, 고적을 순방하면서 우리 겨레의 얼과 역사를 피부
로 느끼게 하였다. 어느 해 겨울 삭풍이 몰아치는 날 김교신과 더불
어 북한산에 올랐던 제자 류승환은 다음과 같은 회고담을 남겼다.

"휴식이 끝난 후 선생님은 우리 일행을 어떤 양지바른 암석 아래
인도하신 후에 잠시 명상에 잠기셨다가, 눈을 뜨신 후에 바위 아래
쌓여 있는 눈을 치우라 하시기에 다같이 합심해서 눈을 치우니 뜻밖
에도 눈 밑에서 파릇파릇한 풀들이 나왔다. 바로 그 때였다. 선생님은
반색을 하시며 '오늘 제군들이 고생을 하며 이렇게 추운 날씨에 나를
따라 산에 오른 보람이 바로 이것이다.' 하시며, 약간의 웃음을 띠시
면서 북한산상의 설교를 하시기 시작하셨다. (…) '여러분 청년 학도들
이 머리에 간직하고 있는 민족의식과 여러분 가슴에 간직하고 있는
민족정기는 피압박민족으로 영원히 소멸되는 것이 아니라, 영구히 여
러분의 머리와 가슴에 살고 있으나 지금 생기를 도로 찾지 못하고 있
을 뿐이다. 그러니 절대로 낙심하지 말고 입춘의 시기가 되면 풀이
생기를 찾는 것처럼 우리도 민족의식과 민족정기를 도로 찾아 일본인
의 압박에서 벗어나 독립을 찾을 때가 있을 것이니 (…)"[62]

위의 회고담은 우리나라 국토가 곧 민족이라는 확신을 갖고 있었
던 김교신이 산행을 통해 민족교육을 펼치는 장면을 생생하게 전해
주고 있다.

김교신은 기존의 제도와 권위에 맹종하지 않는 자유정신과 저항
정신을 가진 교사로서 독특한 수업을 진행시킨 것으로 알려져 있
다.[63] 지리 수업시간에 그는 교과 내용을 20분 정도 강의하고 나서,
나머지 시간은 시사적인 이야기나 역사, 철학, 종교, 문학 등 다양한
주제에 관하여 자유자재로 이야기했다. 또한 그는 교과서의 내용보

62) 『김교신 전집』 별권, 198f.
63) 김정환, 같은 책, 97.

다 한국 역사나 한국 위인들에 대한 이야기를 많이 하고, 민족저항
적인 문헌들을 자주 암송시켰다. 이것은 그가 인문 지리의 틀에서
다양한 지식들과 정보들을 통합하여 제공하는 통합학습법을 활용했
음을 보여 준다.

이러한 통합학습의 방법과 효과가 보다 잘 드러나는 것은 『성서
조선』의 독자들을 대상으로 개최되었던 하계 성서 강습회이다. 이
모임에는 1년에 한번 전국의 독자들이 참가하였고, 1933년 첫 모임
이 열렸다. 그 가운데 6박 7일 동안 진행된 제2회 강습회는 통합학
습의 전형적인 예를 보여 준다. 그 교육과정을 살펴보면 다음과 같
다.64)

> 첫째 날:
>> 개회기도(송두용)와 "지리학적으로 본 조선의 사명"(김교신)
> 둘째 날:
>> 주일예배와 공관복음서 대관(김교신)
>> 좌담회(책 소개)
>> "성서적 입장에서 본 조선역사"(함석헌)
> 셋째 날:
>> 복음서 연구(김교신)와 아모스서 연구(유석동)
>> 좌담회(신앙에 관한 질의 응답)
>> "성서적 입장에서 본 조선역사"(함석헌)
> 넷째 날:
>> 복음서 연구(김교신)와 아모스서 연구(유석동)
>> 좌담회(하나님 사랑과 이웃 사랑의 실천에 대하여)
>> "성서적 입장에서 본 조선역사"(함석헌)
> 다섯째 날:
>> 호세아 연구(유석동)와 복음서 연구(김교신)

---

64) 『김교신 전집』 제5권, 146-162에 실린 김교신의 일기(1933년 12월 30일로부터 1934
년 1월 5일까지) 내용을 요약한 것임.

오류장 뒷산 등산(서울 왕도창건의 회상)

성서식물학(이덕봉)

"성서적 입장에서 본 조선역사"(함석헌)

여섯째 날:

"구약성서의 역사적 가치"(양능점)와 에스겔서 연구(유석동)

가정예배(강습회를 도와주는 부인들을 위한 예배)

감자 재배와 빵 보급에 대한 논의(정세권)

회원의 시간(내년에 양자물리학의 강의를 듣기로 합의)

일곱째 날:

에스겔서 연구(유석동)와 복음서 연구(김교신)

위의 강습회 교육과정에서 신약과 구약이 성서공부의 틀에서 함께 다루어지고 있다는 점이 먼저 눈에 띈다. 성서연구를 맡은 사람들이 역사적－비평적 방법을 터득한 인물들이라는 점은 매우 중요하다. 성서연구자의 이야기를 전달받은 청중은 저마다 성찰의 과정을 거쳐서 자신들의 연구 과제를 새롭게 모색하도록 진행된다. 좌담회를 통하여 참가자 전원은 배운 바를 실천하는 길을 함께 모색한다. 성서 강습회에서 실생활의 식량문제를 다루는 것도 이채롭다. 이것은 자급자족 생활이 필요할 정도로 어려웠던 당시의 사정을 반영한다. 무엇보다도 식민지 현실을 인식하고 해석하기 위하여 역사의식을 함양하는 데 역점을 둔 것도 성서 강습회의 특징이다. 이 모임은 당시 교회에서 개최되던 사경회에 비하여 적은 수의 참가자로 이루어졌지만 다양한 전공의 평신도들이 성서를 스스로 연구하고 함께 성찰하면서 역사적 안목으로 복음의 생활화를 통합적으로 모색한 점에서 그 가치가 크다고 본다.

VI. 맺는 말: 김교신의 사상과 교육에 대한 평가

글을 마치며 필자는 앞에서 살펴본 김교신의 사상과 교육을 저항적 근대 민족주의를 배경으로 간략한 평가를 시도하고자 한다.

1. 김교신은 일제가 전쟁체제로 치닫던 절망과 암흑의 시기에 민족교육을 전개하였다. 그 시기에 일제는 우리 민족의 뿌리를 제거하고자 했고, 내선일체의 황민화 교육을 강제하였으며, 우리 민족을 징병과 징용에 동원할 준비를 하거나 동원하기 시작하였다.

   김교신은 이러한 상황에서 학교교육을 담당하던 지리 교사로서 매우 독특한 방법으로 민족교육을 시도하였으니, 원족(遠足)과 고적답사를 통해 민족의식과 민족정기를 고취하고자 하였으며, 독특한 수업 진행을 통하여 민족과 사회에 대한 인문학적 지식을 함양하기 위해 노력하였다. 이런 점에서 김교신의 민족교육은 암울한 정세 속에서 실낱처럼 이어진 저항적 민족교육의 좋은 실례라고 평가할 수 있다.

2. 일제 말에 이르러 사회 지도층 인사들을 위시하여 기독교 지도자들과 지식인들도 일제의 요구에 굴복하였지만, 김교신은 끝까지 민족의식을 잃지 않고 일제에 저항하였다. 그의 저항은 물론 신사참배에 대한 공개적인 반대나 황민화 교육에 대한 노골적인 투쟁이나 항일 무력단체를 결성하는 방식을 취한 것은 아니었지만, 그는 개개인의 내면적 변화와 실력양성을 통해 민족의 새로운 미래를 준비하는 일을 포기하지 않았다. 그가 끝까지 이러한 입장을 지킬 수 있었던 것은 성서의 빛에서 민족

의 고난사를 조명할 수 있었기 때문이다. 그가 『성서조선』에
남긴 마지막 글 「조와」(弔蛙)는 민족의 부활에 대한 신앙을 지
닌 기독교 지식인의 투철한 역사의식을 보여 주고 있다. 그가
이 글에서 노래하고 있는 것은 불의와 폭력에 의해 희생당하고
고난을 겪는 민족의 불굴의 생명력이다.

3. 그는 신앙과 삶, 지식과 실천을 통합하는 생활교육의 패러다임
   을 제시하였으며, 민중과 더불어 작은 실천을 펼치는 과정에서
   그 모범을 보였다. 그는 사회개조의 청사진을 제시하는 거창한
   시도를 한 적이 없다. 그는 사회구조의 변혁을 위해 조직적인
   저항의 길을 걷지도 않았다. 그것은 그가 처한 상황에서 불가
   능한 일이었을지도 모르지만, 그의 교육이 개인의 내면적 변화
   를 중시하였기 때문이기도 하다. 그러나 그는 비록 작은 실천
   이기는 하지만 그것을 통하여 작은 사람들과 연대하는 삶과
   신앙의 모범을 보였고, 그것은 암울한 일제 말기에 민족의식과
   역사의식을 지니고 민족의 미래를 바라보며 살아간 한 기독교
   지식인이 선택할 수 있는 최대한의 실천이었다고 볼 수도 있다.

참고문헌

1. 원전:

노평구 엮음.『김교신 전집』제1권: 인생론. 서울: 도서출판 부키, 2001.

노평구 엮음.『김교신 전집』제2권: 신앙론. 서울: 도서출판 부키, 2001.

노평구 엮음.『김교신 전집』제3권: 성서개요. 서울: 도서출판 부키, 2001.

노평구 엮음.『김교신 전집』제4권: 성서연구. 서울: 도서출판 부키, 2001.

노평구 엮음.『김교신 전집』제5권: 일기 I. 서울: 도서출판 부키, 2001.

노평구 엮음.『김교신 전집』제6권: 일기 II. 서울: 도서출판 부키, 2001.

노평구 엮음.『김교신 전집』제7권: 일기 III. 서울: 도서출판 부키, 2001.

노평구 엮음.『김교신 전집』별권: 김교신을 말한다. 서울: 도서출판 부
키, 2001.

2. 2차 자료:

가트, 아자/알렉산더 야콥스.『민족－정치적 종족성과 민족주의, 그 오랜
역사와 깊은 뿌리』. 유나영 옮김. 서울: 교유서가, 2020.

고부응.『초민족 시대의 민족 정체성』. 서울: 문학과지성사, 2002.

고자카이 고시아키.『민족은 없다』. 서울: 뿌리와이파리, 2003.

김동춘.『근대의 그늘. 한국의 근대성과 민족주의』. 서울: 당대, 2000.

김정환.『金敎臣－그 삶과 믿음과 소망』. 서울: 한국신학연구소, 1993.

김정환. "김교신의 민족정신사적 유산－『성서조선』의 일기를 중심으로."
『민족문화연구』10(1976), 169－194.

노평구 편.『김교신과 한국－신앙·교육·애국의 생애』. 서울: 제일출판사,
1972.

단, 오토.『독일 국민과 민족주의의 역사』. 오인석 역. 서울: 한울아카데
미, 1996,

민경배. "김교신과 민족 기독교."『나라 사랑』17(1974), 47－61.

박찬승.『민족주의의 시대: 일제하의 한국 민족주의』. 서울: 경인문화사,
2007.

서정민.『겨레 사랑, 성서 사랑, 김교신 선생』. 서울: 말씀과만남, 2002.

손규태. "기독교와 민족주의."『기독교사상』 375(1990), 157 – 165.

신용하. "민족 형성의 이론."『민족이론』. 신용하 편. 서울: 문학과지성사, 1985.

신용하.『한국 민족의 형성과 민족사회학』. 서울: 지식산업사, 2000.

앤더슨, 베네딕트.『민주주의의 기원과 전파』. 윤형숙 옮김. 서울: 나남, 1991,

양현혜.『윤치호와 김교신 – 근대조선에 있어서 민족적 아이덴티티와 기독교』. 서울: 도서출판 한울, 1994.

오인탁. "일제하 민족교육과 종교교육의 갈등."『근대 민족교육의 전개와 갈등』. 손인수 외. 서울: 한국정신문화연구원 1982.

윤경로. "한국 근대민족주의의 유형과 기독교."『기독교사상』 375(1990), 34 – 45.

이지명.『넘쳐나는 민족 사라지는 주체 – 민족담론의 공존을 위해』. 서울: 책세상, 2004.

임희숙.『기독교 근본주의와 교육』. 서울: 동연, 2010.

임희숙.『한국 사회와 교회 여성교육』. 서울: 동연, 2018.

장규식.『일제하 한국 기독교 민족주의 연구』. 서울: 혜안, 2001.

정현백.『민족과 페미니즘』. 서울: 당대, 2003.

차석기.『한국 민족주의 교육의 생성과 전개』. 서울: 태학사, 1999.

한국교육사연구회 편.『한국 교육사 연구의 새 방향』. 서울: 집문당, 1982.

함석헌. "김교신과 나."『나라사랑』 17(1974), 90 – 95.

함석헌.『성서적 입장에서 본 조선역사』(뜻으로 본 한국역사). 서울: 삼중당, 1950.

함석헌.『죽을 때까지 이 걸음으로』. 서울: 삼중당, 1964.

홉스봄, 에릭 존.『1780년 이후의 민족과 민족주의』. 강명세 옮김. 서울: 창작과비평사, 1994.

Giddens, Anthony. *A Contemporary Critique of Historical Materialism, vol. 2: The Nation – State and Violence.* Berkeley: University of California Press, 1987.

Chatterjee, Parthar. *Nationalist Thought and the Colonial World: A Derivative Discourse?.* London: Zed Books 1986.

김교신의 기독교
사상과 교육활동

양현혜

김교신의 기독교
사상과 교육활동

Ⅰ. 여는 말

8·15 해방 당시 개신교 인구는 약 40 명만이었다. 역사적 전통도 짧고 교세도 미미한 신흥 종교였던 것이다. 그러나 오늘날 한국 개신교는 교회 5만 명에 신자수 860만 명, 전 세계 169개국에 약 2만 명의 선교사를 파견하는 교회로 성장했다. 교회가 이렇게 성장했는데, 기독교인의 신앙과 삶은 성장하지 못한 기현상이 일어난 지도 오래되었다. 더불어 사회적 공신력도 실추되어 지탄의 대상이 되는 정도까지 이르렀다.

한국 개신교가 사회적 공신력을 잃은 이유는 대체로 크게 세 가지로 생각해볼 수 있다. 첫 번째는 '영적 기업주의'이다. 거대한 성전을 건축하고 막대한 신도수를 자랑하며 다대한 프로그램을 돌리지만, 그 안에는 그리스도가 없는 '영적 기업주의'에 불과하다는 것이다. 이러한 '영적 기업주의'의 기독교에서는 신도들의 신앙의 중심이 교회가 되어 버리고 '신실한 신앙'이란 교회를 열심히 섬기는 것이 되어 버린다. 그러다 보니 기독교의 생명인 예수 그리스도가 실종되어 버린 것이다. 그리스도가 실종되면, 신앙은 종교단체의 소속과 동일시되고 종교적 지식과 정보의 습득이 되어 버린다. 지식이나 정보는 그것을 습득한 사람의 삶을 형성시킬 힘도 의무도 없다. 그것은 어차피 삶과 동떨어져도 아무 상관이 없는 하나의 지식이고, 하나의 정보에 불과하기 때문이다. 신앙이 지식이고 정보라면 신자는 그가 믿는 바대로 자신의 삶을 변화시키기 위해 노력할 필요도 없다. 이러한 신자의 삶에 그리스도의 향기가 없는 것은 당연한 일일 것이다. 한국 개신교의 두 번째 문제점은 바로 그리스도를 닮아가는 신앙적 인격도야와 삶에서의 신앙 실천이 없다는 점이다.

마지막으로 한국 개신교의 세 번째 문제점은 신앙을 개인적 삶의 영역에만 한정시키고 공적·사회적 영역에 대한 신앙적 책임을 외면한다는 것이다. 개인 구원과 사회 구원을 양자택일의 문제로 설정하고 사회적·공적 영역에 대해 무관심할수록 좋은 신앙이라고 한 결과는, 사회적·공적 영역에 대해 응답하는 역사의식과 기독교적 사회 윤리의 성찰의 부재로 나타났다. 세계에서 전쟁 위험이 가장 높은 나라에 살면서도 평화문제에 대해 별다른 관심이 없고 세계 유일의 분단국가이면서도 통일문제에 대해 무관심하다. 해방 70년이 되었지만 일본군 '위안부'문제 등을 비롯한 한일 과거사 문제나 친일 청산문제 등에 대해도 한국 개신교는 무관심하다. 그런가 하면 최근에는 보수적 기독교인의 일부가 극우 성향의 정치 집회를 주도하는가 하면, 코로나19 바이러스라는 미증유의 감염병 시대에 시민사회의 성숙한 일원으로서의 책임 있는 행동을 보여주지 못해 사회적 지탄을 받기도 했다.

이러한 한국 개신교에서 무엇보다도 시급한 것은 한 사람이라도 기독교인다운 기독교인이 나오게 하고, 하나라도 교회다운 교회를 만들어 보자는 자기 쇄신 운동일 것이다. 이러한 때 우리가 김교신을 기억하고 그를 다시 살려낼 수 있다는 것은 참으로 다행스러운 일이다. 그는 신앙과 삶과 역사가 하나가 되는 삼위일체적 신앙을 주장하고 그것을 자신의 삶으로 살아낸 사람이었다. 그에게 '참 좋은 신앙인'은 '참 사람'이었고 어떠한 거짓도 없는 '참 한국인'이었다. 그에게 있어서 기독교 신앙은 그 이상이었지 그 이하일 수는 없었다. 이하에서는 신앙과 삶과 역사가 삼위일체화된 김교신의 기독교 사상과 교육활동을 고찰해보자.

Ⅱ. 김교신의 기독교 사상

1. 무교회주의와 '일상성 속의 신앙'

김교신은 기독교 신앙이란 신과의 살아있는 교제라고 보았다. 이것을 얻기 위해서는 그리스도와의 개인적 관계, 즉 '나와 너'의 관계가 성립되어야 하는데, 이때 '나'라는 신앙자의 존재는 '너'라는 신의 존재 안에 완전히 포함되어야 하는 것이다. 왜냐하면 신앙은 자기를 신에게 맡기는 것으로서 절대적인 것이어야 하기 때문이다. 신앙은 신 자신의 생명에 참여하여 그가 자기의 정신과 인격을 지배하게 하는 활동원리였다. 따라서 신앙은 김교신에게 있어 생활과 분리되어서 생각될 수 없는 것이었다. 중요한 것은 일상생활에서의 산 신앙에 의해 증명되는 그리스도와의 결합이었다.

이렇게 기독교 신앙의 본질을 일상의 삶 속에서 그리스도와의 일치로 이해한 그는 기독교인은 중개자 없이 그리스도와 직접적인 살아있는 관계를 사는 사람이라 생각하기 때문에 평신도와 성직자를 구별하는 교회의 계급주의에 반대했다. 그리고 신 자신의 생명에 참가하는 신앙을 고정된 제도나 형식에 가두려고 하고, 일정한 교파적 신조와 관행이 구원을 독점한다고 주장하는 교파주의나 그에 부수되는 종교적 배타주의와 불관용주의에도 반대했다. 세례나 성례전을 신앙의 본질적 요소로 보고 구원을 위한 불가결의 요소로 보는 율법주의적 성례전주의에도 반대했다. 김교신에게 중요한 것은 오직 그리스도의 생명에 참여하여 자신의 일상의 삶에서 그리스도와의 일치를 증명하는 산 신앙을 사는 것이 최대의 관심이었다.

김교신은 이러한 자신의 신앙을 담아내는 교회 형태로 '무교회'를 선택했다. 성직자, 성례전, 조직이라는 매개 없이 성서 강해를 중심으로 한 평신도의 성서 공부라는 형식으로 자신들의 집회를 운영한 것이었다. 김교신이 우치무라의 무교회주의를 받아들여 기성 교회를 거부한 것은 교회의 부패에도 원인이 있으나, 보다 본질적인 이유는 기독교 신앙에서 교회는 비본질적인 것이라고 생각했기 때문이었다. 그에게 기성 교회의 오류는 그리스도와 생활 속에서의 결합이라는 본질적인 것을 버리고, 그것을 하나의 기관과 그것에 부수하는 조직, 교의, 예배 형식으로 대체하는 것이었다. 그가 생각한 '무교회'의 핵심은 기독교 신앙에서 본질적인 것은 '그리스도와의 일치'를 일상생활 속에서 실천하고 증거하는 것이고, 교회는 기독교 신앙에서 2차적인 문제라는 주장이었다.

이러한 이해에 근거해서 그는 기독교인의 생활 그 자체를 부단한 예배행위로 보고 모든 활동이 그리스도에 대한 봉헌이라고 생각했다. 따라서 예배행위와 일상생활의 구분이 없다. 기독교인은 모든 생활을 통해 그리스도의 증인이 되어야 한다고 생각했기 때문이다. 하여 그는 말했다. "오늘을 어떻게 싸울까, 이 순간 내가 주 예수 그리스도를 믿고 있는가가 현재의 나를 삼켜 버린다. 만일 내가 날마다 순간순간에 주 예수 그리스도로 말미암아 하나님을 믿는 믿음에 있고 그 결과로 매일 사람답게 하나님의 자녀답게 인생을 생활하여 죄와 세상을 이기고 개선할 때에 그 보답으로 주께서 나를 지옥에 넣어 영원히 멸망케 하신다면 그것도 소원이다"라고,[1] 그는 자기를 완전히 비우고 그리스도와 일치하여 그것을 일상생활 속에서 증거하는 것이 기독교 신앙에서 가장 중요한 것이라고 생각했던 것이다.

따라서 그는 실천이 없는 '말만'의 신앙을 비판하기를 주저하지 않았다. 그는 "복음이니 신앙이니 하면서 불교도의 규율도 좇지 못하고 유가의 역행도 본받지 못하고 한갓 방종 안일의 생애를 일삼음으로써 복음의 진수를 파악한 듯이 자변(自辯)·자위하는 무리가 적지 않은 것은 실로 한심한 일이라…. 형제자매여, 원컨대 하루라도 정진 없는 죽은 날을 두지 마사이다" 하며 "신앙대로의 생활"을 촉구했다.[2] 이렇게 신앙생활을 일상성 속에서의 증거로 본 그는 전도에 대해서도 남다른 견해를 가지고 있었다. "기독교의 전도는 아름다운 언사나 문구로 되는 것이 아니라 십자가의 사실과 부활하신 주 그리스도의 능력으로 되는 일이다. 특히 현대와 같이 기독교의 껍데기만 길가에 뒹구는 세대에 있어서 그러하다. 지금은 설교로 또는 소위 문서 전도로써 복음을 증거할 시대가 아니요, 신도의 전존재 그것으로서 입증해야 할 때를 당하였다."[3] 신자의 모든 생활의 장에서 자기의 전 존재를 그리스도의 능력에 대한 증거로 화하는 증인이 되는 '존재의 전도'만이, 진정으로 기독교적인 전도라고 보았던 것이다.

만 45세의 삶을 살다간 그가 얼마만한 밀도로 '존재의 전도'를 살아내려 했는가를 보여주는 일기 한 토막이 있다.

---

1) 김교신, 노평구(편), 『김교신 전집』 1권(대구: 일심사, 1981) (이하 전집으로 약칭), 251-252.
2) 김교신, 전집 2권, 184-185.
3) 김교신, 전집 1권, 251-252.

"어제 저녁에 시작할 듯하던 비가 불과 몇 분 후에 그치고 또 맑은 하늘이 될 듯하여 비를 기다리는 우리는 실망.

모기로 잠이 깨어 새벽 3시 반에 기상. 약사사((藥師寺): 현재 정능 봉국사(奉國寺)) 종소리 송림을 뚫고 들려 온다. 축음기나 라디오보다 훨씬 시적이다. 먼저 살던 집 근처에 교양 없는 부자가 있어 밤낮 높은 음의 확성기로 온 동네에 라디오를 방송하여 요란스럽게 굴더니 정릉에 온 후로는 그 방해를 피하게 된 것이 하나의 행운.

단, 부근에 문화생활하는 이들이 없지 않아서 피아노와 축음기 소리가 전무하지는 않으나, 피차 상당한 거리를 지닌 과수원 안에 살기에 우리 서재의 정숙을 침해할 정도는 아니다.

일이 많은 하루였다. 하루 일을 차례대로 적어 내리면 다음과 같다.

오전 4시경부터 시편 제19편 이하 4,5편을 낭독, 기도 및 일기의 일부를 기입.

오늘쯤은 잡지가 제본되어 나오리라는 예상으로 겉봉 쓰기 시작.

창가에 있는 토마토와 수세미가 조력을 구하므로 식전에 잠시 농부노릇 하다가 등교길에 인쇄소에 들러 주마간편격으로 다시 한번 독촉하고 등교하여 오후 3시까지 시험감독.

어간에 사람을 보내어 주택자금 이자를 식산은행에 불입. 시험 감독을 하면서 도시락 먹고 잡지 겉봉쓰기 계속.

오늘로써 제1학기 고사 완료.

답안 채점하여 성적이 처진 생도를 책망하는 중에 제본되었다는 전화로 오후 4시에 교문에 나와 인쇄소로 자전거를 달리다. 인쇄 제본된 이상에는 일각이라도 속히 전달하여 기다리는 마음을 해제할까 하여 인쇄소 사동들의 조력을 얻어 먼저 기명한 겉봉부터 발송한다. 단, 본사 사무원(우리 아이들)들보다 숙련이 못 되었으나 급한 터이니 그대로 발송.

오늘 5시 반에 내가 주인격으로 연회자리를 마련할 차례가 되었으므로 정각 10분 전에 인쇄소를 떠나 전속력으로 회장인 청목당에 이르니 5분 전. 지각은 안 되었지만 조퇴할 수 없어 만 두 시간 접대.

이 두 시간을 선용하였으면 잡지 대부분을 오늘 저녁차로 발송할 수 있을 텐데 하고 생각하면, 초조하기 짝이 없으나, 참석하신 손님들을 위하여 일부러 거드름을 피우면서 7시 반 헤어질 시간까지 참다.

손들을 보내고는 경성우체국에 들러 우표 부족했던 것 몇 부를 마저 발송하고 견지동 도장방에 주문했던 새 주소의 고무도장을 찾고, 시내 서점 몇 군데에 7월호 잡지를 배달하면서 동소문 경찰파출소 앞을 어둡기 전에 통과하고자 전속력으로 바퀴를 굴리다. 황혼의 자전차 도로에는 저마다 사력을 다하여 질주하니 생명 아까운 줄 아는 사람들같이 보이지 않다. 등을 준비 못한 까닭으로 시비 살까 두려워함이다. 다행히 경관의 시비에 걸리지 않고 동소문을 나서 삼선동을 지난 때에 돈암동 막차 버스를 만나다.

8시 반에 귀댁하니 온몸이 땀에 잠긴 듯, 목욕 후에 9시부터 가족들의 조력으로 잡지 걸봉쓰기와 성명쓰기. 10시 지나 마태복음 제16장을 윤독한 후 식구들은 먼저 쉬게 하고 걸봉의 성명 쓰기와 성조통신 기록. 12시 15분 전에 이르러 거꾸러지는 자처럼 잠자리에 드니 하루가 가다.

일어나면서부터 누울 때까지 일각도 심심할 시각이 없었음이 감사".4)

참으로 하루를 영원같이 산 사람이었다. 그의 소원대로 '신앙대로의 삶'을 살며 모든 사람의 종이 되어 세상을 치열하게 사랑한 삶이었다. 일상성 속에서 그리스도와의 일치를 증거한 것이었다. 따라서 그에게는 '교회 밖에 구원없다'는 원칙은 타당하지 않았다. 김교신은 "교회 밖에는 구원이 없다고 단언하는 자, 즉 교회주의자에 대해서 교회의 밖에도 구원이 있다"고 항의했으나, 그러나 그는 늘 '그리스도 밖에 구원없다'는 신앙적 현실 안에 머물러 있었다.

그렇다면 이토록 치열하게 신앙과 생활을 결합시키는 정신적 중심과 그 힘은 어디에서 오는 것일까. 김교신은 그것을 성서연구에서 구한다. 무교회주의 운동에서는 성서가 기독교생활의 중심으로서 받

---

4) 김교신, 전집 6권, 382-383.

아들여지고 있다. 무교회주의가 그들의 집회를 '성서연구회'라고 명명한 것은 극히 시사적이다. 그것은 그들의 집회가 다른 형태의 교회가 될 것을 우려했기 때문이기도 하지만, 보다 근본적인 이유는, 그것이 원시 기독교의 신앙적 현실로 되돌아가 그리스도와 살아있는 만남을 가지기 위한 유일의 방법이라고 간주되었기 때문이었다.

김교신은 성서를 통해 신의 뜻을 이해하고 신과 대화하는 일대일의 관계에 들어갈 수 있다고 보았다. 따라서 그는 신의 살아있는 말씀으로서의 성서의 권위를 대단히 중시했다. 그럼에도 불구하고 그것은 기본적으로 근본주의나 축자영감설적 성서주의자와는 달랐다. 그의 성서연구방법은 진보적이고, 역사 문헌학적 연구나 래디컬한 학문적 비판의 성과도 받아들였다. 김교신의 이러한 성서비평에 대한 태도는 "신앙이 신앙으로서 그 권위를 갖는 동안은 성서의 비평, 해부에 의해서 그 기초가 동요할리 없다"면서 그리스도의 십자가에 대한 확신에 근거하여 '사실'과 '실존적 진실'을 구별할 것을 주장한 우치무라의 성서해석 방법을 따른 것이었다.[5] 사실 성서의 경전성은 그 무오류성에 있는 것이 아니고 살아있는 하나님을 증거하는 성서의 증언 능력에 있는 것이었다.

성서의 자기 증언의 능력을 신뢰하면서 김교신은 성서를 자유로운 입장에서 학문적으로 분석하고자 했다. 이 자유롭게 열려진 정신에 의해서 무교회 운동은 섹트운동에 늘 부수되는 열광주의에 빠지지 않을 수 있었다. 그는 당시의 '부흥회'적 신앙 형태 속에 있는 비이성적인 열광주의를 비판하며 "기독 신자가 되기 전에 우선 이성의 정상과 교양을 힘쓸 것이다. 이성이 왜곡된 데는 신앙도 구원도 없느니라"라고 했다.[6] 그가 향후의 조선 기독교의 성서

---

5) 양현혜, 『우치무라 간조: 신 뒤에 숨지 않은 기독교인』(서울: 이화여자대학교출판문화원, 2017), 240.
6) 김교신, 전집 1권, 139.

해석 방향에 대해 다음과 같이 말한 것은 오늘날에도 시사하는 바
가 크다.

> 금후 50년은 이성의 시대이며 연구의 시대이다. …냉수를 끼쳐 열
> 을 식히면서 학구적인 양심을 배양하며 학문적 근거 위에 신앙을 재
> 건할 시대에 처해 있다. …지난 50년간의 조선 기독교도가 대체로
> '성신 타입'이었다면 금후에는 '학구 타입'이 되기를 우리는 기대한다.
> …학문과 신앙이 완전히 합금(合金)을 이룬 것이라야 금후에 닥쳐올
> 순교의 시대에 능히 견디어 설 것이다.[7]

그는 이렇게 건전한 마음과 이성을 활용하여 과도한 열광주의나
맹신적 축자주의를 배격하며 성서 해석의 객관성을 확보할 것을 주
장하는 한편, 동시에 성서의 말씀에 주체적인 투신을 요구했다. 성
서를 통해 기독교인은 신 앞에 서서 일상의 지침을 얻으며 그것을
실천할 힘을 얻고, 성서의 진리에 자신의 삶 전체를 투신할 주체적·
실존적 결단에 직면한다는 것이었다. 그러한 의미에서 성서는 김교
신에게 '이해하는 책'이 아니라 '사는 책'이었다. 이러한 그의 성서
독해법에는 '주체성과 객관성의 분리될 수 없는 통일성'을 발견할
수 있다.

한편 일상생활에서 그리스도와의 일치를 증거해야 함은 무교회만
의 고유한 주장이 아니라, 기독교 자체의 본래적 주장으로, 이러한
신앙을 위해 교회 조직에서 어떠한 매개를 선택할 것인가 여부는
각자의 취향이며 선택인 것이다. 그러한 의미에서 무교회도 기성교
회도 신앙과 구원을 관리하고 보장하는 조직으로 타락하지 않기 위
해서는, 신앙과 구원을 증거하는 존재가 되도록 늘 깨어 자기 점검
하는 길 이외에는 없는 것이었다. 성직자, 성례전, 조직 등의 매개를

---

7) 김교신, 전집 1권, 122-124.

가진 기성교회도 신앙과 구원을 증거하면 그리스도의 몸된 참된 교회이고, 매개 없이 이것을 추구하는 무교회도 이것을 증거하지 못하면 거짓된 교회인 것이었다. 무교회가 기성교회와 그 예전을 부정하면서, '무(無)' 그 자체를 고정적인 형식으로 절대화하고, 자기 자신을 순수한 교회로서 정당화한다면 무교회도 교회주의의 정통성의 주장과 같은 오류에 빠지지 않을 수 없는 것이다. 따라서 김교신은 교회문제에 대해 "만일 네 심정을 다 하고 성품을 다 하여 주 너의 하나님을 사랑하며 또한 네 이웃을 네 몸과 같이 사랑하라는 말씀을 교회원이 되는 전적 자격"으로 하는 교회라면 어느 교회든지 "나의 심정을 다 하며 성품을 다 하며 참가하리라"고 말했다.[8] 결국 그에게 기성교회냐 무교회냐는 것 역시도 궁극적으로 기독교 신앙과 구원에 있어서 2차적이고 부차적인 문제였다. 오직 일상성 속에서 깨어있는 삶을 살아가는 주체적인 신앙생활, 즉 일상성 속에서 신과 함께 걷는 생활만이 중요할 뿐이었다. 이러한 의미에서 김교신은 교회문제에 메이지 않는다는 의미의 무교회주의자였다.

2. 김교신과 예언자적 역사의식과 종말론적 희망

김교신의 '일상성 속의 신앙'에서 주목할 것은 그가 인간의 삶의 영역에서 특별히 사회적·정치적인 영역을 신앙적 책임의 영역으로 적극적으로 받아들였다는 점이었다. 기독교 신앙을 인간의 전 삶의 영역 안에서 관철시키려 했을 때, 인간의 삶에서 특별히 종교적인 영역과 비종교적인 영역을 구별할 수 없다. 모든 일상성이 바로 종교적인 영역이고 바로 그 안에서 신앙적 실천이 이루어져야 했기 때문이었다. 그는 "기독교 신앙생활을 요약하면 기실은 '망하면 망

---

8) 김교신, 전집 2권, 315.

하리라'라는 생활이 그 전부입니다… 다만 망하면 망할지라도 의에 합당한 것, 신의(神意)에 합한 일이면 감행하고 땅 짚고 헤엄치듯이 안전한 일이라도 불의한 것은 거절한 것뿐입니다.… 신앙생활이라 하여 복술자처럼 길흉화복을 예측하거나 특별한 청탁으로써 하나님의 총애를 편취하는 것을 능사로 아는 것은 대단한 오해입니다. 신앙생활은 기술이 아니라 천하의 대도, 공의를 활보(活步)하는 생활입니다. '망하면 망하리라'라는 각오로서"라고 하면서, 기독교인은 세상에 속하지 않은 자로서 그러나 세상으로 들어가 세상을 위한 사랑으로 움직이는 신앙을 실천하는 자라고 보았다.[9] 여기에서 그는 성서의 말씀이 인류 역사의 지향점과 일치한다는 확신 아래 성서의 말씀에 현실 역사를 조응시켜 현실을 분석하고 대응했던 예언자적 실천을 대단히 중시했다. 그는 기독교의 복음은 예언과 분리될 수 없는 상호 공속성적 관계에 있다고 보았다.[10] 즉 인간을 해방하여 참 주체로 세우는 기독교의 복음은, 피조물적 존재이면서 마치 창조주인 것처럼 인간을 억압하려는 모든 의식이나 제도에 비판, 항거하며 신적 공의의 공동체를 대망하는 예언과 늘 어깨를 나란히 한다는 것이었다.

따라서 그는 정치·사회적인 공적 영역에서 예언자적 비판과 대안을 제시하는 것은 기독교 신앙의 양보할 수 없는 신앙적 실천이라고 보았다. 김교신의 예언자적 사회 비평이 특히 예리해진 것은 1931년 만주사변 이후 일본의 침략 전쟁기였다. 그는 '가이사의 것은 가이사에게 하나님의 것은 하나님에게'라는 마가복음 12:17절에 의거하여, 시민의 공익에 봉사하는 임무를 신으로부터 위임받고 세워진 국가가 그 한계를 벗어나 신적인 영광과 존경을 받기 위해 인간을 억압할 때, 그것은 이미 진리에 대항하는 '괴물'이라고 보았다.

---

9) 김교신, 전집 1권, 315-319.
10) 김교신, 전집 2권, 295-297.

천황과 국가를 신격화하며 국민을 침략 전쟁에 동원하기 위해 신사 참배를 강요할 때, 그에게 국가는 '진리의 최대의 적'이자 '심히 강대한 괴물'이 되었던 것이다. 결국 장로교단이 1938년 9월 20일 제27차 총회에서 신사 참배를 가결한 것을 끝으로 조선기독교회가 교파의 구별없이 총체적으로 전쟁 협력 단체로 개편되어 가는 현실 앞에서, 김교신은 "하나님은 유일신을 표시하는 말로서 구미 제국의 어휘에도 벌써 기입된 문자요, 세계에 유례없는 귀중한 말인데 신앙의 영역을 침범하려는 자는 누구인가. 반세기의 신앙 역사를 까닭없이 매장하려는 자 누구냐"라며 맹비난했다.11)

총력전 체제에 돌입한 일본은 대대적인 '국민정신 총동원 운동'을 통해 '국체명징운동(國體明徵運動)'을 전개하고 철저한 사상 단속을 강화했다. 천황이 주권자라는 사상에 맞지 않는 외국 사상은 억압되어야 한다고 언명했던 것이다. 국가가 공식적으로 '국체명징'에 착수하고 국가의 모든 조직이 당연한 임무로서 '일본주의=천황주의'에 대한 '이단'의 박멸을 실행하는 시대가 본격적으로 열렸다.

체제에 대한 저항을 침묵시키려는 이러한 사상 탄압 속에서 조선 사상계도 '전향'으로 요동쳤다. 김교신은 전차 안에서까지 안내문을 돌리며 전쟁 협력에 민중을 동원하는 데 광분하는 총독부의 정책과 거기에 연사로 협력하는 윤치호 등의 사회 저명 인사들을 비판했다.12) 조선 개신교계의 대부인 윤치호는 조선인에 대해 육군 지원병 제도를 실시를 검토된다는 보도에 대해 "그것은 조선인의 역사의 새로운 페이지이다. 씩씩한 일본 군대의 보호와 감독 아래서 조선인은 고양된다"라고 감격하며 젊은 학생들을 전장에 내몰기에 앞장섰다.13) 조선 근대문학의 아버지라고 불리는 이광수도 "조선인으로서

---

11) 김교신, 「하나님」, 『성서조선』, 1939, 3월호.
12) 김교신, 전집 6권, 82.
13) 윤치호, 『英文日記』, 1938년 1월 22일, 1939년 5월 9일.

민족적 감정과 전통의 발전적 해소를 단행해야만 할 것이다. 그 발전적 해체가 내선일체라고 믿는다"고 단언할 정도로 대일협력자가 되어 갔던 것이다.14) 김교신은 이러한 친일 전향자를 질책하며, "사상은 유동하고 주의는 변전하여 석일(夕日)에 사자같던 자들도 이제 너나없이 다투어 전향하여 사상보국의 제일선에 나서서 방가(邦家＝일본)을 위하여 분투하게 되었다 하니 이는 실로 경하할 일이다. 이렇게 우편에 천인, 좌편에 만인이 거꾸러지는 동안 본지는 창간호로부터 130호에 이르기까지 시종일관하여 주 그리스도와 그 십자가의 복음을 증거하고 있으니 이는 사상 유희는 아닌 것이 분명하다"라고 야유해 마지 않았다.15)

조선인 전향자가 속출하는 가운데, 언론 또한 국민의 전 생활을 전쟁에 동원하려는 권력의 언론통제 정책에 순응하여 전쟁열을 부추기며 거짓된 보도를 일삼자, 그에 대한 김교신의 비판도 거세졌다. 그는 『성서조선』의 공개 일기에 "근래의 신문기사는 한번 조판해 놓고 매일 날짜만 박아 발간하는 듯. 어제나 오늘이나 천편일률. 3면 기사고 사설이고 기억력이 약한 우리로도 모조리 암송할 수도 있으리 만큼 일색이다. 예전 같으면 같은 동경신문이라도 『요로즈죠호(萬朝報)』, 『요미우리(読売)』, 『지지(時事)』, 『아사히(朝日)』신문 등 각기 각자의 오리지날리티가 있었고 각자의 체취가 있었다. 그러나 지금은 아무 데서도 이를 볼 수 없다"고 하는 단락이 있는가 하면, "요새 라디오에 들을 것이 있다면 일기예보쯤인데 그거나마 태반은 거짓말 방송"이라며 비판하는 내용이 부쩍 많아졌다. 그는 전쟁 고취에 분주하고 있는 언론 기관을 '조작 선전의 기관'이라고 하며, 시대를 인류의 정신적인 모든 유산이 압살되는 '암흑의 시대'라고 비판했다.16)

---

14) 양현혜, 『윤치호와 김교신』(파주: 한울, 2009), 104.
15) 김교신, 「우인의 기탄없는 망령」, 『성서조선』, 1938, 5월호.

'황민화 정책'이 강요되자, 조선인이 조선 땅에서 조선인으로서 사는 것이 죄가 되었다. 이러한 시대를 두고 그는 "슬플 때에 마음 대로 슬퍼할 수나 있으면 오히려 위로되는 수도 있건만. 슬퍼도 슬 픔을 나타낼 수 없고 따라서 위로의 말 한마디 전해줄 사람 없으니 슬픔은 갑절 뼈에 사무친다. 모든 것이 허위요, 공갈의 세상"이라 했다.[17] 동네 청년회당에 관리가 와서 전쟁에 대한 강연을 하다가 청강자 중 하나가 한번 하품을 하는 것을 보고 뺨을 때리며 강연을 계속했다는 이야기를 보도하면서 "요새 같은 뜨거운 날씨에 온종일 땀 흘려 품팔고도 먹을 것 조차 넉넉히 얻어 못 먹고 그래도 관명 (官命)이 소중한 줄 알아서 청강하는 자의 수효를 채우고 앉아있는 '맹물 백성'의 정상을 통찰해 줄 자 누구일까?"라고 한탄하며 침략 전쟁을 위해 조선인의 모든 것을 동원해 가는 총독 정치의 냉혹함 을 탄식했다.[18]

1939년 말이 되자 교육현장의 상황은 더욱 악화되었다. 신사 참 배는 물론 '황국신민의 서사' 제창이 강요되었고, 일본어 상용 운동 이 대대적으로 전개되어 조선어가 추방되기에 이르렀다. 마침내 1939년 11월에는 황민화 정책의 일환으로 창씨개명이 강행되었다. 개명을 거부하는 사람에게는 '비국민'이라는 낙인이 찍혀졌다.

김교신은 이러한 시대를 '모든 기독교인들의 정의로운 순교가 요 구되는 시대'라고 보고, 창씨개명의 명령을 끝까지 거부했다. 최후까 지 김교신이라는 이름으로 살기를 결심하고 교단에서도 일본어를 사용하지 않았다. 조선어로 수업을 계속했던 것이다. 결과적으로 총 독부로부터의 감시의 눈총은 더욱 따갑게 되었다. 창씨개명을 거부 하고 황민화정책에 따르지 않으며 교직에 있는 이상 총독부와의 총

---

16) 김교신, 전집 6권, 89.
17) 김교신, 전집 6권, 89.
18) 김교신, 전집 6권, 90.

돌은 시간 문제였다. 결국 그는 1940년, 10년에 걸쳐 조선의 지리를 가르쳐 왔던 양정고등보통학교를 사임했다. '불의한 국가'라는 괴물에게 선전포고하고 "순교의 피를 뿌려야만 진리의 종교를 판별"할 수 있기 때문이었다.[19]

이렇게 시대의 어둠은 깊어만 갔다. 그러나 한편으로 김교신은 세상이 줄 수 없는 평화 속에서 고요히 안식할 수 있었다. 절대자에 대한 흔들리지 않은 믿음 안에 머물렀던 것이다. 그에게 절대자는 "모욕을 받아도 분개하지 않고 속아도 노하지 않고 더욱 엄연히 존재하는 어버이의 어버이"로 "이전에도 계셨고 지금도 계시고 후에도 계시는" 존재였다. 그는 "무능한 듯하면서도 모든 것을 잘 가르치고 길러 성취"시키는 존재로, 참으로 없는 듯이 계시며 만물을 기르고 보존하는 존재였다. 그리고 종말의 날에는 우주 완성의 약속을 어김없이 성취하실 존재였다.[20] 절대자에 대한 항구한 믿음 안에서 우주 완성의 약속에 기대어 오늘을 살고자 했다. 역사의 모든 모순이 종식되어 우주적 화해의 공동체가 완성되는 그 종말의 시점에서 오늘을 보고 살아가는 종말론적 희망 속에서 살고자 했다. 그는 세상이 주는 평화와는 다른 평화에 그의 삶을 정초했던 것이다. 일본의 시퍼런 서슬 앞에서 분노와 두려움이 몰려 왔을 때, 민족의 앞날에 절망감이 들었을 때, 생활인으로서 곤궁에 처했을 때, 모든 것들을 끊임없이 절대자 앞에서 비워내며, 이 종말론적 희망으로 자신을 채우고자 했다.

그가 정신의 가장 맑고 고요한 시간인 새벽에 기도에 힘쓴 것도 이 때문이었다. 그에게 기도는 성령의 소금으로 자아를 절여 죽이는 일이었다.

---

19) 김교신, 전집 1권, 302.
20) 김교신, 전집 2권, 271.

"소금으로써 김장을 절이듯이 몽매중에 갱생한 자아를 새벽 첫 시
간에 또 한 번 매장하는 일이다. 예수 믿는 일의 최대사는 이 자아를
죽이는 일인 고로 실로 북한산을 옮기기보다 더 어려운 일이다."21)

매일 아침마다 어김없이 다시 살아나는 자아를 죽이는 일은 실로
북한산을 옮기는 일보다 어려웠다. 그래서 그는 끊임없이 자신을 비
워내고자 했다. "새벽 잔월을 밟으며 산골짜기에 올라가 기도"하여,
"나 자신의 지식 분별과 의욕 충동 이외의 힘에 자아가 완전히 정복
됨을 발견하고 감격"하며 하나님으로 자신을 채우고자 했다.22) 이렇
게 절대자로 자신을 채우면서 자신의 분노와 두려움과 연약함과 욕
심을 그는 비워내고 매 순간 새롭게 불굴의 희망의 새 사람으로 변
화되고자 했다. 1932년 10월 8일이 일기 한 토막을 보자.

"숙직실에서 오전 1시경에 잠이 깬 후로 4시경까지 성서조선 발행
과 동지들의 생활문제에 관한 공상 또 공상으로 다시 잠을 이루지 못
함. 기상하여 박물실에 가서 냉수마찰을 한 후 시편 제102편, 제137
편을 읽으려니 감격이 북받쳐서 자주 소리를 삼켜야만 하였고, 다시
일본어 찬송가 제321, 제233, 제35장을 부르려니 눈물이 샘처럼 흘렀
다. 병적이나 아닌가 하고 의심할 만치 감동이 격하였다."23)

자신을 비워내고 종말론적 희망을 대신 채움으로써 그는 상황에
관계없이 믿음 안에서 요동하지 않는 안식과 용기를 얻을 수 있었
다. 그에게는 이 안식이야말로 기독교인의 가장 큰 능력이요 이상이
었다.

21) 김교신, 전집 2권 184.
22) 김교신, 전집 6권, 360.
23) 김교신, 일기, 1932, 10, 8일, 김교신, 『성서조선』, 1932, 11월호.

"그러나 놀라운 사실인 것은 기독교의 이상은 활동과 사업에 있지 않고 안식에 있다는 사실이다. 하나님이 태초에 우주 만물을 6일간에 창조하시고 7일에는 안식하셨다 하였고, 고래의 많은 성도들이 이 생을 마치는 날, 생의 안식을 약속받고 고향으로 돌아가는 심정으로써 등정(登程)한 것도 예수장이의 이상이 안식에 있는 까닭이다.

실로 인간이 하나님에게서 배운 중에 가장 큰 교훈은 이 안식의 희망이요, 받은 것 중에 가장 큰 축복은 이 안식의 약속이다. …

모름지기 부동하는 위대한 안식에 이상을 두고 안식을 맛보는 생활자가 되어서 완완하게 유유하게 한 걸음 한 걸음을 진보하는 자라야만 이 부동의 망쇄의 세상에서 구원함을 받을진저. 안식을 이상으로 품는 기독교에 참 구원이 있는 까닭을 알진저"라고 했다.[24]

김교신은 자신이 얼마나 능력이 있는가, 얼마나 용기있는 사람인가, 얼마나 진실된 사람인가에 대해서는 관심이 없었다. 그는 자신을 강화하고 확대하는 것에는 관심이 없었던 것이다. 다만 자신을 비워내고 비워냄으로써 자신이라는 '질그릇' 속에 '보화'를 채우는 것에 전념했다.[25] 그럼으로써 그는 자신이 사는 유한한 시간 속에서 역사의 완성을 이루어야 한다는 초조감에서 자유로워질 수 있었다. 『성서조선』의 속간이 어려운 지경에서 깊이 고민할 때도 그는 궁극적으로 '성서가 존속'하고 '길가의 돌들로 외치게 하는 여호와 하나님'이 있는 한, 자신의 잡지의 속간 여부는 그리 큰 문제가 아니라고 안식할 수 있었다. "인간의 입이 막혀 버렸을 때 돌도 나무도 내도 별도 달도 발랄한 소리로 외치기 시작할 것"이고 "언어가 없고 들리는 소리도 없으나 그 소리가 온 땅에 퍼지고 그 말씀이 땅 끝까지 이를 것"이라는 믿음이 있었던 것이다. 권력의 지배가 철옹성 같아서 "아무런 자유가 없을지라도 인간의 간섭을 받지 않고 하나님

---

24) 김교신, 전집 1권, 221.
25) 김교신, 전집 1권, 223.

앞에서 방성하소(放聲呼訴)하는 삼림이 남아 있는 날까지 내가 살리
라"고 확신할 수 있었다.[26]

　이러한 근원적인 안식 속에서 김교신은 자신의 시간을 아직 오지
않은 약속의 시간, 와야 할 그 시간을 기쁨으로 대망하는 기다림의
시간으로 위치 정했다. 김교신이 자신의 시간을 기다림의 시간으로
위치정했다는 것은 그의 사상과 삶을 이해하는 데 있어서 극히 중
요하다. 식민지라는 시간은 분노의 시간, 좌절의 시간, 두려움의 시
간, 저항의 시간, 인내의 시간, 기다림의 시간이다. 따라서 이 시간
은 자신을 확대하고 실현하고자 하는 욕망으로 사는 사람들에게는
치명적인 좌절의 시간이 되지 않을 수 없었다. 자신의 삶의 시간 속
에서 독립을 위한 헌신과 노력이 보상되어 열매를 맛보아야 한다고
하는 욕망을 비워내지 못한 사람들은, 일본이 승승장구하여 독일·
이탈리아와 함께 주축국이 되어 중국뿐만 아니라 아시아의 남방까
지를 차지하고 마침내 미국에까지 선제공격을 하며 승전하는 것을
보고 좌절했다. 독립의 꿈을 포기했다. 일본에 빌붙어서 남은 떡고
물이라도 주워 먹으면서 자신을 확대하고 실현하고자 했다. 모두의
희망을 저버리고 자신의 욕망을 따른 것이었다.

　그러나 자신의 시간을 기다림의 시간으로 위치 정한 사람에게는
열매를 맛보는 것보다 지치지 않고 씨뿌리는 것이 중요했다. 결코
열매를 얻을 수 없을 것같이 보이는 상황에서도, 계속해서 씨를 뿌
리는 것만이 중요했다. 왜냐하면 언제 어떻게 싹트는지 아무도 알지
못하지만, 씨앗이 싹이 나고 잎이 자라 열매를 맺는 것처럼 절대자
의 '때'가 차면 뿌려진 씨앗은 반드시 싹트고 열매를 맺을 것이기 때
문이었다.

　이러한 대망의 기다림 속에서 김교신은 오직 '지금 여기'를 살고

---

26) 김교신, 전집 6권, 382.

자 했다. 다만 '주님을 위해 받은 상처없이 주 예수의 영접을 받을
까'를 염려하며, "자기 몸에 주를 위해 받은 상처를 지니는 것"에만
집중하고자 했다.[27] 긴 호흡으로 역사 안에서 자신의 고단한 과제들
을 기쁨으로 받아들이고 와야 할 시간을 위해 봉사하고자 했다. 커
다란 희망에 근거해 한 걸음 한 걸음 정의와 평화와 자유의 삶을 창
조하기 위해 움직이고자 했다. 커다란 빛을 대망했기 때문에 가장
어두운 시대의 한 복판에서 머리를 들고 전진하고자 했던 것이다.
자기 회복을 하지 못한 마지막 한 사람이 있을 때까지 그의 고뇌와
책무에 연대한다는 김교신의 치열한 예언자적 실천의 궁극적인 원
동력은 이러한 종말론적 희망에 있었던 것이다.

　김교신의 이러한 '일상성 속의 신앙'과 종말론적 희망에 근거한
예언자적 역사의식은 탈세속과 세속으로의 회귀를 가능하게 하는
그의 정치적 실천 철학이기도 했다. 하여 이 세상을 초월한 종말론
적 희망으로 세상을 섬긴 그의 사랑은 지치지 않았다. 그리고 그의
희망은 결코 다함이 없었다. 자유와 사랑과 희망의 사람인 그는 무
엇보다도 종말론적 희망의 사람이었다.

　『성서조선』 1940년 12월호의 '낙담하지 않는다'에 드러난 그의 종
말론적 희망의 영성은 지금도 우리를 격려한다.

　　"우리는 토기 같은 그릇이요, 파편 같은 존재입니다.
　　학에 깊지 못하고 덕에 높지 못한 것은 물론입니다.
　　그러나 우리가 전달하려는 것은 자아가 아니요, 오직 그리스도 예
　수가 구주인 것과 우리가 예수의 연고로 모든 사람에게 종노릇하여
　섬기려고 하는 일뿐입니다.
　　전달하는 일이 막힐 때에는 예수 그리스도의 얼굴에 나타난 하나
　님의 영광을 아는 지식에만 일취월장하기를 기원하여 마지못하나니,

---

27) 김교신, 「우리의 우려」, 『성서조선』, 1940, 7월호.

이는 우리의 본직(기본으로 삼고 있는 일)이 잡지 발간도 아니요, 집회 개최도 아닌 까닭입니다.

우리는 오직 믿음에 거하여 살고 있으면 족합니다. 그것이 전도도 되고 사업도 될 것입니다. 사방에서 환난이 임하되 궁하지 않고, 진퇴유곡인 듯하되 희망을 버리지 않으며, 핍박받되 주님의 저버림이 되지 않고 공격받아도 아주 멸망되지 않고 견디어 나가는 것은 질그릇에서 예수의 생명이 나타나기 위함인 줄로 확신합니다.

우리의 소유물은 소진되고 우리의 외양은 날로 후패하되, 우리가 예수를 아는 지식은 날로 부요해지고 속사람이 날로 새로워질진대 지금받는 환난은 장차 나타날 영원한 영광에 비하여 도리어 가볍습니다.

고로 우리에게 낙망이 없습니다".

3. '조선산 기독교'의 모색

김교신의 사상에서 또 하나 주목할 것은 그의 '조산산 기독교'의 모색으로, 이는 그의 예언자적 역사의식과 불가분의 관계에 있었다. 김교신에게 당대의 조선 기독교계의 현실은 이해 불가해한 것이었다. 서구적 기독교에 종속되어 기독교가 오히려 조선인됨을 혐오와 열등으로 간주하며 스스로를 비주체화하는 것이 조선 기독교계의 대세로 비추어졌던 것이다. 이러한 현실에 대해 그는 개인의 신앙에서와 마찬가지로 각국의 기독교도 외국 선교사에게 의지하거나 종속됨 없이 신에게 직접 나가 신을 직접 만나고 그러한 눈으로 스스로를 보고 스스로를 형성해 가는 '주체적 기독교'가 되어야 한다고 보았다. 뿐만 아니라 그는 조선인은 상대적으로도 결코 정신적으로나 문화적으로 열등하지 않는 고유한 독자성을 가졌다고 자부했다. 따라서 그는 조선을 구원할 기독교는 미국 선교사나 선교 본부에 의지하지 않고 조선인의 심성 안에서 직접 체득된 것이지 않으면 안 된다고 보았다. 또한 그러한 존재로 변화된 조선인에 의해 선교

되어 그 정신세계를 심화시키고 그 역사를 변혁하는 '조선산 기독교'가 되지 않으면 안 된다고 생각했다. 이 점은 그가 자신의 신앙잡지를 『성서조선』이라고 명명한 점에서도 분명히 드러난다. 그는 조선인으로서 성서를 통해 신을 직접 만나고 그 신앙 안에서 변화된 조선인들이 성서를 모든 조선인에게 줌으로써 조선을 성서적 진리 안에 세우고자 했던 것이다.

이러한 입장에서 그는 서구 우월주의에 빠져 있는 미국 선교사들의 조선 인식을 비판했으며, 그들의 시각을 무비판적으로 수용하는 당시의 조선 기독교의 경향도 비판했다. 또한 "그리스도보다 선교사를 예배"하며 미국식의 종교적 사업주의나 매너를 기독교와 혼동함으로써, '전적 기독교'로서의 기독교의 능력의 진수를 발휘하고 있지 못하다고 보았다. 그는 "痛히 말하면 오늘날 교회의 신앙은 죽었습니다. 그 정통이라는 것은 생명 없는 형식의 껍데기요, 그 진보라는 것은 세속주의입니다. 이제 교회는 그리스도의 지체도 아니오, 세상의 소금도 아니요, 외로운 영혼의 피난처조차 못 합니다"라고 하며28), 기독교가 "복음이니 신앙이니 하면서 불교도의 규율도 좇지 못 하고 유가의 역행을 본받지 못하고 한갓 방종 안일의 생애를 일삼음으로써 복음의 진수를 파악한 듯이 자변(自辯)·자위하는 무리"기 되어서는 전통 종교인 불교나 유교의 종교적 변혁력에 미치지 못한다고 보았다.29)

나아가 어설피 기독교를 믿고 미국풍이 들어 조선인으로서의 자기를 잃어버린 주체 상실의 기독교인보다는 기독교인이 아니더라도 "조선혼을 가진 사람"이 보다 건강하고 오히려 기독교적일 수 있다고까지 생각했다.30) 사실 미국 의존적 교회 운영과 더불어, 조선의

28) 김교신, 전집 1권, 283.
29) 김교신, 전집 2권, 184-185.
30) 김교신, 전집 2권, 20-21.

모든 것들을 해체되어야 마땅한 '야만적인' 것으로 보는 선교사들의
조선 인식까지도 무비판적으로 수용할 경우, 기독교인들은 일본의
동화 정책에 순응한 조선인들 못지않게 심각한 자기 정체성의 위기
에 빠질 수 있었다. 이 경우, 기독교는 자신을 주체로 세우는 종교
이기보다는 조선인인 자신을 폄하하고 그로부터 탈출하려는 매개로
사용되기가 쉬웠기 때문이다. 조선 기독교계의 이러한 자기 상실의
위기에 직면하여 김교신은 민족적 정체성을 담지할 기독교를 모색
할 필요가 있었다.

그는 조선 재래의 정신적 깊이에서 기독교를 만나는 조선혼이 담
긴 '조선산 기독교'를 고민해야 했던 것이다. 여기에서 그는 조선의
정신적 전통이 담겨 있는 것으로서 유교에 주목했다. 그는 '조문도
석사가(朝聞道而夕死可: 아침에 도를 들으면 저녁에 죽어도 좋다)'라는 유
교의 일구(一句)에 집약되어 있는 정신적 이상주의에서 복음전사적
의의를 발견해 냈다.31) 조선 역사상 의(義)에 대한 절의(節義), 정신
적인 정절(貞節)을 고수했던 사람들, 또 윤리 규범을 실천하기 위해
박해를 받고 순교한 사람들을 칭송했다. 조선 왕조의 역성혁명에 반
대하여 살해된 고려의 충신 정몽주의 '불사이군(不事二君)'의 절조와
단종의 폐위에 반대해 참살되었던 조선의 사육신(死六臣)의 절조를
칭송했고, 정절을 지키기 위해 박해를 받았던 춘향과 효도를 다하기
위해 죽음을 선택한 심청, 또한 식민지 시대에 들어서는 '최후의 일
인'까지 평화적으로 저항하며 조선의 독립을 이룰 것을 호소했던 3·1
독립선언서의 정신을 칭송했다.

또한 조선의 대표적인 석유(碩儒)였던 율곡과 퇴계가 보여준 지성
(至誠)을 다윗, 리빙스턴, 링컨 등의 기독교인의 신앙 형태와 유사하
다고 간주했다. 그는 조선 재래의 이러한 정신적 전통을 부정할 것

---

31) 김교신, 전집 2권, 198-203.

이 아니라, 오히려 그 정신적인 이상주의를 매개로 할 때 조선인은
보다 훌륭한 기독교인이 될 수 있다고 생각했다. 왜냐하면, "유불교
(儒佛敎) 재래의 교훈에서 그 형해(形骸)에 죽지 않고 그 정신에 산
자, 조선인 중에 조선인된 자가 기독교에 접할 때 '이 사람이 참으
로 이스라엘 사람이니 그 안에 간사한 것이 없도다(요한 1: 47)'하여
그리스도의 영접"을 받게 될 것이기 때문이라는 것이었다.[32] 따라서
그는 유교의 정신적 이상주의에 기독교를 접목시키고자 했다. 즉 정
신적 이상주의에도 불구하고 주어진 사회적 질서에 인간을 적응시
키려는 예절로서의 외면성을 탈피하기 어려운 유교의 윤리를, 타자
의 고통에 자발적으로 연대하는 사랑을 통해 완성하고자 했다. '전
적 기독교'에 의해 조선 유교가 "형식으로서는 파괴되고 내용으로서
는 완전한 의미에서 성취"되게 하고자 했던 것이다. [33] 즉 유교의
형(形) 안에 머무르고 있는 정신적이며 윤리적인 이상주의를 '전적
기독교'의 사랑의 봉사를 통해 그 '형태'를 지양함으로써, 그 정신을
계승·완성하려 했던 것이다.

그렇다면 이러한 김교신에게 있어서 유교와 기독교의 연속성과
단절점은 무엇인가. 김교신은 유교의 수행의 자세를 기독교인이 되
고 난 후에도 자각적으로 계승하고자 했다. 그러나 그 수행의 원리
는 이미 유교를 벗어난 것이었다. 그는 자기 완성이라는 정신적 이
상주의가 아니라 그리스도의 사랑으로 자기를 채움으로써 자기를
비우고 이웃을 사랑하는 것이 그의 수행의 정신적 핵이 되었기 때
문이다.

이렇게 유교로 대변되는 전통 사상을 김교신이 계승하는 방식은
엄밀하게 말하면, 조선시대의 유교의 연장이 아니라 근본적으로 그
부정으로도 볼 수 있다.[34] 사실 정신적 이상주의에 근거한 수행이라

---

32) 김교신, 「산상수훈연구(完)」, 『성서조선』, 1932년 2월, 14.
33) 김교신, 전집 4권, 85.

는 것은 비단 유교에만 있는 특유한 것이 아니다. 그것은 참과 진리
를 동경하는 인류의 모든 문화 공동체에 존재하는 보편적인 것이다.
김교신은 서구에 대항할 자신의 정체성을 재구축하기 위해 정신적
이상주의에 근거한 수행이라고 하는 인류의 보편적인 가치를 유교
에서 발견해 내고 그 외의 유교적 요소는 가차 없이 버렸다. 이를
통해 김교신은 인간으로서의 보편적 가치가 선교사의 서구나 지배
국 일본에만 있는 것이 아니라 식민지인 조선에도 역시 있었음을
발견하고자 했던 것이다. 그는 이를 통해 서양인이나 일본인과 마찬
가지로 조선인 역시 개나 돼지가 아니라 그들과 동등하게 영원과
무한과 절대를 동경하는 인간이었음을 말하고자 했던 것이다. 그리
고 그러한 조선인으로서의 자기 연속성과 존엄성을 가진 기독교인
이고자 했던 것이다.

물론 유교의 윤리가 과연 김교신이 생각한 것처럼 '외면적 예절'
이라는 한계를 가진 것인가에 대해서는 많은 논의가 필요할 것이다.
그러나 그가 유교의 정신적 유산을 재발견하고 기독교를 전통으로
부터의 탈출과 배제를 위한 매개로서가 아니라 전통을 창조적으로
계승하는 매개로 파악하여 기독교를 서구적 종속성으로부터 해방시
키려고 한 점은 특기할 만한 것이다. 즉 그는 서구 중심주의로부터
탈피하여 조선 기독교로서의 종교 문화적인 수평적 평등성을 확보
하고자 했던 것이다.

한편 그는 기독교가 '조선산 기독교'가 되기 위해서는 이러한 종
교 문화적인 수평적 평등성만으로는 아직 불충분하다고 생각했다.
'조선산 기독교'는 복음과 예언의 공속성에 근거하여 현실 역사의

---

34) 이 점은 우치무라가 자신의 기독교를 무사도와 자각적으로 연결시켜 계승하려 했지
    만, 그것이 에도시대 무사도의 연장이 아니라 근본적으로 그것의 부정이었다는 점과
    같은 구조라 하겠다. 가라타니 고진, 조영일(역), 『문자와 국가』(서울: 도서출판 b,
    2011), 28.

한복판에서 사랑의 봉사를 최후까지 실천하여 역사를 변혁시키지 않으면 안 된다고 보았던 것이다. 자기 변혁력과 역사 변혁력이 없는 것은 기독교일 수 없고 따라서 '조선산 기독교'도 될 수 없다는 것이었다. 여기에서 김교신은 '조선산 기독교'를 지향하는 모든 사람들에게 '진리를 거스르는 적들을 향해 선전 포고'하자고 하며 "그리스도를 위해 박해를 감당하는 자, 그대의 무덤을 우리가 예비하고자 하거니와 우리 시체가 보이거든 그대가 취하십시오"라고 독려했다.35) '조선산 기독교'는 사랑의 봉사를 통해 세상의 모든 비진리와 싸우며 세상을 섬기는 지극히 '전투적 기독교'이기도 했던 것이다. 이러한 의미에서 그의 '조선산 기독교'는 문화적 주체성과 함께 '하늘나라'를 대망하며 역사를 변혁해 가는 역사 창조력을 동시에 가지고, 조선 역사에 대해 책임적으로 응답해 가려고 하는 '정신'이었다고 할 수 있다. 따라서 그의 '조선산 기독교'는 기독교의 조선적 토착화를 위한 형식을 제시한 것이기보다는 그것이 지향해야 하는 정신적 좌표를 제시한 것이라고 할 수 있다.

그렇다면 그는 자신의 이러한 기독교 사상을 전달하고 확산시키기 위해 어떠한 교육활동을 했을까.

III. 김교신의 교육활동

김교신의 주요한 교육활동은 1927년 7월부터 1942년 3월 폐간될 때까지 총 158호까지가 발간된 월간지 『성서조선』과 무교회 집회를 통한 신앙교육활동과 성인으로서의 삶의 대부분을 교사로서 보낸 교육현장에서의 활동을 들 수 있다. 여기서는 그의 신앙교육과 교육

---

35) 김교신, 전집 1권, 302.

현장에서의 교육활동을 살펴보고자 한다.

1. 신앙교육

『성서조선』의 사상은 전술한 그의 기독교 사상에서 자세히 분석
하였으므로 여기에서는 그가 매주 일요일에 개최한 성서연구회를
중심으로 살펴보자.

앞에서 말한대로 김교신은 성서를 기독교 생활의 중심으로 받아
들이고 성서를 통해 신의 뜻을 이해하고 그것을 살아내고자 했다.
따라서 그의 성서연구회는 기독교 신앙과 생활을 결합시키는 정신
적 중심과 힘을 구하는 시간이 되어야 했다. 이를 두고 김교신은 다
음과 같이 말한다.

> "우리의 이 모임은 성서(Bible)를 연구하는 모임이다. '예배집회'도
> 아니요, '전도집회'도 아니요, 물론 '부흥회'도 아니다. 인체의 열이 40
> 도를 넘으면 위험한 것처럼 신앙의 열도 그 도를 지나치면 대개는 위
> 험한 일이 많다. 그러므로 우리는 인공적으로 부흥의 열을 가하지 않
> 을 뿐만 아니라, 될 수 있는 대로 냉수를 치면서 냉정한 중에서 성서
> 를 배우려는 것이다. 때로는 배운 바 어학적 지식의(부족한 대로) 전
> 량을 털어 붙이고, 전치사 하나를 논구하기도 하며, 때로는 아는 바
> 과학적 지식을(무식한 대로) 총동원하여 성서를 비판하기도 하면서 풍
> 금도 없고, 찬양대도 없는 데서, 약 두 시간의 강의를 연속한다. 무미
> 건조하기가 모래밥보다 더하다."36)

그의 성서연구회는 찬양이나 성가대 그리고 설교로 짜여진 일반
적 예배나 열광적 대중집회 혹은 전도 부흥회와는 달랐다. 그것은
냉철한 이성과 상식을 가지고 성서를 연구하고 일상생활의 지침을

---

36) 김교신, 전집 2권, 71-72.

구하고자 한 것이다. 따라서 그의 성서연구방법은 진보적이고 레디
칼한 성서비평의 결과도 활용하였다. 이를 위해서 영어와 독어 헬라
어까지 원어를 찾아가며 성서 본문의 뜻을 찾고 그것을 자신의 삶
속에서 살아내려고 하는 객관적이며 주체적인 성서연구였다고 하
겠다.

이러한 성서연구회의 목적을 김교신은 다음과 같이 말한다.

"큰 식자가 되거나, 혹은 깊고 오묘한 오도의 경지에 도달하여 홀
로 그 도심을 농락하려 함인가? 결코 아니다. 물론 성서를 역사나
문학으로 배워도 무익한 일은 아니나 그것은 차라리 달리 유리한
방편이 있을 것이다. 우리가 성서를 공부하는 것은 사람이 사람다운
생활하기 위하여, 또 그 생활하는 능력을 얻기 위하여서다. 이 목적
이외의 것으로써 성서를 공부한다면, 두 시간 연속 강의는 고사하고
1년, 2년, 혹은 10년, 수십 년을 계속 연구한대도 결국 다대한 소득
이 없을 것이요"라고 하고 오직 "날마다 살기 위하여, 살 힘을 얻기
위하여"라고 성서를 연구한다고 했다.[37]

이렇게 성서를 통해 신 앞에서 일상의 지침을 얻고 그것을 실천
할 힘을 얻어 성서의 진리에 자신의 삶 전체를 투신하고자 하는 그
의 성서연구회의 분위기는 엄숙하고 진지했다. 김교신은 무단결석,
지각을 금지했으며 성서를 지참하지 않는 자는 그 출입을 금했다.
즉, 그의 집회는 "대문이 아니요 소문으로서 아주 작은 문"이였던
것이다.[38]

부흥회적이고 열광적인 대중집회를 지양하며 숫자에 연연하지 않
는 진정성을 추구하는 그의 성서연구회에서 그가 특히 주의를 기울
인 것은 기독교 신앙에서 정의의 차원을 분명히 하는 것이었다.

김교신은 기독교는 전체로서는 사랑의 종교이지만 그리스도의 십

---

37) 김교신, 전집 2권, 72.
38) 김정환, 『김교신』(서울: 한국신학연구소, 1980), 237.

자가를 제외한 사랑, 즉 "의(義)의 골격이 없는 사랑"을 거부한다고 말하고 십자가는 신의 해소할 수 없는 의의 표현이라고 인식했다.39) 그는 간과하기 쉬운 신의 의의 측면에 주목하여 "기독교는 신의 의를 본위로 한 종교"라고 규정하면서 "기독교의 아가페라는 단어는 '愛'·'love'·'慈悲' 등과는 다르니 인의(仁義) 또는 의애(義愛)라고나 역(譯)할 것이다"라고 주장했다.40) 즉 김교신의 기독교의 신은 인간의 죄에 대해 의의 분노를 발하면서도 그 분노를 완화시키기 위한 대가로서 자기의 아들인 그리스도를 인간의 죄를 대신하여 십자가에 못 박히게 했으며, 따라서 십자가의 의미는 인간의 죄에 대한 신의 의의 분노를 포함한 자기 희생의 사랑이라고 생각했던 것이다.

이와 같이 그리스도의 십자가의 의미를 신의 분노와 신의 사랑이란 이원성에 의해 매개된 일원적인 사랑이라고 이해한 김교신은, 만약 신의 분노의 의미가 없어지면 신의 사랑만의 일원주의가 되어버리고 이것은 실질적으로는 기독교 신앙의 폐기를 의미한다고 생각했다. 기독교의 신을 사랑만의 신으로 이해하는 것에 대해서 김교신이 얼마나 격렬하게 부정했는가는 애제자였던 조성무(趙誠珷)와 인연을 끊은 이유를 보아도 알 수 있다.

조성무는 양정고보 시절 김교신의 제자이며 성서연구회의 제자이기도 했다. 김교신은 조성무를 일본의 무교회 집회에 소개하여 「성서강의」의 아제가미(畔上賢造)의 문하생으로 성서를 공부시키고, 때로는 아사노(淺野猶三郎)의 요한복음 강좌에도 출석시켰다. 김교신은 조성무에 대해 기대가 매우 컸고, 그가 발간하는 신앙지 『성서조선』에도 조성무에게 요한복음서 시역(試譯)을 싣도록 했다.41) 그러나 김교신은 조성무가 "다만 신약적인 사랑의 기독교를 알 뿐이요 구약

---

39) 김교신, 전집 1권, 161-162.
40) 김교신, 전집 3권, 156.
41) 김교신, 전집 2권, 340.

적 의(義)의 종교"를 모른다는 것을 알게 되었다. 그래서 김교신은 조성무가 『성서조선』에 연재하던 요한복음서의 시역을 중단시키고 집회 출석도 금지했다. 가혹할 정도로 보이는 이 조치에 대해서 김교신은 "진리가 유린당하고 신앙이 오해되고 하나님이 무시당하게 됨에 이를 때는 단연코 프로테스트하지 않을 수 없었다"고 말했다.[42] 김교신은 신의 사랑을 진정으로 이해하기 위해서는 신의 의가 전제되지 않으면 안 된다고 생각했고, 한 발 더 나아가 그것이 기독교의 진리이며 바른 신앙이라고 생각했던 것이다.

'죄의식'이 미발달한 동양사회에 기독교가 전래되었을 때 적이라 할지라도 사랑할 것을 가르치는 사랑의 요구의 철저함에 압도된 동양의 기독교 신자들에게, 기독교의 신은 사랑만의 신으로서 인식될 위험성이 컸다. 예를 들면, 유명한 부흥 목사로서 김교신과 거의 같은 시기에 활동했던 이용도(李龍道)의 신에 대한 이해,[43] 또 일본 조합교회의 조선 전도 책임자였던 와타세(渡瀬常吉)의 신에 대한 이해,[44] 일본 무교회주의 주도자의 한 사람이었던 쓰카모토(塚本虎二)의 신에 대한 이해[45] 등은 사랑 일원주의였다고 한다. 기독교의 신에 대해서 그 사랑만을 강조하고 의(義)의 측면을 경시 또는 부정하는 것은 기독교 윤리의 차원과 관련시켰을 때 개인이나 사회의 악을 죄로서 인식하는 기준도, 그것을 비판하는 근거도 잃어버리게 된

---

42) 양현혜, 『윤치호와 김교신』, 112-114.

43) 이용도는 "주의 사랑에 취해" 주와 하나가 되는 것을 바랐다. 주에 대한 사랑으로 모두가 "주를 포옹"하라고 가르쳤다. 이용도의 신비주의적인 사랑의 기독교 이해에는 그리스도의 십자가에서 신의 정의와 분노 그리고 십자가로부터 부활한 그리스도의 영광도 결여되어 있었다. 池明觀, 『韓國現代史と敎會史』(東京: 新敎出版社, 1975), 139-140; 민경배, 「이용도의 신비주의적 경건」, 『교회와 민족』(서울: 대한기독교출판사, 1981), 280-309.

44) 와타세(渡瀬)의 신앙의 특징은 신의 사랑을 강조하고, 신의 의를 경시 혹은 부정하는 데에 있다. 양현혜, 「일본기독교의 조선전도」, 『근대 한일 관계사 속의 기독교』(서울: 이화여자대학교출판부, 2009)를 참조.

45) 藤田若雄 編著, 『内村鑑三を繼承した人人』 下(東京: 木鐸社, 1979), 44.

다. 왜냐하면 신의 의의 측면이 몰각되면 신의 의에 대한 인간의 죄가 보이지 않게 되기 때문이다.

김교신은 이러한 신에 대한 이해와 기독교 윤리의 관계에 주목하여, 의의 신을 믿는다는 것은 "하나님의 의에 불타" 불의에 대해 과감히 비판하는 것이라고 생각했다.[46] 따라서 그는 한 국가의 역사에 대해서도 "역사는 지울 수 없다. 허무한 것을 만들어 가지고 한 민족, 한 국가가 왕성한 예도 없지 않다. 그러나 그것은 적어도 진은 아니다. 참이 아닌 역사에 취한 백성은 깨는 날에 그 멸망, 심하다. 범사가 다 그렇지만 특히 역사에 관하여서는, 성서적 입장에 서지 못하는 역사는 그 대소를 물론하고 만주 광야에 기복하는 마적단의 역사에 불과하다는 것이 더욱 느껴진다"라고 했다.[47]

신의 공의라는 '진'을 가지고 한 나라의 역사를 판단해야 한다는 그의 역사관은 힘에 의해 후발제국주의의 대열에 서서 조선을 압제하는 일본의 역사가 성공한 역사가 아니라 '만주에 기복하는 마적단의 역사'라고 규정하게 했다.

이렇게 김교신이 신의 의의 측면을 중시했던 것은 당시 조선 사회의 모순의 근원이었던 일본의 식민지 지배에 대한 비판, 그리고 민족의 해방과 자유를 추구하는 그의 예언자적 활동과 상호 밀접한 관계를 가지고 있었던 것이다.

한편 김교신은 함석헌, 송두용 등과 함께 매년 초 동계성서강습회를 개최했다. 무교회는 그 특성상 신앙잡지인 『성서조선』이 중심이 되어 독자가 신자가 되는 구조를 가지고 있었다. 통상적으로 어떠한 단체가 잡지를 발행할 때 단체가 주가 되고 잡지는 그것을 보완하는 위치에 있다. 그러나 무교회의 경우는 잡지라는 서물(書物)을 통해서 여러 가지 네트워크가 파생되는 구조이기 때문에 독자가 곧

---

46) 김교신, 전집 3권, 155.
47) 김교신, 전집 5권, 117.

회원이자 신자가 된다. 따라서 무교회는 종교 사회학적으로 볼 때 '지상(紙上)의 교회'라고 할 수 있다.[48]

이러한 구조를 가진 무교회는 자칫 회원들간의 교제가 결여될 수 있었다. 따라서 동계성서강습회는 무교회인들이 1년의 한번 한 곳에 모여서 숙식을 함께 하며 회원 간의 친교를 강화하는 중요한 시간이었다. 즉, 잡지를 통해 만들어진 인적 네트워크를 보안하고 회원들 간의 삶을 나눔으로써 친교를 강화하고자 했던 것이다. 이러한 동계강습회의 목적은

1. 친교를 두텁게 하는 일.
2. 일반 독자들이 『성조지』의 주필(김교신)을 비롯한 주요 인물들과 얼굴을 맞대고 사귐을 갖는 일(신앙의 문제, 학문의 문제, 직업의 문제, 시국에 대처할 기본적인 신자의 자세 등을 중심으로).
3. 성경공부를 집중적으로 하여 일 년간의 영혼의 양식을 풍족히 얻고 성서연구과제를 얻어가는 일이었다.[49]

이러한 목적으로 1933년 정월 초부터 3박 4일간 열린 제1회 동계성서강습회의 모습은 다음과 같았다.

1. 강사 및 과목명
　함석헌 - 사도행전연구
　양인성 - 성서 동물학
　김교신 - 성서 지리학
　유영모 - 노자사상
　김종흡 - 중세철학과 신앙

---

48) 양현혜, 『우치무라 간조, 신 뒤에 숨지 않은 기독교인』, 229.
49) 김정환, 『김교신』, 141.

유석동 – 영어

송두용 – 농사법

2. 장소와 기간

장소: 정상훈 자택(경성부외 용강면 공덕리 활인동)

기간: 3박 4일 50)

성서강습회는 1934년과 1935년에도 지속되었다. 김교신의 일기
는 1936년부터 1937년에 개최된 제5회 동계강습회에 대해서 비
교적 그 면모를 상세하게 전하고 있다.

제5회 동계강습회(1936.12.29.(화) ～ 1937.1.4.(월))

1936.12.29.(화) 오후 2시 시작(제1일)

'새 계명'이라는 제목으로 요한복음 제13장에 의하여 이번 집
회의 주지와 신년도의 기도와 성조지 금후의 방침을 아울러
피로함으로써 회가 열리고, 저녁에는 그립던 정화에 밤이 깊
어감을 깨닫지 못하다.

동계성서강습회 제2일(1936.12.30.(수))

새벽기도회

오전 – 사도 요한의 생애

오후 – 함석헌의 교육강화: 함선생이 교육문제를 깊이 생각
하게 된 동기에 대해 일동이 깊이 감격한다.

저녁 – 문제 백출, 담론 풍발

동계성서강습회 제3일(1936.12.31.(목))

새벽 – 기도회

오전 – 요한복음의 서론(2시간)

오후 – 함석헌: 성서적 세계관과 교육(2시간)

---

50) 김정환, 『김교신』, 142.

동계성서강습회 제4일(1937.1.1.(금))

　새벽 – 기도회

　조반 – 다같이

　오전 – 여러 사람의 희망으로 오전 마음은 쉼

　오후 – 함석헌: [人子의 교육]이라는 주제로 강화

동계성서강습회 제5일(1937.1.2.(토))

　오전 – 요한복음의 서문 제1장 1–18절 소개

　오후 – 함석헌의 교육강화

　저녁 – 오후에 류영모 선생이 내참하여 밤늦도록 담론이 불식

동계성서강습회 제6일(1937.1.3.(일))

　오전 – 함석헌: 출애굽기 제2장에 관한 '나라'강의

　오후 – 요한복음 공부: 류영모 선생의 독특한 요한복음관(3장

　　　　　16절)을 듣고 일동의 논의가 분분＋놀람

동계성서강습회 제7일(마지막 날)(1937.1.4.(월))

　오전 – 함석헌 강의 마감

이번 교육의 특성 – 성서에 입각, 신앙에 입각

오찬 – 공탁

※ 송두용형 댁의 수고(1주일간)에 감사

※ 금번 회기는 일기가 온화했던 점에 감사

※ 함석헌 2~3명이 오후 5시에 춘원 이광수 선생댁 방문, 춘원의
　과거 신앙생활을 듣고 많은 것을 배웠으며 특히 그의 겸허한
　태도에 감격(밤 10시까지)

※ 밤 10시 해산 – 경성역두에서 형제들 전송하고 귀가하니 자정 51)

제5회 동계강습회에서 알 수 있듯이 그들은 동계성서강습회를 통

---

51) 김영태, 『일제강점기 조선 민중의 선구자 김교신 선생』(광주: 전남대학교출판문화원,
　　2021), 146-148.

해 무교회의 월간지인 『성서조선』의 금후의 편집 방향에 대해 함께
토의하고 그간의 만나지 못했던 서로의 삶을 나누어 갔다. 또한, 조
선 사회의 제반 문제에 대해 담화하고 토론해갔던 것이다. 나아가
무교회 동지인 함석헌, 양인성, 유석동, 송두용 외에도 김종흡, 유영
목, 이광수 등 다양한 분야의 전문가들을 초빙하여 성서연구 외에도
노자사상, 중세철학과 신앙, 영어, 교육, 농사법 등 다양한 주제를
가지고 세계 이해의 폭을 넓혀 가고자 했다. 이렇게 성서와 세계에
대한 이해를 심화시키며 1년간의 삶을 함께 나눔으로써 회원 간의
인간적인 친교를 심화해 갔던 것이다.

2. 교육현장에서의 교육활동

전술한대로 김교신은 기독교 사상가로서의 신앙교육활동뿐만 아
니라 일선의 교육현장에서 교사로서도 활동했다. 일상의 모든 삶에
서 신과의 일치를 증거한다는 그에게 있어서 교사로서의 교육활동
은 기독교적 신념을 교육현장에서 실천하는 활동에 다름 아니었다.
교사로서 김교신이 가장 중시한 교육목표는 '진리의 구도에 의한 자
기 확립'이었다. 김교신은 교육이라는 것은 인간의 귀중한 영혼에
관계되는 것으로, 그 목표는 절대자 이외의 어떤 것도 두려워하지
않는 인격을 형성하는 것에 있다고 생각했다.52) 교사로서 그는 절대
자에게만 의지하는 독립·자립한 인격 형성을 교육의 일차적 목적으
로 삼았던 것이다. 이러한 인격을 육성하기 위해서는 인간의 귀중함
을 무시하는 '대량생산적인 속성'의 방법은 있을 수 없다고 보았다.
오직 스승과 제자의 인격적인 만남 가운데 진리를 함께 추구해가며
인격적인 감화를 통해 '자기'를 형성해가는 것만이 있을 뿐이었다.

---

52) 김선양, 『현대한국 교육사상사』(서울: 양서원, 1999), 137-142.

즉 종교적인 구도와 같은 '점진적인 만성'의 방법을 주장했다.[53]

이러한 교육 철학 아래 그는 학생 한 사람 한 사람을 전인적으로 마주하며, 그들이 자기 자신을 발견해가는 길에 동반하고자 했다. 이를 위해 김교신이 활용한 방법은 일기 쓰기를 통해 학생들과 '내적 대화'를 나누는 것이었다. 그는 학생들에게 일기 쓰기를 의무화했다. 그리고 청소 감독을 하면서 일주일에 한 번씩 돌아오는 청소 당번 시간에 해당 학생의 일기를 정성들여 읽고 돌려주었다. 일기를 통해 스승과 제자가 어떻게 마음을 나누었는지를 엿보게 하는 김교신의 일기 토막을 소개한다.

> (전략) 종업식 날에 통신부를 받아 지난 학기에 노력이 너무나 부족했다는 것을 알고 너무, 게을렀던 것을 새삼스러이 반성하지 않을 수 없었습니다. 그러나 제가 2학년에 올라갔을 적에 일기장에 아버지께서 저의 앞날을 위해 단연 금주하셨다고 기록하였을 적에, 옆에 선생님의 친필로 '불초한 자식이 되지 말라'는 교훈을 써 주신 것을 명심하여 표어로 삼아서 지금까지 지내왔으며, 피땀으로 가계를 보존하여 가며 어리석은 자녀로 하여금 몇 천명의 동포를 대표하여 중등교육을 받게 하여 주시는 인자하신 아버지의 수고며, 어머니의 기대를 수포에 돌아가지 않도록 노력하려 하였습니다만, 저의 마음에는 너무도 틈이 많았습니다.
>
> 그러나 선생님께서 격려하여 주신 교훈과 같이 저도 표준 위에 들 수 있다는 것을 깨달았습니다. 그러나 모두 제가 게을러 실패하여 왔다는 것을 깨달았습니다. 돌아오는 학기에는 꼭 우등을 해서 그보다도 실력을 충분히 양성하여 부모님 앞에 부끄럽지 않은 성적표를 받아서 기뻐하시는 얼굴을 보려고 합니다. 이번 성적은 참으로 부모님 뵐 낯이 없었습니다.
>
> 이러한 성적을 부모님 앞에 내놓는 것이 미안해서 그리고 죄를 지

---

53) 김교신, 「교육과 종교」, 『성서조선』, 1933, 5월호, 「최대의 우상」, 『성서조선』, 1934, 5월호.

은 것 같아 저녁에 종아리채를 만들어서 아버지 앞에 내놓고 사죄의
말씀을 여쭈었으나, 아버지께서는 조금도 노하시는 안색이 없고 웃는
얼굴로 '최선을 다한 것이면 족하다'하시며 다시 아무 말씀도 없으십
니다. 평소에 매우 엄격하신 아버지께서 이날은 매우 인자하셨습니다.
그리고 그날 저녁에 참고서를 사서 공부 잘하라고 금 5원을 주셨습니
다. 제 마음에 넘치는 것은 눈물뿐이었습니다. 아버지는 몇 번이나
'목적은 성적이 아니다. 실력이다'라고 말씀하여 주셨습니다. 아버지께
서는 참고서가 없어 남과 같이 공부를 못하는 줄로 아시고 될 수 있
으면 부자유한 공부를 시키지 않고, 있는 실력을 발휘시켜 상급학교
에 입학되도록 하라고 하십니다. 저는 세계에 둘도 없는 행복한 자라
는 것을 확실히 인식하였습니다. (하략)

　이들은 100여 명 중에서 항상 10등 이내의 석차를 지키는 학생이
요, 그 부친은 모 신문 배달로 간신히 일가의 가계를 꾸려가는 이.
고보에 입학한 그 아들에게 스스로 담배를 끊는 미풍을 길러 주기 위
하여 우선 자기 자신부터 이어오던 습관을 하루 아침에 단절하였다는
부친. 경외할 만한 부자인저! 이런 부자를 발견하고 때때로 그 가정을
방문하여 가슴에 사무쳤던 경의를 표하는 일이 교사 노릇하는 자의
특별한 즐거움이다.[54]

　김교신은 학생의 일기를 검사하고 거기에 적절한 조언을 적어주
면서 학생 한 사람 한 사람의 일상과 고민을 파악했다. 그리고 각자
에게 걸맞는 세심한 지도를 했다. 시골에서 올라온 탓에 문화 충격
속에서 열등감에 시달리며 기가 죽어있는 아이들에게는 그의 고향
지역 문화의 장점을 부각시켜주면서 자부심을 길러주었다. 가난한
아이에게는 일부러 학급 회계를 맡기어 유혹을 이겨낸 보람을 갖게
했다. 몸이 약한 아이에게는 운동과 규칙적인 생활을 통해 스스로
자기 건강을 관리하는 비결을 가르쳐 주었다.

　학생들의 생활 지도에서도 그는 구도의 정신에 의한 자기 확립을

---

54) 김교신, 전집 5권, 389.

강조했다. 출제한 시험지 답안지의 성명란 왼편에는 늘상 "거짓말을 쓰면 0점으로 한다"는 주의를 붙였다. 그리고 실제로 잘 모르는 것을 얼버무려 쓰면 성적표에 0점을 주었다. 반대로 아주 잘 쓴 답안에는 100점을 넘는 점수를 주기도 했다. 시험문제도 해당 과목과는 전혀 관계없는 교양문제나 종교·역사문제가 출제되기 일쑤여서, 벼락치기 공부로 점수를 따려 하던 학생들은 큰 낭패를 보고는 했다. 시험 때 부정행위를 하다 적발된 학생의 앞날을 한탄하며 그 자리에서 펑펑 울기도 했다.

수업 시간에는 학과 공부보다는 '하나님과 인물'을 가르쳤다. 많은 위인들을 소개하여, 학생들이 자신의 롤모델을 찾도록 도왔다. 제갈공명의 출사표를 학생들 앞에서 암송하다가 그 충성심에 감동하여 펑펑 눈물을 쏟고는 멋쩍어하며 학생들에게 꼭 외어 오라고 숙제를 내기도 하였다. 그래도 그가 담임 맡은 반의 성적은 다른 반에 비해 월등히 좋았다.

김교신의 이러한 학생 지도에서 특이한 것은 그가 한치의 양보도 없는 정의로 학생을 다스리는 한편, 그들을 위해 눈물과 기도를 아끼지 않았다는 점이다. 졸업식 날 그는 새벽에 일어나 목욕재계한 후, 담임을 맡았던 아이들의 장래를 축복하며 50명 전원을 위한 호칭 기도를 했다.[55] 학생을 체벌하고 돌려보낸 다음에도 그를 위해 기도했다.

> 흡연 중 발견된 학생이 우리 반에 있었음으로 긴 시간 말로 타이른 후에 매 30대를 때리다. 저를 보낸 후에 그리스도의 이름으로 그를 위해 기도하다. 실로 20세기 학교 교육의 한 기이한 광경일 것이다.[56]

---

55) 김교신, 전집 6권, 149.
56) 김교신, 전집 5권, 379.

학생을 체벌하고 그의 장래를 위해 기도하는 모습은 김교신의 당대에도 진기했으나, 모든 것이 입시교육에 수렴되어 버린 오늘날의 교실에서는 참으로 진귀한 모습이 되어버렸다.

이렇게 학생들과 혼연일체가 된 김교신의 모습을 잘 나타내는 것 중 하나가 손기정과 관련된 일화이다. 농구 코치, 마라톤 코치 등을 맡아 학생들과 함께 어울려 운동장을 뛰어다녔던 그는 올림픽 마라톤 우승자인 손기정의 마라톤 코치이기도 했다. 손기정은 김교신과 함께 도쿄에서 베를린 올림픽 예선전을 통과했을 때를 다음과 같이 회상했다.

> 다른 사람은 아무도 보이지 않고 오직 김교신 선생님의 눈물만 보고 뛰어 우승할 수 있었다", "나는 지금까지 선생과 같이 커다란 진실된 교육자 그리고 애국을 여러가지 면에서 스스로 실천해 온 분은 본적이 없다. 선생은 실로 큰 분이었다.[57]

이에 대해 김교신의 1936년 9월 일기는 이렇게 적혀 있다.

> 손군은 우리 학교의 생도요, 여배도 일찍이 동경 학코네(箱根) 역전경주의 선수여서 마라톤 경주의 고와 쾌를 체득한 자요, 손군이 작년 11월 3일 경성 명치신궁(明治神宮) 코스에서 2시간 16분 41초로서 세계 최고 기록을 작성할 때에는 '선생님 얼굴이 보이도록 자전거를 일정한 거리로 앞서 모시오'하는 요구에 '설마 선생 얼굴을 보는 일이 뛰는 다리에 힘이 될까' 하면서도 이때에 생도는 교사의 심장 속에 용용합일(鎔融合一)이 되어버렸다. 록코교(六鄕橋) 절반 지점에서부터 종료까지 얼굴을 제시하고 응원하는 교사의 얼굴에는 제제할 줄 모르는 뜨거운 눈물이 시야를 흐리게 하니 이는 사제 합일이 화학적 변화에서 발생하는 눈물이었다. 그 결과가 세계 기록이었다.

---

57) 김정환, 『김교신』, 21.

김교신은 손기정과 함께 예선전을 치뤘으나, 1936년 베를린 올림픽에는 손기정의 코치로서 따라가지 못했다. 손기정만을 홀로 보내놓은 후, 무거운 짐을 진 어린 제자를 위해 김교신이 바친 기도가 그의 일기에 고스란히 남아있다.

"1936년 8월 9일 (일) 흐림
오전은 일요학교. 잠언 31장 10절 이하로 동양 고유의 모범 여성을 배우다. 오늘 밤 11시부터 베를린 올림픽에서 마라톤을 뛸 양정고보 제 5학년 학생 손기정을 위하여 기도하면서 잠자리에 들다."

"1936년 8월 10일 (월) 천둥 번개
오전 6시반부터 베를린에서 오는 전파를 듣다. 올림픽 마라톤 실황을 듣는 동안 주먹에 땀을 쥐다. 손기정 1위, 남승룡 3위의 보도에 기쁘지 않을 수 없으나 또한 눈물이 복받치지 않을 수 없다."

"1936년 8월 12일 (수)
함형(=함석헌) 편지 아래와 같다. "주 안에 건재를 빕니다. 오늘 아침 손기정 군의 마라톤 1등 소식을 들었습니다. 참으로 나약한 조선을 위하여 만장의 기염을 토한 것이라 하겠습니다. 양정의 그 집과 그 운동장이 세계 1등의 마라톤 선수를 내었다면 우리 조선이 영원의 경주장에서 용사의 관을 쓰게 될 것이라는 믿음이 더 두터워 갑니다 운운.

전 세계에서 서열 최하위에 있던 식민지 조선인의 자존과 기개를 세계만방에 증명해 낸 어린 제자에 대한 감사뿐만 아니라, 그의 쾌거로부터 민족의 역량을 재확인하고 조국 해방의 희망을 읽어냈던 김교신과 그의 친우 함석헌의 뜨거운 맥박까지도 생생히 전해지는 일기 한 토막이라 할 수 있다.

이 밖에도 김교신이 제자 한 사람 한 사람을 얼마나 깊이 알고 사랑했는가를 잘 알려주는 기록은 수없이 많다. 특히 조국 해방을 위한 일꾼으로 기대해 마지않았던 어린 제자의 요절 앞에서 오열하는 김교신의 모습은 스승이란 어떠한 존재인가를 다시 한 번 생각하게 한다.

병헌아, 병헌아,

3월 3일의 졸업식이 지난 후 겨우 3주일에 돌연이 안병헌 군의 별세의 부음을 접하니 오개년의 학창을 함께 한 우리에게 경악이 크다. 제2학년 말경이었다. 군은 담임 교사에게 자신의 신앙 입장을 고백하고 한 가지 문제에 관하여는 학업을 단념하는 수 있더라도 자기의 신념을 실천하겠노라고 제언(提言)하였다. 그 단순 확고한 신앙을 알고 우리는 심히 부러워했다. 대개 예수교 가정에서 성장한 학동들은 신앙이 있다 하여도 형식적인 사고 잔해에 불과한 법인데, 저 안씨 가정에는 어쩌면 저런 신앙의 아들을 두었으랴고.

안군은 입학 당초의 모자, 양복, 구두를 졸업까지 가졌었다고 하거니와, 그 모자, 제복, 내복, 양발까지 항상 형용할 수없이 남루한 것이었다. 그러나 그렇게 초조한 외향 속에 임수봉처럼 우뚝 솟은 고귀한 기품을 포장한 안군을 볼 때마다, 의식의 빈핍을 부끄러워하지 않는다고 공자님의 칭찬을 받던 안연을 연상하지 않고는 못 견디었다. 천연스럽고 태연하였다.

안군은 오십육명의 동급학우 중에도 가장 곤란한 자의 한 사람이었다. 그런데도 불구하고 수백원되는 학급비의 회계에는 언제든지 안군이 피선되는 것을 보고 또한 기이해 하지 않다 할 수 없었다. 예수쟁이요 고집불통한 안군에게 사람마다 호감을 가졌다 할 수 없었으나, 금전을 저에게 맡기면 안전하다는 신임에 이르러서는 반 전체가 일치했던 모양이다. 적은 일에 충실한자는 큰일에도 충실하다. 가난하면서도 오히려 타인의 금전을 임치하는 신임을 볼 때에 불우한 시대의 아브라함 링컨 대통령을 보는 감을 금할 수 없었다. 오십인의 신임은 곧 전 국민의 신임과 마찬가지가 아닌가….

안군은 진심으로 하나님을 두려워한 외에 아무것도 두려워한 것이 없었다. 생도들 중에는 담임교사의 얼굴이 두렵다 해서 경이원지(敬而遠之)한 이도 있고, 학교가 두렵다 기타 무엇이 두렵다 하는 이도 있었으나 안군은 할 말을 하고 행할 것을 행하되 정정당당하였다. 안군이 정의감에 대하여 예민하게 반응하는 태도는 마치 철이 자석이 흡입되는 것 같았다. 양과 같이 유순하던 눈동자가 의에 감촉하는 순간에는 사자같이 표효하려는 자태였다. 기독교계는 물론이요, 오늘날 인류사회에 긴급히 요구되는 것은 저와 같은 참 인간인데, 홀연히 이세상을 떠났으니 이 무슨 뜻인가. 백이나 천이라도 많다 할 수 없거든 하나마저 떠났으랴. 그와 더불어 할 일 많은 때에. 아, 병현아, 병현아!58)

민족의 동량이라고 기대해 마지않았던 제자의 때 이른 죽음 앞에서, 그는 단장의 아픔을 토했던 것이다. 가르치는 이와 배우는 이의 인격적인 만남과 감화가 사라져 버린 오늘날, 교육학에서 김교신 연구가 왕성한 것은 결코 우연이라 할 수 없다.

사람의 그릇은 그가 품은 질문으로 평가될 수 있다고 한다. 사람이 평생 동안 가슴에 가장 중요한 질문으로서 품는 물음에 따라 그 사람의 일생이 결정되는 것이다. 따라서 질문이 곧 그 사람인 것이다. 김교신은 '열등'을 강요하는 식민지라는 암울한 현실에 갇혀있던 어린 학생들에게 진리가 무엇인지 물으라고 가르쳤다. 그리고 그 진리라는 '참'의 거울에 비추어 자신이 누구인가를 묻고 찾으라고 가르쳤다.

물론 '그 무엇'에 대한 답이 쉽게 찾아지는 것은 아니다. 그러나 질문이 있는 곳에 또한 반드시 답이 있다. 따라서 중요한 것은 올바른 질문을 품는 것이다. 김교신은 어린 제자들에게 올바른 물음을 던져주었고 제자들이 그 답을 찾는 힘겨운 과정을 '내적 대화'를 통해 동반했던 참스승이었다. 참스승이 되고자 했던 그의 교육활동은

---

58) 김교신, 전집 2권, 322.

자신의 기독교적 신념을 교육현장에서 실천한 신앙적 활동이기도
했었다.

IV. 맺는 말

이상에서 우리는 김교신의 기독교 사상과 교육활동을 조망해보았
다. 그의 기독교는 신과의 일치를 공적 영역을 포함한 일상의 삶에
서 증거하는 '일상성 속의 신앙'이었다. 또한 깨어있는 한 사람의
'신도'로서 신 앞에서 자신의 삶과 한국이라는 역사공동체에 대해
책임지려는 주체적이고 예언자적인 신앙이었다. 이러한 김교신의 기
독교 사상은 그의 교육철학이기도 했다. 그는 신앙교육뿐 아니라 교
육현장의 일선에서도 제자들을 신 외에는 어떠한 것도 두려워하지
않는 인격으로 형성해 가고자 했다. 즉, 절대자에게만 의지하는 독
립된 인격 형성을 교육의 목적으로 삼았던 것이다. 그리고 그 방법
으로서는 스승과 제자의 인격적 만남 속에서 진리를 함께 추구해간
다는 종교적 구도와 같은 '점진적 만성의 방법'을 택했다. 모든 것이
입시를 위한 수량화와 공장식 대량생산의 속성화 속에서 스승과 제
자의 인격적 만남이 상실된 오늘날의 교육현장에 김교신의 이러한
기독교 사상과 교육철학 및 활동은 적지 않은 통찰력과 시사점을
제공한다 하겠다.

참고문헌

단행본

가라타니 고진. 조영일(역)(2011). 『문자와 국가』. 도서출판 b.

김교신. 노평구(편)(1981). 『김교신 전집』 전6권. 일심사.

김선양(1999). 『현대한국 교육사상사』. 양서원.

김영태(2021). 『일제강점기 조선 민중의 선구자 김교신 선생』. 전남대학
    교출판문화원.

김정환(1980). 『김교신』. 한국신학연구소.

민경배(1981). "이용도의 신비주의적 경건". 『교회와 민족』. 대한기독교
    출판사.

양현혜(2009). 『윤치호와 김교신』. 한울.

양현혜(2009). "일본기독교의 조선전도". 『근대 한일 관계사 속의 기독
    교』. 이화여자대학교출판부.

양현혜(2017). 『우치무라 간조: 신 뒤에 숨지 않은 기독교인』. 이화여자
    대학교출판문화원.

池明觀(1975). 『韓國現代史と敎會史』. 新敎出版社.

藤田若雄 編著(1979). 『內村鑑三を繼承した人人』 下. 木鐸社.

논문

김교신(1932). 『성서조선』 11월호.

김교신 (1932). "산상수훈연구(完)". 『성서조선』 2월호.

김교신(1933). "교육과 종교". 『성서조선』 5월호.

김교신(1934). "최대의 우상". 『성서조선』 5월호.

김교신(1938). "우인의 기탄없는 망령". 『성서조선』 5월호.

김교신(1939). "하나님". 『성서조선』 3월호.

김교신(1940). "우리의 우려". 『성서조선』 7월호.

김교신의 교사로서의
특질 분석

김정환

김교신의 교사로서의
특질 분석*

I. 여는 말

김교신의 생애의 특질의 하나는 평생을 중학교의 평교사로 일관한 데 있다. 우리는 많은 민족의 교사를 가졌지만 이분처럼 (전문적인 중등교사 양성기관인 동경고등사범학교를 나왔다는 뜻에서) 정통적인 교사교육을 받고 뛰어난 교육기술과 종교적 신념에 입각한 인격적 감화로 학생들에게 깊은 영향을 준 "평교사"를 발견하지 못한다. 한국의 '페스탈로치'라고 칭송되기도 하는 이승훈, 안창호 등은 결코 '평교사'가 아니었다.

그의 생애의 일차적인 목표는 『성서조선』 발간에 있었고, 따라서 교직은 자신이 이따금 실토한 대로 '부직'에 지나지 않았다. 그러기

---

* 이 글은 "김교신의 교사로서의 특질분석," 『나라사랑』 17(1974/12)에 기고한 글을 추가·보완한 것임을 밝힘. 특히 여는 말과 맺는 말은 김정환의 『전인교육의 이념과 방법』(박영스토리, 2014)에서 인용하였음.

에 수틀리면 교직을 버리려고 사표를 늘 가슴에 품고 다녔지만, 그
는 끝내 교직을 떠나지 못했다. 그 이유는 어디에 있는가? 교육을
통해서 동지를 얻고, 한 세기 후에라도 독립을 이루려 했던 속셈에
있었던 것이다.

그가 얼마나 뛰어난 교사였는가는 그에게 직접 배움을 받은 제자
들의 회상의 글에서 알고도 남음이 있다. 사실 많은 제자들이, "우
리는 초등학교에서 대학에 이르기까지 수십 명의 교사를 대하여 왔
다. 그러나 '교사'하면 우선 김교신 선생을 연상할 정도로 이분이 가
장 인상깊게 회상되는 진정한 '스승'이었다"고 한결같이 술회하고
있다.

우리는 또 객관적인 자료로 그의 탁월한 교육적 역량을 볼 수 있
는데 그것은 다름 아닌 그의 제자들의 사람됨을 통해서다. "나무는
열매를 통해서 알 수 있다"는 성서의 구절이 있다. 교사의 역량의
평가는 20년, 아니 30년 후에 그가 가르친 제자들이 그의 감화에 의
해서 어떻게 진지한 인생을, 학문적 자세를, 그리고 사랑의 봉사를
하고 있는가를 봄으로써 알 수 있다. 이렇게 볼 때 그는 참으로 천
성적인 교사였다고 필자는 생각한다. 다음에 그의 일기의 한토막을
소개하면서 그의 이러한 천성의 일면을 엿보고자 한다.

> 새벽에 산에 올라가 기도. 인쇄소에 들르고 등교. 제2학기 종업식.
> 학교 성적 발표. 전학기보다 더욱 우수하여 제1학년이 3개 학급 179
> 명인데 수석으로부터 제6등까지 모두 제1학급 생도(김교신 선생 담임
> 반: 필자 주)가 점하고, 제7, 제9등을 타학급에 사양하고 10등까지 8
> 명이 1학급에서 나왔다. 즐거워하지 않을 일이 아니다. 이번 담임반도
> 애써 하면 볼 만한 성적이 나타날 것이요, 졸업까지는 학력보다도 인
> 물, 하나님 이외에는 아무 것도 두려워하지 않는 인물 두엇은 출현할
> 듯하매 애착심이 더욱 농후해진다. 이 일도 버리기에는 아까운 일이
> 다. 할 일은 많고 몸은 하나뿐.

오늘은 한 학기의 총괄적 훈화로 장시간에 걸쳐 사별삼일괄목상대
(士別三日刮目相對: 선비는 사흘 떨어진 뒤에 다시 만나면 그 사이 서
로 배운 것이 많아 서로 놀라며 상대방을 바라본다는 뜻)의 비방을
전수하여 보낸다. 운동경기나 무용, 공예에 관한 지도자에게도 비방이
있다하거늘, 교사된 자에게 학업정진의 비책이 없을 수 없다. 단 이것
은 담임반 생도에게만 공개하는 것으로 정해져 있다. 다소 값있는 것
이기 때문에. 그러나 이것은 주일집회에서 공개하는 비의에 비할진대
서푼짜리도 못되는 것이다. 주일집회의 것은 내가 가진 것 중에 제일
귀한 것이기 때문이다.

동경 유학생이 돌아와 반가운 소식 많은 중에 야나이바라(矢內原忠
雄: 일본의 한국과 중국침략을 공개적으로 비난한 탓에 동경제국대학
정교수[경제학]자리에서 쫓겨난 김교신의 신앙의 동지, 종전후 동경대
학 총장이 됨―필자 주) 교수의 조선방문이 구체화된 것을 알게 된
것이 제일 큰 기별이었다. 오늘도 총독부 출입. 신년호 출판이 허가되
다.…(1939년 12월 23일 토, 맑음)

그는 '버리기에는 아까운 일' 정도로 교직생활을 생각하면서도 이
일에 온 정성을 다했다. 또 학과 공부보다는 위에 소개한 그의 일기
가 말하듯 '인물, 하나님'을 가르쳤지만 담임반 학생들의 성적이 다
른 반에 비해서 월등하게 좋았고, 일체의 권위를 부정하고 소신껏
살았지만 가장 정통적인 신앙을 유지했고, 인정이 남달리 많았지만
한치 한오리의 어김도 없이 학생을 정의로 다스렸다. 그렇게 바쁜
생활이었지만 농구 코치도 맡아 운동장에서 학생과 언제나 즐거이
뛰었고, 또 성경연구에 온 시간을 바치면서도 수업준비는 철저하게
하여 대학강의식으로 수업을 진행시켰고, '성서만'을 외치면서도 손
기정 선수의 마라톤을 지도하여 세계의 정상을 달리게 하여 당시
의기소침했던 한국 청년의 의지력을 만방에 보여 주었다.

교직원들의 잡담에는 일체 끼지 않으면서도 술좌석에는 어김없이
나타나 안주만 잔뜩 먹고 일어나 달아남으로써 최저한의 예의와 최

대한의 실속을 차렸다. 그렇게 의지가 강한데도 지리시간에 제갈공명의 출사표를 학생들 앞에서 암송하면서 그 충성심에 감동하여 18세 소년처럼 눈물을 쏟고는 멋쩍어 하면서, "요다음 시간까지 너희들도 꼭 외워 오라"고 숙제로 과했다. 아침에는 매일 새벽 네시경에 정릉의 계곡에 가서 기도·찬송을 한 후 냉수마찰을 하여 얼굴을 거울같이 반들반들 빛나게 해서는 학생들에게 '빤빼니' 또는 일본 말로 '누까비까리'(쌀겨로 마루를 닦은 것처럼 번쩍번쩍 빛난다는 뜻: 필자주)라는 별명을 받기도 하고, 사리를 냉철하게 파헤치며 엄정하게 처리하여 '양칼'이라는 별명을 받는가 하면 시험때 부정을 하는 학생을 발견하고는 그런 학생의 앞날을 한탄하여 그 자리에서 퍽퍽 울기도 하고, 육척 거구로 아이들 앞에 위엄있게 임하고도 라디오로 심청전을 듣고 울었다고 하면서 가녀린 여인 같은 정을 발동시킨다.

이 모순된 그의 인격의 비밀, 그것을 어떻게 풀 수 있으리요! 이런 스승 밑에 훌륭한 제자가 많이 배출되는 것은 당연한 일이다. 사실 이름을 들면 누구나 다 알 수 있을 만한 기라성 같은 그의 제자들이 현재 한국의 학계, 의학계, 문예계, 정계, 교육계에서 활약하고 있다. 한 교사의 감화가 얼마나 큰 것인가를 우리는 김교신 선생을 통해서 역력히 볼 수 있다.

II. 교사로서의 천성적 특질 분석

김교신의 교사로서의 뛰어난 점 또는 천성적인 자질, 그리고 기본적 자세가 무엇이었던가? 필자는 이것을 《김교신과 한국(노평구 편, 제일 출판사, 1972)》이라는 그의 신앙 동인, 제자, 문집 독자 등 73인이 쓴 글을 읽음으로써 다음 여섯으로 간추려 도려 내어 보기로 한다. 그것은 ① 인격적 사랑, ② 사제동행적(師弟同行的) 자세, ③

자기 발견 촉구, ④ 구도 정신의 현시, ⑤ 종교적 수준의 인생 태도, ⑥ 약자에 대한 사랑이다. 다음 글 중에서의 인용문의 면수 표시는 위에 든 책의 면수를 말하며, 그 외의 자료에 대해서는 앞으로의 연구가를 위해서 자세하게 출전을 밝혀 두기로 한다.

1. 인격적 사랑

교성(敎聖)이라고 일컬어지는 페스탈로찌의 명언에 다음과 같은 것이 있다. "사랑이 교육의 본질이다. 교육의 가장 깊은 것은 이 사랑에서 우러나오기 때문이다." 페스탈로찌가 여기서 말하는 사랑은 생도 하나하나에 대한 인격적 사랑이다. 그러기에 사랑이 없는 교사는 스승일 수 없고, 거꾸로 말하면 스승이 되지 못하는 교사는 실격인 것이다.

김교신은 이러한 사랑을 온몸에서 발산하는 스승이었다. 그가 얼마나 제자를 사랑했느냐 하는 것을 우리가 익히 알 수 있는 자료 또는 일화는 아주 많다.

다음 글은 안병헌이라는 제자의 인격의 아름다움을 찬양하고, 그의 죽음을 애석해 한 스승의 추모사다.

안군은 입학 당초의 모자·양복·양화를 졸업시까지 가졌다 하거니와 그 모자·제복·내복·양말까지 항상 형언할 수 없는 남루한 것이었다. 그러나 그렇게 초라한 외양 속에 인수봉처럼 우뚝 솟은 고매한 기품을 간직한 안군을 볼 때마다 의식(衣食)의 빈핍을 부끄러워하는 공자님께 칭찬받던 안연(顔淵)을 연상하지 않고는 못 견디었다. 천연스럽고 태연했다.

안군은 5, 60명의 동급 학우 중에서도 가장 가난한 자의 1인이었다. 그런데도 불구하고 수백 원 되는 학급비의 회계(학급 자치)는 언제든지 안군이 피선되는 것을 보고 또한 기이하지 않다 할 수 없었

다. 예수쟁이요, 고집불통인 안군에게 사람마다 호감을 가졌다 할 수
는 없었으나 금전을 저에게 맡기는 것이 안전하다는 신임에 이르러서
는 전반(全班) 일치하였던 모양이다. 작은 일에 충실한 자는 큰 일에
도 충실하다. 가난하면서도 오히려 타인의 금전을 맡은 신임을 볼 때
불우한 시대의 에이브러햄 링컨 대통령을 목도하는 감을 금할 수 없
었다. 10인의 신임은 곧 전국민의 신임과 마찬가지 아닌가(《신앙과 인
생》 제2권, pp. 322~323).

사랑하는 제자의 죽음 앞에 하늘이 나를 버렸다고 통곡한 공자처
럼, 김교신도 병헌이란 제자의 인격의 아름다움을 회상하고 이렇게
울고 있는 것이다. 그는 제자 하나하나의 성품, 가정 환경, 출신 고
향, 장래의 희망 등을 세밀하게 기억하고 그들을 위하여 사랑을 발
동시켰다.

자기 집에서 주일 오전마다 하던 성서 강의에 일이 있어 참석 못
하고 오후에야 찾아온 한 학생을 위해서도 단정하게 앉아 1인 강의
를 해 주었고(孫禎均: 193), 어느 한 학생이 커닝하는 꼴을 물끄러미
보더니 그 아이의 장래를 위해서 그 자리에서 흐느껴 울고(윤석중:
180), 학생을 전적으로 믿고 시험 때는 감독은 않고 뒷책상에 앉아
책을 읽곤 했는데, 한번은 시험 중에 통곡소리가 나서 뒤돌아보았더
니 선생께서 「이밴질리인」의 시(詩)를 읽으면서 우셨다는 것이고(崔
南植: 201), 시골에서 올라와 외로운 학생에게 너의 고향 사람이 우리
나라에서 제일 근면하다고 학생들 앞에 말하여 고무해 주었다(崔致
煥: 247).

선생이 울음이 많았던 것은 사랑이 많았기 때문이다. 그의 울음
에 대하여 제자였던 한 심리학자는 이렇게 해석을 내리고 있다.

불타의 미소, 한산 습득(寒山拾得)의 웃음, 저 서양인들이 강조하
는 유머 등 웃음은 초월이며 이탈, 객관시의 소산이라 한다면, 반대로

울음은 몰입(沒入)이며 주관화이며 몸소 떠맡아 느끼는 것이 아닌가 생각된다. 그렇다면 김 선생님의 그 울음의 생활은 자연의 신비, 인간의 거룩하고 순수한 모습을 직시하시고 이에 몰입되어 벅차오르는 감동을 눈물로 쏟아 버리신 것이 아니었던가? 자연의 아름다움, 신의 참 모습에 접하여 눈물로 밖에 반응하실 길이 없었던 것이 아니었을까? 선생님이 택하신 옳고 훤한 길을 무리들은 못 보고 허덕대는 것을 안타까와서 우신 것은 아니었을까? 아, 김 선생님께서 오래 사셔서 더 좀 가르쳐 주시면 혹시나 지각이 났을 나는 그저 선생님이 안 계신 슬픔의 눈물이나 쏟을 뿐이다(金聖家: 254-255).

2. 사제동행적(師弟同行的) 자세

교육은 하나의 인격이 다른 하나의 인격과 하나가 되어 공동으로 진리를 생산하며, 구원한 이상을 공동으로 찾고, 이런 진리·이상을 같이 음미하고 같이 걸어가는 일이다. 이런 뜻에서 교육이란 활동은 인격의 결합을 대전제로 하는 것이다. 따라서 좋은 교육은 또한 공동의 생활을 요청한다. 아카데미가 그러했고, 영국의 전통적인 옥스포드·케임브리지의 인간 교육이 그러했고, 동양의 옛 학숙(學塾)이 그러했다.

김 선생은 이런 사제동행적 자세로 교육에 임해 지대한 교육적 역량을 발휘한 사람이다. 그런 모습을 우선 그의 일기 한 토막에서 엿보기로 하자.

11월 13일(금) 청(晴), 오전 중에 세 시간 수업하고 정신 작흥(作興) 주간의 최종 행사로 교외 마라톤 대회, 홍제천 사장(砂場)에서부터 구파발리까지 왕복 70리 반을 전교생과 함께 뛰다. 찬 바람에 북한산 연봉을 바라보며 뛰는 쾌미는 비할 데 없었다. 5백 수십 명 생도 중에서 병자와 유고자를 제한 외에는 전부 참가. 도중 낙오자 다

수, 완전히 결승점까지 온 302인 중에 제22위로 귀착하다. 7, 8년만
에 처음 뛴 것으로는 괜찮은 성적이라 자족하여, 장거리 선수의 본산
지인 양정 생도들과 뛰어서 낙오 안한 것만 다행인가 하다. 귀택하여
마늘 두 이랑을 심으면서 병상의 우인(友人)을 기억하다. 이 마늘이
엄동설한에 견디어 명춘에 얼음을 뚫고 자라나는 힘 주시는 이가,
오랜 병상의 우인들에게 회춘의 능력을 주옵시기를. 밤엔 야학 직
원 회의, 목성·금성이 서천에 나란히(〈聖書朝鮮〉 제95호, 1936년
12월, p. 23).

　김 선생은 일단 학교에 나오면 성서연구 및 집필시간을 제외하고
는 학생들과 생활을 같이했다. 특히 운동장에서는 농구 코치로 학생
과 같이 뛰었고, 등산도 같이하기를 좋아했고, 심지어는 씨름까지도
함께 어울려 했다고 전해지고 있다. 이리하여 학생들과 완전히 호흡
이 일치되는 것이었다. 그러기에 당시로서는 아주 어려웠던 학생들
의 특청을 곧잘 들어 주기도 했다.
　5개 성상 스승을 같이 모시다가 졸업식이 끝나자 뿔뿔이 헤어지
기가 너무 아쉬워서 선생에게 마지막 한 말씀을 부탁하자, 선생은
당시 일인(日人) 배속 군인의 심한 감시를 받고 있는 처지였음에도
불구하고 쾌히 승낙하면서, 지리 통론(通論) 교과서를 들고 교실에
들어와서는 "중요한 학과에 진도가 너무 늦어서 때늦게 개론만 설
명하겠다"면서 책을 펴놓고 딴전을 피웠고, "민족 사랑이라는 것은
무엇이며 앞으로 어떠한 생활을 하는 것이 보람된 일이며 이를 위
해 용감하게 참되게 창조성 있는 생활을 살아 보라고 눈물을 씻으
시면서 곧 마루로 사라졌다"고 한다(崔南植: 201). 이러한 동고동락하
는 자세는 학교를 쫓겨나 흥남질소비료공장에서 일할 때에도 그대
로 견지되었음을 우리는 특히 주목해야 한다. 선생은 그 곳에서도
일선에서 몸소 노동자들이 땔 석탄차를 밀곤 했다(柳達永: 168). 선생
은 또 학생들·제자 들의 말이 옳으면 바로 자신이 실천에 옮기는

면도 있었다. 손기정(孫基禎) 선수가 베를린에서 우승한 후, 덴마크 나라의 초청을 받아 가서 구경한 이야기들을 선생에게 적어 보냈더니, 그 중에서 덴마크 사람들이 자전거를 애용하며, 또 독일 여성들은 화장을 잘 않는다는 이야기에 감동되었음인지, 손 선수가 돌아와 보니 어느새 선생은 자전거를 타고 다니시고, 또 이화여전엔가 다니던 따님에게 화장을 하지 못하도록 했다는데, 화장문제에는 너무 감동을 받았음인지, 따님의 화장 크림을 바위에다 던져 깨면서 "저거봐라, 바위에다 크림을 발라 놓으니 어디 바위가 제 모습이 나느냐? 마찬가지야, 네 얼굴 그대로가 좋지. 왜 그걸 발라서 좋은 얼굴을 오히려 나쁘게 하느냐 말이다. 손 선수의 편지에도 독일 여자들은 화장을 하지 않더란다"했다고 전해지고 있다(孫基禎: 190).

3. 자기 발견 촉구

소크라테스의 명제라고 일컬어지고 있는 것이 둘 있다. 하나는 "사람은 먹기 위하여 사는 게 아니고 살기 위하여 먹는다"이고, 또 하나는 "너 자신을 알라"는 것이다. 소크라테스가 위대한 교사라고 일컬어지는 이유는 그 제자들에게 이 두 명제를 철저하게 다지게 한 데 있다. 표리(表裏) 일체가 되는 이 두 명제를 진지하게 물음으로써, 자신의 가능성과 한계성을 객관적으로 알고, 자기의 좋은 것을 아껴 길러 키우고, 자기의 나쁜 것은 애써 시정하여, 자기자신을 최선으로 발로시키게 하는 일이 교육의 본무가 아니겠는가! 이것이 소크라테스의 생각이었고, 과거의 위대한 교사가 공통적으로 지니는 자세였다. 우리 김 선생도 이 면을 아주 중시한 분이었다.

우선 김 선생은 '조선'을 참으로 구할 수 있는 것은, 부(富)도 아니요, 힘도 아니요, 인물도 아니요, 학문도 아니요, 교회의 기독교도 아니요, 선교사의 기독교도 아니요, "16세기의 종교가들이 체험한

기독교"라 했다(《聖書朝鮮》 제5호, 1928년 7월, p. 7). 그에 의하면 민족
의 종교적 수준에서의 각성·재생, 이것이 '조선'의 영광의 길이었다.
이 영광에의 길을 매진한 것이 그의 외곬의 생애였다 할 수 있다.
그는 모든 길에서 하나님이 우리에게 내리신 최선의 것을 발견하는
데 힘썼다. 그의 「조선 지리 소고(小考)」라는 짤막한 논문의 결미(結
尾)가 이것을 웅변한다.

　　또한 일반 문화로 보아서 동방 고대 문명이 구미 제방(諸邦)으로
서점(西漸)을 시작할 때에 희랍의 독특한 꽃이 찬연히 피었던 것처럼,
안도 서역(西域) 문명이 동점(東漸)할 때에 잔교(棧橋)와 같은 동(東)
반도에서 이채 있는 문화를 출현하고라야 이동(以東)에 광명이 전해
졌고. 현금은 도리어 태평양을 건너온 문화의 조류가 태백산과 소백
산의 종곡(從谷)을 소급하여 백두산록까지 침투하였으니, 서에서나 동
에서나 모름지기 고귀한 광명이 출현하고는 이 반도가 암흑하고는 있
을 수 없는 처지에 위치하였다. 동양의 범백(凡百) 고난도 이 땅에
집중되었거니와, 동양에서 산출해야 할바 무슨 고귀한 사상, 동반구
(東半球)의 반만 년의 총량을 대용광로에 달이어(煎) 낸 엑스(精粹)는
필연코 이 반도에서 찾아보리라(《信仰과 人生》 下卷, pp. 68-69).

　그의 철저한 자기 진단은 이렇게 또한 철저한 자기의 이상의 정
립을 낳게 하며, 그럼으로써 사명의 자각을 갖게 한다. 그에 있어서
는 자신의 사명의 자각과 '조선'의 섭리사적(攝理史的) 인식은 완전히
하나가 되어 있다.
　이러한 그가 교육의 마당에 있어 학생들에게 자기 발견을 촉구하
는 것은 너무나도 당연한 일일 것이다. 사실 그는, 모든 학생이 반
드시 한 개의 운동부와 한 개의 학술 연구부에 들어가 자기를 알고
닦게 하였고(鄭泰時: 86), 일본이 조선 사람의 혼을 몽땅 먹어 버리려
하고 있다고 늘 경고하고(朴春緖: 103), 일본 지리를 중심으로 전개된

당시의 지리 교과서를 거의 무시하고 우리나라의 지리를 가르쳤고 (柳達永: 163), 당시 모두들 창씨 개명했는 데도 선생은 끝까지 이를 거부하였고, 조례 때 출석을 부를 때 선생은 끝내 우리말로 호명하였는데, 배속 장교가 항의하자 이름은 '고유 명사'이니 상관없다고 끝내 버티었고(崔南植: 200), 이것이 문제되자 다음에는 아예 출석을 부르지 않았고, 인간이 자신의 내면을 들여다볼 때 공허에 못 견디는데, 이때 필요한 것이 이상적 인물에 대한 동경이라 타일렀다(劉熙世: 265).

그에 의해서 많은 학생들이 자신을 발견하고 '조선'을 발견하여 진지한 삶과 진정한 애국의 길을 찾게 되었다. 류달영 씨를 시켜 《최용신(崔容信) 양 소전(小傳)》을 쓰게 하여 심훈(沈薰)의 《상록수》의 모델을 제공하여 당시의 청년들에게 농촌 봉사의 이념적 기반을 제공한 것도 그였고, 또 고통문학(苦痛文學)으로서의 욥 기(記)를 연구하려고 주석서를 찾던 임옥인(林玉仁) 씨에게 전영택(田榮澤) 목사가 권한 책이 바로 김 선생이 쓴 《구약 성서 개론》이었다는 것이다 (林玉仁: 285).

4. 구도 정신의 현시

필자는 현(現) 서양의 학자와 동양의 옛 학자와의 자세에 근본적인 차이점이 있다고 느끼고 있다. 전자가 새로운 사실을 발견하고 그것을 논리적으로 체계화하는 데 힘을 쓴다면, 옛 동양의 학자들은 '아침에 도를 깨치면 저녁에 죽어도 좋다'는 표어에서 보듯이, 학문 그 자체가 자신의 인생길의 구도 그 자체였다 할 것이다. 이런 면에서 볼 때, 오늘날 구도적 자세가 학문의 면에서 현저하게 후퇴되고 학문이 자기 삶의 자세와 무관해 가는 데에 오늘날의 학문이 역학적 정치의 도구화가 되어 가는 근본 원인이 되어 있다고 필자는 생각한다.

　김 선생은 학문 그 자체가 완전히 자신의 인생과 하나가 되어 있는 분이었다. 이러한 자세는 그의 정신적 스승인 우찌무라(內村鑑三), 야나이바라(矢內原忠雄) 등에게서 물려받은 것이다. 이들은 익히 알려져 있는 바와 같이 무사도 기질 위에 기독교를 소화해서 지니게 된 사람들이다. 무사도 기질이란 무엇인가? 한 마디로 그것은 '주군(主君)'을 위해서 깨끗하고 충성된 '죽음'을 택하려고 벼르고 있는 자세를 말한다. 김 선생은 이분들에게 성서 강의를 들었고, 그들은 김교신을 옛 주군이 가랑(家郞)을 사랑하듯 만강(萬腔)으로 사랑했다. 여기에 그들의 기록의 하나를 소개한다.

　　나타나엘이 '참 이스라엘 사람'으로 불리우는 것처럼 김 교신은 참 조선인이었다. 씨(氏)는 조선을 사랑하고 조선 민족을 사랑하고 조선말을 사랑했다. 그러나 씨의 민족애는 고루한 배타적인 민족주의와는 다르다. 씨는 그리스도의 복음에 의해서 신생된 조선인이었다. … 씨는 그리스도에 있어서 자기 백성을 사랑하고 그리스도를 전하는 것으로 자신의 애국을 삼았다. 미국식의 천박한 기독교가 아니고, 불신앙의 소련 공산주의도 아니고, 더욱 세속적인 민족 운동도 아니고, 권력자에 대한 영합·협조도 아니고 순수한 무교회의 복음 신앙에 의해 조선인의 영혼을 신생시키고 이를 자유와 평화와 정의의 백성이 되게 하기 위해 씨는 그 귀한 일생을 바친 것이다(矢內原忠雄,〈嘉信〉제8권, 제9호, 1945년 9월).

　이렇게 김 선생의 죽음을 애도한 야나이바라는 어떠한 인물인가? '일본문화의 은인인 중국과 조선을 침략한 일본 제국주의를 하루속히 망하게 하소서' 하고 기도드리는 것이 나의 진정한 애국의 길이라고 동경대학 학생들에게 강연하고, 또 이것을 문서로 선포하고, 동경대학 정(正)교수직을 헌신짝처럼 버리고 물러난 근세 일본의 대

예언자인데, 해방이 되자 추대를 받아 동경대학 제2대 총장으로 취임한 사람이다. 이분은 특히 전쟁시 관직을 물러나자 바로 김교신을 찾아 이 땅에 왔고, 서울 YMCA 강당에서 「로마서 강연」을 하면서, "조선의 청년이여, 낙심 말라. 그대들은 일본이 갖지 못 했던 좋은 기독교를 갖추어 세계사에 기여할 날이 올 것이다"하면서, 당시 의기소침했던 한국 청년을 고무한 것으로도 유명하다.

우찌무라(內村鑑三)와 김 선생과의 관계는 잘 알려져 있기에 생략하거니와 참고로 그에게 사숙한, 또는 그의 〈성서연구〉를 읽었던 한국인이 몇 사람이었는가를 조사하여 보면, 1926년 10월 현재, 〈성서연구〉 제303호의 발행 부수가 4,100부인데, 그 중 한국으로 온 것이 64부이며, 이 중의 일부가 한국인 독자의 것이었다(《內村鑑三 信仰著作集》 제21 권, p. 144). 그러나 이렇게 적은 무리지만 이들에 대한 우찌무라의 기대는 아주 큰 것이었다. 사실 그는 "기독교는, 일본은 선걸음으로 건너 조선에 진짜로 수용되고, 그리하여 아시아 대륙에 미칠 것이다. 그러기에 일본은 중계 역할 밖에 못할 것이다. 정말 어처구니없는 일이다(同卷, p. 142)"고 했다. 당시 우찌무라의 강의를 동경에서 정성으로 듣고 있었던 김교신, 함석헌(咸錫憲), 송두용(宋斗用) 등 후의 〈성서조선〉 동인 및 한국인 독자에 대한 우찌무라의 기대와 사랑은 이렇게 컸었다.

김교신의 스승의 이야기가 길어져서 본론에서 빗나갔으나, 이것은 김 선생의 제자에 대한 사랑 및 죽음을 불사하는 외곬의 구도 정신, 또 교육=학문=인생이란 생활 방식을 이해하는 데 꼭 필요한 이야기이기 때문이었다.

자, 이제 우리는 구체적으로 김 선생이 자기가 스승에게 이어받은 구도 정신을 어떻게 자기 학생들에게 전했는가를 볼 차례다.

학생들에게 일기를 쓸 것을 의무화하고, 일주일에 한 번씩 돌아오는 청소 당번시간에 해당 학생의 일기를 청소 감독을 꼭 하면서 정성들여 읽고 돌려 주었고(李景鍾: 207), 자신도 꼭 일기를 썼고, 자신의 소신대로 의사가 관철되지 않을 때는 바로 그만두려고 늘 사표를 안 호주머니에 넣고 다니면서 학생들에게도 보였고, 또 근무의 자유를 철저하게 누렸고(具健: 231), 자신의 생활을 한 치 한 오리의 어김도 없이 시계 바늘처럼 엄정하게 규율했고, 원리원칙대로 살아 나갔다. 그가 무서운 것은 하나님 이외는 아무것도 없었다. 주군(主君)을 위해서 언제든지 목숨을 바칠 각오가 되어 있는 옛 동양의 무사들의 자세가 바로 그의 것이었다. 그러기에 선생을 이 충무공과 비유하기도 하고(朴使命: 85), 그런 멋진 모습에 반해서 같은 학교에 근무하던 일본인 여교사가 한복을 입고 나타나기도 했다(張元俊: 68). 선생에게는 일절 여성에 관계된 스캔들이 없는데, 이런 '괴변'이 있은 직후 선생이 함흥 영생 여고보에서 양정으로 옮기게 되었기에, 선생을 인간적으로 기리려고 하는 제자들 가운데는 이것을 스캔들로 만들고 싶어하는 모양인데, 일방적인 것이었음에 틀림없으리라고 필자 나름으로 생각한다. 왜냐 하면 선생은 신식 학벌이 없는 전형적인 촌사람인 부인에게 평생 한 번도 화를 내지 않았다는 사실을 나는 알기 때문이다. 왜인가? 선생은 부인을 하나님이 골라 주신 불쌍한 한국 여성의 대표로, 그리고 자신은 또 불쌍한 한국 남성의 대표로 여기고 있었음에 틀림없다고 필자는 그의 신앙으로 미루어 믿고 있기 때문이다.

5. 종교적 수준의 인생 태도

위대한 교사는 종교적 수준의 신념 또는 신앙에 산 사람들이 많다. 김 선생이 이러한 인물이었음을 새삼 상기할 필요도 없으리라. 앞서 소개한 졸업 생들의 「사은(謝恩)의 말씀」 중에도 이것이 역력하게 나타나 있고, 선생이 늘 교직을 부업 정도로 알고 있었던 것도 실은 주업(主業)을 신앙 생활에 두었기 때문이다.

그가 손기정 선수의 코치로서 세계를 제패하게 한 것은 그의 큰 업적의 하나이지만, 이것을 요샛말로 매스컴에서 떠들어 대는 것을 몹시 못마땅하게 느낀 것도 이런 그의 생활에서 나온다. 그는 일기에 이렇게 적고 있다.

> 10월 18일(월) 청(晴), 호출장을 가지고 동대문서에 가서 10월호의 출판 허가장을 받고 등교, 마라톤 패자 손기정의 환영회를 남보다 먼저 하려고 각 신문사들이 별별 비열한 수단 방법으로 경쟁하여, 금일은 오전 중 조선일보사, 오후는 대판 매일 지국 주최로 각기 각양으로 대대적 환영. 이런 때에 보면 신문사라는 것은 창녀들과 크게 다르지 않다. 수업 후 귀가하여 새로 한시까지 집필(<聖書朝鮮> 제 95호, 1936년 12월, p. 20).

선생에 의하면 마라톤 우승은 하나님이 이 민족을 버리지 않으시고 청년들을 고무하여 주신 일이기에, 경건하고 감사한 마음으로 기도드리고 끝나야 할 일이지, 마치 그것이 우리의 자랑인양 떠들어 댈 일이 아닌 것이다. 이렇게 온 나라가 들썩거리고 있을 때에도 그는 그런 회합에 참석도 않고, 수업을 평상시와 같이 하고, 집에 와서는 <성서조선>의 원고를 밤새워 집필하는 것이었다.

그러면 선생이 진정 큰 의의를 부여하고 정성으로 하는 일은 무엇인가? 그것은 종교의 진리를 이 민족을 위해 밝히는 일, 그리고 그것을 전하는 일이었다. 다음 일기가 그것을 증명한다.

> 성서 강습회 기(記). 오후 7시부터 함석헌 씨의 「성서적 입장에서 본 조선 역사」 제1강, 역사 이해, 사관(史觀)과 성서적 사관, 세계사의 윤곽 등 제항(諸項)에 긍하여 만 3시간의 연속 강연이었으나, 강자(講者)·청자(聽者)가 모두 일순간을 보낸 것처럼 시간의 흐름을 애

석해 하였다. 조선 역사 반만 년에 역사도 길었거니와, 사가도 많았다
마는 조선 백성에게 사관을 준 이가 없었다. 이날에 '전인미답(前人未
踏)'의 경(境)에 일보를 내디디어 반만년사의 사관을 제시하였건만, 2
천만 중에 이것을 들은 자 20명에 미만하고, 이것을 읽을 자 2백 인
에 미급하니, 무슨 췌언을 첨서(添書)할 필요가 있으랴. 오직 기이함
을 명기할 뿐인저(<聖書朝鮮> 제61호, 1934년 2월, pp. 33-34).

이런 스승의 종교적 인생 태도는 필연 학생들에게 감염되었고,
또 선생의 수업에도 반영되었다. 에피소드 하나만 더 소개한다. 시
험 답안지 성명을 기입하는 난의 왼편에 "거짓말을 쓰면 0점으로 한
다"는 주서(註書)가 꼭 붙었고, 실제로 거짓말을 쓰면 통신부에도 0
점으로 기록되었고, 반대로 아주 잘 쓴 답안에는 100 점을 넘는 점
수를 주었고, 시험문제도 당해 과목과는 전혀 관계 없는 교양문제나
때로는 종교·역사문제가 출제되는 것이 일쑤였고, 따라서 벼락치기
시험 공부로 점수를 따려던 이는 골탕을 먹게 마련이었다 한다(沈재
裕: 233).

6. 사랑

위에 든 선생의 특질은 모두 그의 그리스도에서 이어받은 사랑의
발로일진대, 이 사랑의 항(項)을 별도로 추가할 필요성은 물론 없다.
그러나 그의 사랑은 교실의 학생에게 국한된게 아니고, 소록도의 문
둥병 환자들, 그리고 교직에서 쫓겨난 뒤에는 흥남질소비료공장에
강제 징용되어 일하고 있는 5,000 노동자에게도 확대되어 그들의 복
리·후생·교육을 위하여 투신하다 전염병에 걸려 며칠만에 서거해
버린 종언을 독자들에 회상케 함이다. 서거 2주일 전 김 선생은 서
본궁(西本宮)의 노동자 숙소에서 박태석(朴台錫) 씨에게 자신의 활동

사항을 소개하는 편지를 띄우고 있는데, 그 1절에 이런 글이 있다.

> 더욱 빈한궁천(貧寒窮賤)한 자를 핍약(乏弱)한 시설 중에서 일으켜 교도하는 일, 하수도 청소하는 일은 우리에게 지워진 책무요 사명인지라, 가장 큰 정(精)과 성(誠)을 경주해야 하겠나이다(「金敎臣書簡」: 416).

선생의 사랑의 교육 현장에의 발현, 이것은 뒤에 별도로 다룰 문제로 남겨 두고 여기에서는 생략하거니와, 고린도 전서의 사랑의 찬가의 1절, '사랑은 오래 참고 오래 견디느니라' 하는 말씀을 다시 새기고 맺기로 한다.

III. 맺는 말: 졸업생의 "감사의 말씀"

젊은 시절 그는 평생을 스승으로 모실 수 있는 우찌무라와 만났다. 그러기에 김교신은 또한 그를 평생 스승으로 모시는 제자들을 많이 갖게 되었다. 이로서 참 삶의 스승이 아니고서는 교과의 교사로서도 성공을 못한다는 하나의 귀한 사실을 우리에게 잘 밝혀 주고 있다. 교육에 대한 그의 열성의 도는 거의 모든 일기나 글에서 엿볼 수 있는데, 여기에서는 입학식 날 아이들과 학부형들에게 담임교사로서 한 훈화와, 5년간 배운 제자들이 졸업식 때 스승에게 드린 "감사의 말씀"만을 소개하기로 한다.

> 양정고등보통학교 제1학년 120명의 입학식 날이다. 담임교사로서 학부형 및 생도에 대한 말씀의 요지는 아래와 같았다.

> "…근래에 입학난이 심하므로 부형되신 이는 응시하기 전에 우리들

에게 청탁하는 이도 있고 합격된 후에 사례의 말씀을 하시는 이도 있었으나, 내용을 알고 보면 이런 인사 받는 것처럼 우스운 일이 없습니다. 합격자 120명 중 보통학교에서 1등한 자 약 1할 이상, 5등 이내가 약 4할 이상, 10등 이내가 8할 이상이요, 즉 보통학교 이래의 성적과 입학시험에서 발휘한 실력으로써 합격된 것이니 누구에게 치사할 필요는 추호도 없습니다.

생도 제군은 엄격·공정한 시험을 통하여 '자력입학' 된 것을 확신하라. 첫째로 천하에 요행이라는 것이 없다는 것을 알라. 이렇게 선발된 학생이니 우리 담임교사에게는 그 '맺어진' 인연이 신기하여 못 견디겠습니다. 땅에서 솟은 옥인가, 하늘에서 떨어진 샛별인가 싶어 귀엽게 보이나이다. 이제부터 앞으로 5년간 우리는 일대 예술적인 공사를 시작할 것이니 중도에 퇴학하는 이는 교육을 도적하는 자요 예술품을 파괴하는 자이니, 양정학교를 더할 데 없이 만족하여야 하고 우리 담임교사를 신임하시며, 우리에게 위임한 것을 다행으로 여기시오. 그렇지 않거든 지금 당장 아들을 데리고 나가시오. 끝으로 할 말씀은 이런 생도들의 천진한 모습을 보니 그 눈동자에 배우려는 동경, 경모, 순종, 소박한 심정 등이 찬연하게 빛나고 있습니다. 그러나 통탄스러운 사실은, 이 천사 같은 생도들도 그 대다수는 불과 수년에 차마 볼 수 없는 악당으로 화하고 맙니다.

배우려는 태도에서 비판하는 태도로 될 때에 생도로서는 볼일은 다 본 것으로 아시오. 신식교육이라 하여 별 수나 있는 듯이 떠드는데, 우리는 한마디로 구식이요, 독서백편에 의자통이요, 땀에 의복이 썩도록 노력하여야 할 것이며, 파괴보다는 건설주의요, 상해나 시베리아에서 하는 일이 아니라 서울서 조선총독부 법령하에서 하는 일이요, 무책임한 공상이 아니라 현실적인 교육을 하는 것이요, 무리한 주문은 당초부터 사절합니다. 오늘 나온 동아일보 사설을 참고하시기를 권합니다 …"(1939년 4월 4일, 화).

이렇게 짧은 글 속에 그는 자신의 교육관, 제자에 대한 사랑, 험난한 시국을 남김없이 토로한다. 이 글 속에 특히 주목을 끄는 구절은 교육을 예술로 비유한 대목이다. 교육이나 예술이나 다 창조적 자기표현이기에 인격의 표현이 아니될 수 없고, 사제지간의 인격적 '만남'이 아니될 수 없고, 사제 더불어 구도의 자세를 아니 갖출 수 없다. 이렇게 그들 스승과 제자는 5년간 서로 인생과 진리를 배웠다. 당시의 양정고보는 1학년 담임반 선생님이 계속 그 반을 5년간 끌고 올라갔다 하니, 이런 스승의 인격적 감화력이란 지대할 수밖에 없었다. 사실 다음에 소개하는 "졸업생의 감사의 말씀"(사은기념품 증정문)에서 그것을 역력히 볼 수 있다.

감사의 말씀

콧물을 흘리며 이 마당에서 양정에의 입학을 기뻐한 것도 어언간 5년의 그 옛날. 이제 졸업식으로 이 마당에 임하였도다.

전날은 입학을 기뻐했지만 이제는 졸업의 기쁨을 안고 서로의 작별을 아쉬워하게 되었도다. 그러나 회자정리(會者定離). 가는 자로 하여금 멈추게 말라. 우리들은 기쁨으로써 슬픔의 정을 이길진저.

그러면 무엇을 얻은 기쁨인가? 또한 졸업에 임하여 은사에게 무슨 감사의 말씀을 드리려는가? 이하 몇 마디로 과거 5년간이 우리에게 있어서 의미깊음을 증명함과 함께 우리 은사에 대한 감사의 말씀이 되게 하리라.

신의! 남으로부터 신임을 받는 인간이 되라고 우리 선생님이 외치신 것은 실로 우리들이 제1학년 여름방학을 맞는 날이었다. 선생님은 소시에 자기 모친에 대해 신의를 깨뜨린 일이 있음을 참회하시며 교실에서 손수건을 적시셨도다. 우리 이를 목도하였음이여! 아, 그날 이래 심중에 굳게 잡고 놓치지 않는 노력이란 실로 신의 있는 사람이 되는 것이로다. 신의! 이 있어 인간은 왜 천국이 아니겠는가! 평화향이 못 될 것인가!

선생님이여, 우리들은 다 신의를 위해 목숨을 버릴 것입니다. 원컨대 마음을 놓으시기를!

Boys be ambitious!라고 늘 가르치신 교훈. 원대한 야심이 없는 곳에 멸망만 있을 뿐, 모름지기 대국에 눈을 뜨라고. 아, 청년이여, 그대의 야심을 원대하게 하라고 우리 심중에 외치며 세파를 건널 뿐.

우애는 영원한 것이라고. 입학하던 날부터 바로 며칠 전까지 선생님은 외치지 않으셨던가. 벗은 제2의 나다. 좋은 벗을 발견하라! 지기(知己)를 찾아내라. 이를 위해서는 너 자신이 상대의 충실한 벗이 되라! 이야말로 좋은 벗을 얻는 유일한 방법이라고. 우리들은 영원히 이 교훈을 지키며 좋은 벗 얻기에 노력할 것이며, 또 과거 5년간의 각자의 우애를 증진하기에 힘쓸지라. 원컨대 선생님이여, 우리들의 우애의 영속을 빌어 주시기를.

의! 이 한 자 어찌 우리의 폐부를 찌름이 이다지도 강한고. 선생님은 전날 정몽주의 초상 앞에서 울으셨다고 하시지 않으셨던가. 왜 선생님은 울으셨는가? 그렇다. 정몽주가 선죽교에 흘린 혈흔은 의의 권화였기 때문이다. 아, 우리 선생님의 의를 사랑하였음이여! 선생님은 또 말씀하셨다. "우리들은 불의로써 의를 이기려는 자를 어브호오(abhor) 해야 할 것이라"고. 아, 이 말씀이야말로 성서에 근원함이여, 우리들의 처세의 방침이 될 것이로다. 선생님이여, 모름지기 안심하시라. 우리들은 이 교훈을 지킬 것임이니이다.

우주의 광대무변을 가르치시고 그 위에 인간계의 여러 현상을 비교하시며 쓴웃음을 보이신 스승이여! 스승의 이 가르침으로 우리들은 동포는 물론 원수까지 사랑할 것을 깨달았도다. 이 교훈으로 우리들의 인생관은 백팔십도 전환을 보았도다. 우러러 하늘을 바라보면 일월이 걸리고 성신이 반열했다고.

말하고 말해 한이 있을소냐. 이 정도로 멈추는 것이야말로 도리어 선생님의 존엄을 높이는 까닭일 뿐.

우리들 지금 여기 감사의 작은 성의를 표하여 작은 선물을 증정하려고 하나 사은에 대한 감사의 길은 달리 오직 하나 있을 뿐. 무어냐, "과거 5년간의 교훈을 실행하는 일" 이것이다.

스승이여, 이 작은 선물을 받으소서. 그리고 우리들이 스승의 교훈을 잘 지킬 수 있었다는 소식을 들으시면 크게 기뻐하시라.

우리 스승 위에 축복이 있으라! 이로써 감사의 말씀에 대함.

양정 제22회 졸업식 제1학급 대표 낭독 (1938년 4월)

사실 김교신의 교사적 역량 중에서 가장 귀하게 여겨져야 할 측면은 인격적 감화력이다. 그는 생도의 생애에 일대 전환을 가져오게 하고야마는 강한 인격적 힘을 지니고 있었다. 그러기에 사제지간의 정의는 졸업 후까지 계속되었고, 이런 사제지간에 교환된 서신을 일기 기타에서 대할 때 우리는 오늘날 학교교육에서는 도저히 기대할 수 없는, 옛 동양의 군사부일체적인 교육의 좋은 면을 회상하여 숙연해진다.

이 졸업생의 "감사의 말씀"을 읽고 눈시울을 적시는 자 어찌 교사뿐이며 한국인뿐이리요! 일본의 한국 침략을 통렬하게 비판하고, 일본 문화의 은인인 한국, 중국을 침략하는 일본이 하루 속히 망하게 해달라고 기도드리는 것이 자신의 참된 애국의 길이라고 학생들에게 선언하고, 또 이런 말을 잡지에도 피력하면서, 모든 사람들이 우러러보는 동경대학의 정교수의 자리를 헌신짝같이 내버리고 야에 묻혀, 한국의 학생을 위로하고 한국의 독립을 심정적으로 도왔던 야나이바라 다다오(矢內原 忠雄)는 『성서조선』에 전재된 이 글을 읽고, "한국에 이런 교사가 있음은 참으로 놀라운 일이다. 이런 교육이 존재하는 한, 한국은 절대 망하지 않을 것"이라고 감격하면서, 그 옛날의 우찌무라 동문 김교신에게 축복을 보냈다는 말이 전해지고 있다.

김교신은 학생들에게 소신을 거침없이 피력하여 현대의 학교에는 품절되어 있는 교훈을 성공적으로 주었던 것이다.

단 이 글의 원문은 일본문이었다. 일본어가 공식적으로는 이미 '국어'가 되어, 각급 학교의 행사에는 꼭 '국어'만 '상용'하도록 되어 있었던 것이다. 『성서조선』에 실린 이 글도 따라서 일본어이다. 『성서조선』에 일본문으로 된 글은 폐간을 모면하기 위해 강제로 실리게 된 '시국표어' 등을 제외하고는, 그 전 158책 중에서도 서너 편밖에 안되는데 이 글도 그 중의 하나이다.

참고문헌

김교신(1947). 『신앙과 인생』. 서울: 을유문화사.

노평구 편(1972). 『김교신과 한국: 신앙·교육·애국의 생애』. 서울: 제일
    출판사.

『성서조선』. 제5호(1928).

『성서조선』. 제61호(1934).

『성서조선』. 제95호(1936).

矢內原忠雄(1945). 『嘉信』. 제9호.

內村鑑三(1954). 『內村鑑三 信仰著作集』 제21권. 岩波書店.

「만남」의 교육가 김교신
-부버의 「만남」의 교육철학에 토대한 김교신 해석-

강선보

「만남」의 교육가 김교신*

I. 여는 말

실존주의 철학자 마르틴 부버(Martin Buber, 1878－1965)는 인간으로서의 가치와 존엄성을 상실한 현대인이 개인주의와 집단주의 사이에서 우왕좌왕하면서 무방향성의 딜레머에 빠져 있다고 경고하였다. 게다가 학교교육마저 여기에 편승하여 교육적 난맥상을 노정하고 있는 것은 사회의 병리적 현상을 더욱 증폭시키는 기폭제로 역기능하고 있다고 보았다. 20세기 중반 이후에는 많은 학자들이 그 같은 학교교육의 역기능적 편승현상을 비판하면서 학교교육의 유해론과 무용론(無用論)을 주장하기도 하였다.[1] 최근에는 포스트모던 시대의

---

* 이 글은 2016년 11월 12일 이화여자대학교에서 열린 김교신 선생 추모학술대회에서 발표한 "만남의 교육가 김교신"을 수정·보완한 것임을 밝힘.
1) 대표적으로 일리치(I. Illich,1970), 라이머(E. Reimer, 1971) 등과 같은 탈학교론자들은 전통적인 학교교육이 학생을 억압한다고 보면서 '억압으로부터의 해방'을 주장하였다(강선보, 2018: 213에서 재인용). 한편 김교신도 "학교교육에 의하여 선인(善人)을

도래와 함께 전 세대를 관통하는 가치관의 상실(대서사의 해체)로 세대 간/세대 내 단절현상이 심화되고 있다. 게다가 달갑지 않은, 근대화의 부산물인 극단적 이기주의의 팽배로 인한 인간성의 상실이 여러 가지 사회적 병리현상을 촉발시키고 있다. 따라서 21세기의 지능정보화 사회에서도 인간성 회복의 문제는 여전히 교육의 중요한 내용으로 자리잡게 될 전망이다. 이렇게 볼 때, 「만남」의 철학과 교육으로 이러한 문제들을 해결하고 휴머니티를 회복하고자 하였던 부버의 노력은 오늘날의 현대인들에게 참된 삶의 의미를 재발견할 수 있게 해주는 좋은 시금석이 될 수 있을 것이다.

현대사회가 도전받고 있는 가장 큰 문제 중의 하나는 아마도 비인간화 현상이라는 문제일 것이다. 즉, 현대사회의 물질적 풍요 속에서 인간성이 점차로 마멸되어 가고 있는 것이다. 따라서 현대인은 타인을 하나의 인격적 주체로 대하는 데 점점 더 인색해지고 있다. 그러나 더 큰 문제는 이같은 사회의 비인간화 현상에 교육이 편승하고 있다는 사실이다. 교육의 본래적 사명이 사람임(Menschsein)을 사람됨(Menschwerden)으로 이끄는 일이라고 본다면, 이러한 교육현상은 미래사회를 더욱더 불투명하게 하는 촉진요인이 될 것이다(강선보, 2018: 213).

학생의 인간성(사람됨)은 인간적인 교사의 인간적인 교육방법에 의해 계발될 수 있다. 즉, 교육내용이 아무리 인간적인 것이라 하더라도, 이것이 인간성이 결여된 교사에 의해 비인간적인 방법으로 가

양성할 수 없음은 온 세상이 주지하는 사실이다 … 인격 양성으로 보나 취직 조건으로 보나 현대의 학교교육이란 것은 그다지 신통한 것이 아님이 명확하다(전집 1, 78쪽)"고 당시의 학교교육을 신랄히 비판하였다. 또한 그는 자녀들의 교육을 위해 수단과 방법을 가리지 않는 학부모들의 행태와 출세의 도구로만 전락한 학교교육을 개탄하면서 "절대한 신뢰의 표적이 되면서 하등의 실효도 없는 것을 가로되 '우상'이라 한다. 현대와 같이 교육이 우상화한 때에 '행유여력즉위학문(行有餘力則爲學問)'이라는 공부자의 말씀에 깊이 반성할 것이다(전집 1, 80쪽)"라고 당시의 교육행태를 비판하였다.

르쳐진다면, 학생들은 결국 비인간적인 "어떤 것"을 학습하게 된다. 사실 교육이란 근본적으로는 살아있는 인간이 또 하나의 자유로운 인간을 만나는 것이다. 따라서 교육이란 그 가장 깊은 본질적 차원에 있어서는 역시 기계적인 기술이 아니고 인간과 인간 사이의 삶의 대결이다(이규호 역, 1967: 3). 이렇게 보면 결국 인간화 교육은 인간적인 교사에 의해 이루어질 수 있으며, 교사가 학생을 수단시하지 않고 인격적 주체로 파악하는 상호인격적 관계 속에서 가능하다고 본다(강선보, 2018: 213).

이런 면에서 교사와 학생간의 참된 관계는 교육내용에 선행한다고 볼 수 있다. 부버의 「만남」의 사상은 바로 교사-학생간의 관계 본질의 요약이다. 모든 참된 삶이 「만남」이듯이, 참된 삶을 다루는 교육도 「만남」 그 자체여야 한다. 그래서 부버는 여타의 실존주의자들과는 달리 교사와 학생간의 관계를 중요시한다(Bedford, 1972: 303).

바로 이러한 관점에서 사제간의 인간적 관계를 중시하고 사람됨의 교육에 매진하면서 우리의 당면문제를 해결하고자 했던 교육가가 김교신이라고 볼 수 있다. 그는 신앙을 바탕으로 사제간에 인간적인 관계를 형성함으로써 학생들로 하여금 인격적 감화의 계기를 갖게 해 준 「만남」의 교육가였다. 대표적인 예로 김교신과 손기정의 「만남」이 그러하다. 암울했던 일제시기에 민족의 선각자들은 여러 방법으로 독립항쟁을 행하였다. 이러한 독립항쟁에는 무력항쟁, 외교항쟁, 문화항쟁, 교육항쟁, 종교항쟁 등이 있었으나, 김교신은 교육항쟁과 종교항쟁을 택하였다. 그는 일제의 동화정책에도 불구하고 제1고등보통학교 시절에 조선말로 수업을 감행하여 6개월만에 학교를 떠날 수밖에 없었고, 흥남질소비료공장 근무시절에도 일본어 상용지침을 무시하고 조선말로 훈화를 감행하는 등 조선어 지키기에 목숨을 걸었다. 이는 교육항쟁이었다! 또한 '조선'과 '성서'를 절대가치로 신봉하여 '성서의 진리' 위에 '조선'을 세우고자 『성서조선』을 창간하였으나 158호의 권두문 사건으로 폐간되고 투옥되었다. 『성서조선』 발행과 함께 그는 또한 매주 성서연구회와, 매년 연말연시에 성서집회도 10년간 주도하였다. 이처럼 그는 "무교회주의를 통해 참된 기독교를 천명하고, 성서에 의해 새롭게 거듭나는 인간을 양성하여, 조선의 참된 독립을 추구하는 것을 종교활동 및 집회의 궁극적 목표(전집 1, 2001: 9)[2]"로 삼아, 하나님 사랑과 나라사랑을 실천하였다. 이는 종교항쟁이었다!

교사로서의 김교신은 학생들의 삶에 동참하면서 학생들과의 인격적 교감을 통해 학생들에게 삶의 의미와 방향을 깨닫게 해 주었다. 그의 삶의 방식과 교육의 방식은, 부버가 현대인의 삶의 방향으로 제시한 「만남」의 철학과 유사한 점들이 많다. 그리하여 본 논문에서는 부버의 「만남」의 교육철학에 토대해서 김교신을 해석해보고자 한다. 즉 「만남」의 교육철학에 토대하여 김교신의 교육활동이 「만남」의 교육이라고 볼 수 있겠는가를 규명하고자 한다.[3]

II. 부버의 「만남」의 철학과 교육[4]

1. 부버의 「만남」의 철학

부버의 『나와 너』는 인간이 세계와 맺고 있는 두 가지 관계를 '선언'하면서 시작한다. 부버에 의하면 인간과 세계는 인간이 취하는

---

2) 이하의 모든 인용 표기에서 전집이라 함은, 노평구(2001)가 엮은 『김교신 전집』(서울: 부키)임.

3) 그래서 본 논문에서는 김교신의 교육활동에 주안점을 두고, 전집 중에서도 『김교신 전집 1』의 '교육'편과 '학문과 직업'편, 그리고 『김교신 전집 별권』의 '문하'편을 주 텍스트로 삼았다. 동시에 『김교신 전집 5, 6, 7』의 일기 중에서 교육과 관련된 내용을 참고하였다.

4) 이하의 부버관련 내용은 주로 강선보(2018)의 『마르틴 부버: 만남의 교육철학』에서 재인용한 것임.

태도 혹은 관계에 따라 '두 겹'이다. 인간이 세계와 맺고 있는 관계 ─ 세계에서의 인간의 존재 ─ 는 「나─그것」으로 표현되는 사물세계와 「나─너」로 표현되는 인격적 만남의 세계이다. 여기에서 나라는 존재 자체는 세계 속에서 어떠한 경우라도 「나─그것」 혹은 「나─너」라는 짝으로서만이 존재할 수 있기 때문에 두 겹이다. 이런 연유에서 부버는 이것을 '근원어(Grundworte)'라고 부른다.

부버는 「나─너」 그리고 「나─그것」이라는 관계의 개념으로 인간의 위치와 본질을 파악한다. 「나─그것」의 세계는 경험의 세계이다. 경험이란 어떤 것을 대상으로 삼는 활동, 즉 부버에 따르면 타동사의 영역에서 이루어지는 것을 지칭한다. 타동사의 영역에서 어떤 것을 지각하고 감각하고 표상하고 의욕하고 느끼고 생각한다는 것은, 그것을 객체로 인식하고 소유하고 이용한다는 의미이다. 이때의 세계는 경험의 대상으로서의 '어떤 것'일 뿐 경험하는 주체와 적극적이고 직접적인 관계에 있지 않으며, "경험은 그 사람 '안'에 있지 그와 세계 '사이'에 있는 것이 아니기 때문"에 "경험하는 사람은 세계와 아무런 상관이 없는" 방관자, 관찰자, 조정자로서 관계한다.

그러나 「나─너」의 세계는 관계의 세계이다. 이것은 전체 혹은 본질로서만 말해질 수 있는 직접적이며 상호적이고 근원적인 관계를 의미한다. 이러한 「나─너」의 관계에 들어서는 것이 바로 「나」와 「너」의 「만남」이다.

부버는 「나─너」의 관계가 성립되는 영역을 세 가지로 나누는데, 첫째는 자연과 더불어 사는 삶이고, 둘째는 사람들과 더불어 사는 삶이며, 셋째는 정신적 존재들과 더불어 사는 삶이다. 우리는 이러한 삶의 각 영역을 통해서 「나─너」로서의 관계를 맺을 수 있다 (Buber, 1958b: 6f & 100f).

우리는 이상의 세 가지 영역과 관계를 형성하게 되며, 각각의 「너」를 통해 「영원한 너」의 옷자락에 접하게 된다. 부버는 이를 '모

든 낱낱의 「너」는 「영원한 너」를 들여다보는 틈바구니'라고 설명한
다. 예컨대 참된 사람과의 교제 속에서 절대자의 이미지를 자각하는
순간이 바로 「영원한 너」를 접하는 순간이라고 할 수 있을 것이다.
「영원한 너」로 이르게 하는 「나―너」 관계의 특성은 다음의 다섯
가지로 요약된다(Buber, 1954a; Buber, 1958b; Friedman, 1976; 남정길,
1977).

첫 번째 특성은 상호성(mutuality)이다. 관계는 상호적인 것이다.
인간은 결코 독자적으로 실존하는 것이 아니라 항상 다른 인격과의
공존적 관계 속에서 실존하는데, 바로 이 점에서 부버의 실존주의
사상은 여타의 실존주의자들의 그것과 구별된다. 부버는 인간은 고
립된 실존이 아니라 타자와 만나고 대화하는 실존이라는 의미에서
사이(between)의 개념을 도입한다. 만남은 「나―너」의 존재론적 사
이에서 성립한다. 이 사이에서 피동인 동시에 능동인, 택하면서 택
함을 받는, 상호적 관계가 성립된다. 「나」는 「나―너」의 관계에서
영원한 생명을 느끼고 또한 그 관계에서 「너」와 더불어 현실에 참
여하게 될 뿐만 아니라 「너」와의 접촉을 통하여 「나」의 인격이 나
타나기 때문에, 인간의 진정한 관계는 상호관계에서만 존재하고 인
간교육 또한 공동체 안에서만 비로소 가능한 것이다.[5]

두 번째 특성은 직접성(directness)이다. 「너」에 대한 관계는 직접

---

5) "내가 너에게 영향을 끼치듯 너는 나에게 작용한다. 그러므로 우리가 가르치는 제자
들이 우리를 가르쳐 줄 수 있으며, 우리가 만드는 작품들이 우리를 세워줄 수도 있
다. 이러한 상호성 때문에 악인도 성스러운 「나-너」 관계에 접하게 되면 그의 진실
을 드러낼 수밖에 없게 된다"(Buber, 1958b:15-16). 이것은 너와 그 세계 사이에 서
로 주고받는 상호성에 기인한다. 「너」가 「나」를 만남으로써 동시에 「나」가 「너」를
만나는 것이기 때문에 「만남」은 항상 「서로 만남」(Sich Begegnung)인 것이다. 즉 나
는 너로 인하여 「나」가 되며, 나는 내가 되면서 「너」라고 말한다. 모든 존재자는 참
다운 것(眞)이기 때문에, 이러한 존재자들 간의 「상호만남」에 의해 참된 삶이 이룩
되는 것이다(Landgrebe, 최동희 역, 1961: 81). 따라서 부버는 "모든 참된 삶은 만남
이다"고 역설한다(Buber, 1958b: 11).

적이다. 부버에 의하면, 모든 매개물은 장애물이며 모든 매개물이 무너져버린 곳에서만 만남이 일어난다. 즉 「나−너」의 사이에는 어떠한 개념체계도, 어떠한 선험적 지식도, 어떠한 환상도 없고, 어떠한 목적도, 갈망도, 예상도 없으며, 오직 「너」만이 있다. 이런 의미에서 관계의 직접성은 배타적 성격을 띤다.

세 번째 특성은 시간적 현재성(presentness)이다. 현재성은 내 안에 존재하는 것이 아니라 「나−너」의 사이에 존재한다. 즉, 그것은 과거와 미래 사이의 추상적인 시점을 지칭하는 것이 아니라 '참되고 충만한 현재(the real, filled present)'를 지칭한다. 부버는 "참되고 충만한 현재는 현전하는 것, 만남, 관계가 존재하는 한에서만 존재한다"고 말한다. 이 현재성은 직접성과 밀접한 관계를 지닌다. 근원어 「나−그것」의 「나」는 하나의 「너」에 대하여 − 지금 그리고 여기에서 − 몸으로 마주 서 있는 것이 아니라 다양한 내용으로 둘려있기 때문에 과거가 있을 뿐 현재가 없다. 즉, 사람은 자기가 경험하며 사용하고 있는 사물에 만족하고 있는 한 과거에 살고 있는 것이며, 그 순간은 현재가 없는 순간이다. 현재는 덧없는 것, 지나가 버리는 것이 아니라 마주 기다리며 마주 지탱하고 있는 것이다. 본질적인 것(본질임. Wesenheiten)은 현재 속에서 살려지고 대상적인 것(대상임. Gegenständlichkeiten)은 과거에서 살려진다(Buber, 1958b: 12−13).

네 번째 특성은 강렬성(intensity)이다. 이것은 관계가 외부에서의 어떤 개입이나 관여를 완전히 배제함으로써 나타나는 절대적 관계의 힘, 즉 관계의 노력을 의미하는 동시에 상호관계에서 나타나는 긴장과 열정을 뜻한다. 따라서 「나−너」 관계 혹은 대화적 관계는 나의 전존재를 건 본질적 행위이다.

마지막 특성은 표현불가능성(ineffability)이다. 이것은 관계내용이 결코 객관적 지식이나 대상에서 얻어지는 내용물과 같은 것이 될 수 없다는 것을 의미한다. 따라서 표현이나 기술 또는 전달이 과학적 대상에서와 같이 객관적 명료성을 띠지 않음을 가리킨다. 예컨대 계시를 받은 사람이 계시의 상황을 설명할 수 없음과 같은 것으로, 「만남」은 은혜로 말미암아 이루어진다고 하는 것이다.

이상의 다섯 가지가 「나-너」 관계의 특성, 즉 「만남」의 특성이다. 부버는 「나-너」 및 「나-그것」의 두 관계가 인간실존에 필수적이라고 보며, 인간의 삶은 이 두 관계 사이를 오가는 것이라고 파악한다. 또한 「나-그것」의 관계가 없는 삶은 불가능하며, 「나-너」의 관계가 없는 삶은 무의미함을 강조한다. 부버의 표현에 의하면 "「그것」 없이 사람은 살 수 없다. 그러나 「그것」만을 가지고 사는 사람은 사람이 아니다." 낱낱의 「너」는 관계사건이 끝났을 때 「그것」이 될 수밖에 없으며, 또한 낱낱의 「그것」은 관계사건 속으로 들어섬으로써 하나의 「너」가 될 수 있다(Buber, 1958b: 33).

부버가 말하는 「나-그것」과 「나-너」의 관계는 삶의 전체성과 통일성 속에서 조명되어야 한다. 인간은 자신의 삶 속에서 그 둘을 포용해야 하는데, 이것은 합리적 모순율(rational law of contradiction)에 따른 포용이다. 부버는 이에 대해 "논리적인 진리개념에 따르면, A와 non-A가 공존할 수 없고 그 둘 중에서 하나만이 참일 뿐이다. 그러나 우리가 살고 있는 삶의 현실 속에서는 그들의 분리가 불가능하다(Buber, 1963:17)"고 설명한다.

그는 인간이 모순적 존재이며 세계에 대한 인간의 태도 - 관계 - 가 이중적인 것을 지적하고, 이것을 궁극적 차원에서 극복하고자 「나-너」의 인격적 「만남」을 강조한다. 현대의 비극적 상황 속에서 잃어버린, 결코 객체화될 수 없는 인간의 자아를 회복하기 위해 그는 「나-너」의 「만남」과 대화를 제시한 것이다. 이런 차원에서 부버의 사상은 인격주의라는 특징을 가지고 있으며, 인간주의 철학으로 점철되어 있다. 그에 따르면 모든 참된 삶은 「만남」이고, 「만남」은 대화이다.6) 이 대화적 삶 혹은 대화적 관계는 바로 「나-너」의 관계를 의미하며, 따라서 상호성, 직접성, 현재성, 강렬성 그리고 표현불가능성이라는 「나-너」 관계의 특성은, 그가 끊임없이 제기하고 실행했던 대화적 관계, 즉 대화적 삶의 특성이기도 하다.

2. 부버의 「만남」의 교육

부버의 인간교육론의 모태가 되는 것은 하시디즘(Hasidism)의 인간관이다. 이 하시디즘의 인간관에서 특히 강조하는 것은 인간의 독특성, 개별성 그리고 평등성이다. 모든 개인은 저마다 남과 다른 독특성을 지니고 있는 존재이고, 이러한 독특성이 개별화의 전제조건이 된다. 인간교육의 가장 중요한 과업은 따라서 각 개인이 지닌 독특성을 실현하는 것이다. 동시에 인간은 '누구나' 독특성을 지니고 있다는 점에서 모두 동등하다고 보는데, 말하자면 빈부, 귀천, 성별 등의 차이에 관계없이 누구나 똑같이 자신의 일을 신성하게 할 수 있다는 의미이다.

이러한 인간은, 하시디즘의 이론에 따르면, 세계와 하나님과의 교량역할, 즉 중재자의 역할을 수행해야 하는 존재이다. 인간은 하나님과 세계에 대한 봉사를 통해 이러한 역할을 수행할 수 있다. 하나님에 대한 인간의 봉사는 특별한 방식이나 예식을 통한 것이 아니라 일상생활 속에서 접하는 모든 것에 대한 봉사를 의미한다. 곧 일상생활의 신성화를 통해 세계를 구원할 수 있다는 것인데, 이런 의미에서 인간은 하나님과 공조관계에 놓여 있다. 따라서 인간으로 하여금 바로 이러한 것을 깨우치게 하고 실현하게 하는 것이 교육의 과업이라고 할 수 있다. 하시디즘의 이러한 인간관이 부버의 인간교

---

6) 하지만 각주 11에서 살펴본 것처럼 「만남」과 대화를 항상 동일하게 볼 수는 없음에 유의해야 한다. 모든 「나-너」 관계는 「만남」이지만, 모든 대화가 「만남」은 아니기 때문이다.

육론의 모태가 된다.

「나-그것」의 세계로 치닫고 있는 현대사회의 비극적 상황 속에서 「나-너」의 관계 회복을 통해 전체로서의 인간성을 회복하고자 하는 것이 부버 사상의 요점이다. 결국 부버에게 인간이란 관계를 통해 자신의 실존을 형성해 나가는 창조자로 파악된다. 그러므로 부버의 교육적 중심은 자연과의 관계, 인간과의 관계, 정신적 존재와의 관계를 통해 학생들의 인격을 계발하고 실현하는데 있다(Gordon, 1986:294). 다시 말해 부버의 철학적 인간학은 "인간의 전체성(the wholeness of man)"에 관한 탐구이기 때문에 그의 교육론의 주조음도 "학생의 전체성"에 관한 탐구, 즉 전인교육론이라고 볼 수 있다. 그의 인간교육론을 정리하면 다음과 같다.

첫째, 부버는 아동을 무한한 가능성과 창조성을 지닌 하나의 실재(reality)로 본다. 매 순간 지구상에서 태어나는 존재들은 수많은 실재들 중 하나이기도 하지만, 각각 새롭고도 특별한 하나의 실재이기도 하다. 이 사실은 역사 속에서 끊임없이 반복됨으로써 간과되거나 망각되곤 하지만, 하나하나의 실재는 분명 "아직 선보인 적 없고 아직 '되어진' 적 없는, 그러나 될 준비가 되어있는 천 가지 영혼들이며, 떠오르는 새로움이자 잠재된 근원힘"이다. 따라서 매순간 매 각각 인류의 – 아동의 – 실재에 대해 주목해야만 우리는 인류가 매 시간 시작되고 있음을 알 수 있으며, 또한 아동이 세계변화와 역사 창조의 잠재력을 가진 존재임을 인식할 수 있게 된다. 아동은 아무리 퍼내도 샘물처럼 솟아오르는 가능성을 가지고 있는 실재이며, 아동이 실재라면 교육도 실재가 되어야 한다는 것이 부버의 주장이다.

실재인 아동은 누구나 자립적이고 직접적인 창작자 본능(originator instinct)[7])을 가지고 있다(Buber, 1954a: 85). 인간, 즉 아동은 누구나 무

---

7) 영역본에는 originator instinct라고 되어 있지만, 독어본에는 '처음 있게 하는 사람'이라는 의미의 Urheber와 drive(동인/충동)라는 의미의 Trieb로 되어 있고, 전자의 대

엇을 창작하려고 하는데 이것은 "피동적으로 혹은 누군가가 시켜서" 하는 것이 아니라, 지금까지 없었던 어떤 것을 자신의 능동적인 강한 행위에 의해서 성립시키고자 하는 본능이다. 이것은 아무리 강해진다 하더라도 욕망으로 변하지 않는데, 왜냐하면 그것은 '가짐(having)'에서 나오는 것이 아니라 '행동함'에서 나오는 것이기 때문이다. 즉 창작자 본능은 커질수록 중독되기보다는 열정적인 것이 되고 여타의 존재 영역을 침해하지 않는다. 이것은 세계를 빼앗아서 자기의 것으로 만드는 것이 아니라 세계에서 자신을 표현할 뿐이다. 부버는 진정한 교육이란 이러한 창작자본능이 자율적으로 계발될 수 있도록 돕는 것이라고 본다. 하지만 부버는 "이러한 본능을 자유롭게 하는 것이 교육적 힘(educative force)이 아니라, 자유로워진 본능과의 만남을 가능하게 하는 힘이 바로 교육적 힘(Buber, 1954a: 86)"임을 강조한다.

둘째는 세계 자체를 하나의 교육장으로 생각한다는 점이다. 한 개별적 존재를 하나의 인격으로 형성시키는 것은 다름 아닌 세계 자체이다. 여기서의 세계란 자연과 사회라는 주변세계 전체를 일컫는데, 이것은 인간에게서 힘을 이끌어내고 세계의 모습을 이해하게 하고 세계 속으로 스며들게 하면서 '교육'을 한다. 부버에 따르면 우리가 교육이라고 부르는 것, 즉 의도적이고 의식적인 행위는 작용하고 있는 세계를 인간이 선택하는 것을 의미한다. 현시된 세계를 선택하는 일에 결정적인 효력을 주는 것이 바로 교육이고, 이 역할은 교육자에게 집결되어 있다. 이렇게 하여 무의도적으로 흐르는 범교육에서부터 교육적 관계가 형성되고, 세계는 교육자를 통해서 비로소 교육활동의 참 주체가 될 수 있다.

용어로는 Schopfer(창조자)가 일반적이므로 전체적으로 '창조자 충동'이라고 번역이 가능하다는 의견도 있다(Reden über Erziehung, 8th ed., 『부버의 교육강연집』, 우정길 역, 2010 참고).

부버는 세계를 교육의 장으로 보는 이와 같은 관점에서 또한 교사의 태도에 대해 논의한다. 간략하면, 교육장인 세계 속에서 교사는 아동을 교육시키는 여러 요소들 중 하나에 불과하기 때문에 겸손해야 한다는 것이다. 의식적으로 교육을 해야만 한다면 교사는 "마치 행위를 하지 않는 듯" 교육이라는 행위를 해야만 하고, "손가락의 움직임, 묻는 듯한 시선"을 통해 교육을 해야만 한다. 만약 교사가 관여나 간섭을 통해 자신의 세계를 드러내려고 한다면 자신에게 다가온 영혼들에게 순종과 반항을 불러일으키게 될 것이며, 곧 그 교육의 수신자인 아동을 잃게 될 것이다. 아동에게 영향을 미치는 것, 아동을 교육하는 것은 바로 자연이자 사회인 세계 및 관계이다. 따라서 교사는 이 두 가지를 대리하는 사람으로서, 그리고 이 요소들 중 하나로서 아동 앞에 서야 한다.

셋째, 교육은 비(非)에로스적이어야 한다. 여기서 에로스란 사랑을 의미하는 것이 아니라 선택, 즉 "기호에서 비롯되는 선택"이자 "인간을 즐기려 함"이라고 부버는 규정한다. 에로스 안에서 사랑하는 이는 사랑받을 이를 선택한다. 그렇지만 교육자는 아동을 그저 발견할 뿐, 선택하지 않는다. 교실에 들어선 교사는 자신의 눈앞에 있는 천차만별의 아이들을, 편견과 편애 없이, 자신의 기호에 상관없이, 모두 받아들여야만 한다. 부버는 현대교육자의 위대함은 바로 이러한 비에로스적 상황에 있다고 말한다. 이러한 점에서 교육은, 권력의지나 에로스와는 전혀 무관한, 고도의 금욕을 요구한다. 이때의 금욕이란 우리에게 맡겨진 학생들의 삶에 대하여 철저한 인격적 책임을 가지고 감수해야 할 금욕을 의미한다.

오늘날 교육의 과제 중 하나는 에로스적으로 흐르는 교육을 비에로스적인 교육으로 전환시키는 것이다. 인간은 누구나 인격적 존재이며, 인격적 존재인 한에서 서로가 서로에게 동등하기 때문이다. 따라서 교사가 학생을 취사선택한다는 것은 있을 수 없다고 보며,

단지 동등한 인격자로서 만났을 때만이 참다운 교육작용이 일어난다. 이런 의미에서 교사의 편애라든가 학교의 퇴학제도 등은 학생을 취사선택한다는 점에서 에로스적인 교육이라고 보아야할 것이다. 오늘날 우리의 교육현장에서 쉽게 일어나고 있는 이러한 점들은 인간교육적 차원에서 재고되어야 할 것이다.

넷째, 포용-(inclusion)으로서의 교육에 대한 강조이다. 부버는 포용의 개념을 통해 대화적 관계를 성립시키고 이것을 교육적 관계와 직결시켜 설명하기 때문에 부버의 교육철학에서 포용은 매우 중요한 위치를 차지한다. 포용은 감정이입과 다른 것이다. 감정이입은 대상 속에 자기 자신을 융해시킴으로써 자기 자신의 구체성을 배제하고 삶의 현실적인 상황을 지우며 실재가 사라지는 것을 의미한다. 반면 포용은 자신의 구체성을 확장하며 삶의 현실적 상황을 충족시키고 자신이 참여하고 있는 실재가 실제로 완전히 나타나도록 하는 것이다.8) 즉, 포용은 "한 사람이, 상대방과의 공동의 과정을 상대방의 관점에서 경험하되, 이 현실상황 속에서 자신의 행위감을 전혀 잃지 않음"을 의미한다. 이때 나는 나이면서 동시에 상대방이다. 부버는 포용에 대해, 첫째 어떤 종류이든 상관없이 포용은 두 인격 간의 관계이며, 둘째 양자의 공통적 체험이면서 적어도 양자 중 하나는 능동적으로 참여하고 있는 사건이고, 셋째 자신이 참여하고 있다는 느낌을 잃지 않으면서도 동시에 상대방의 입장에서 체험하는 것이라고 설명하면서, 이로부터 대화 및 교육적 관계의 상관성을 도출

---

8) 감정이입이란 독일의 심리학 용어인 Einfühlung의 번역어로서, 희랍어 παθοs에서 왔으며 동정(sympathy)이라는 표현과도 유사한 의미를 갖는다. 그러나 동정은 공감하는 것(feeling with)을 의미하고 감정적 상태로 끌어들이는 반면 감정이입은 인격의 보다 깊은 동일화 상태를 의미하고, 그 상태에서는 일시적으로 자기 자신의 주체성(identity)을 망각할 정도로 타자에게 감정을 이입하고 있음을 의미한다. 박성원, 『危機에 處한 者를 위한 相談方法의 硏究: 욥기를 중심으로』(서울: 장로회 신학대학 출판부, 1982), p. 36; May, The Art of Counselling(Nashville: Abingdon Press, 1967), p. 75f.

한다.

부버 교육의 다섯 번째이자 마지막 특징은 성격교육에 대한 강조이다. 전인교육을 주창하는 부버의 교육론 안에서 이것은 "교육이라고 불릴 만한 가치를 지닌 본질적인 교육"으로서 논의된다. 먼저 전인교육의 관점에서 성격교육에 대한 강조와 중요성은, 그것이 인격과는 달리 교육 '가능하다'는 점과 '교육되어야만 한다'는 점을 확고히 함으로써 시작된다. 앞서 살펴본 것처럼 학생은 지금 우리 앞에 살아가고 있는 현재적 사실성, 그리고 앞으로 되어질 가능성이라는 두 가지를 지니고 있는 하나의 전체, 즉 전인이다. 이 전인은 인격혹은 성격이라는 두 관점 중 하나로써만 파악할 수 있는데, 부버는 각각의 개념적 차이를 다음과 같이 설명하고 난 뒤, 교육가능성과 관련하여 후자에 방점을 찍는다. 즉 부버에 의하면 성격(character)은 교육자의 영향미침으로 형성되는 것이기 때문에 교육자의 가장 큰 과업이라는 차원에서 인격(personality)과는 구분된다. 반면 인격이란 정신적-육체적 유일성인 개인 및 그 개인 속에 깃들어 있는 힘들의 총체로서 하나의 완성작이며, 돌보고 촉진시켜주어야 하는 것이라는 점에서 성격과는 본질적인 차이를 가지고 있다(Buber, 1954a: 104).

성격교육은 학생의 전체성에 영향을 미침으로써만 행해질 수 있다. 따라서 교육자는 자신의 전체성으로, 즉 비자의적 실존의 전체성으로 학생 앞에 서야만 하며, 이것이 가능하도록 하기 위해서 교육자는 성격의 각인에 참여하려는 의지와 존재의 일정한 선택, 달리 말해 어떤 당위적 옳음의 선택을 대변하려는 의식을 자신의 소명으로 삼아야 한다. 이를 통해 학생은 교육자를 "한 사람으로 받아들이게 되며", 그가 '윤리'를 가르치거나 주입하려는 것이 아니라 자신의 삶에 참여하고자 하는 것임을 느끼게 된다. 이로부터 학생은 교사에게 다가와 그에게 질문하기를 배우며, 교사는 이에 대해 책임 있게 응답을 해야만 한다. 이렇게 교사가 학생을 마주할 때, 즉 그 학생의 삶에 참여하면서 책임감 있게 서 있을 때 어떤 의도나 정치성 없이도 성격교육이 가능해진다. "교육의 열매를 맺게 하는 것은 교육적 의도가 아니라 교육적 만남"임을 부버는 거듭 강조한다.

위대한 성격은 격률이나 관습체계가 아니라 행위하는 것을 그 본래적 속성으로 한다. 부버의 정의에 따르면 위대한 성격의 소유자는 "각 상황의 요구를 깊이 받아들여 이를 행위와 태도를 통해 전존재로서 기꺼이 책임지려는 모습을 보여주는 사람"이다. 이런 의미에서 교사는 어떤 권력집단에 의해 보편타당하다고 여겨지는 가치와 규범을 주입하는 것이 아니라 영원한 가치, 즉 삶과 세계에 대한 개인(학생)의 책임을 불러일으킴으로써 그들의 행위와 태도의 결과로서 위대한 성격이 나타나도록 해야 한다. 삶과 세계에 대한 책임이란 개인주의와 집단주의의 이원성을 넘어서는 것을 뜻하며, 바로 이 점에서 부버는 "진정한 성격교육은 공동체를 향한 진정한 교육"이라고 단언한다.

이상과 같이 부버는 교육의 본질이 훼손되는 것은 교육작용이 점차 비인격적 관계인 「나-그것」의 관계로 타락하기 때문인 것으로 파악하면서, 인간의 내재적 능력을 전체적인 입장에서 전반적이고도 조화롭게 계발시켜야 한다는 전인교육론을 피력하였다.

III. 「만남」의 교육을 실천한 김교신

1. 인격적 감화를 통한 사람됨의 교육

예나 지금이나 대부분의 학교 교사들은 인간됨보다는 학생들을 자기가 담당한 교과목의 수재를 만드는데 제일 목적을 두고 가르침에 열중했다. 즉 나무는 보되 숲을 보지 못한 것이다. 다시 말해 교과를 통해 인간을 만들자는 것이 제일 목적인데, 교과 수재를 만드는 것에 제일 목적을 두고 있는 우를 범하고 있는 것이다. 게다가 학교교육도 전반적으로 획일화되어 공장의 대량생산처럼 대량교육을 하고 있다. 김교신은 이러한 교육을 심히 걱정하고 비판했다.

> 물통에 넣고 고구마를 씻듯이 하는 다량생산적 학교 교육은 그 종막이 닫히고, 이제 재래의 서당과 훈장을 다시 찾아야 할 기운이 성숙하였도다. 감사하도다. 인간교육에만은 다량생산을 불허하는도다. 영혼은 그처럼 귀한 것이다(전집 1, 81).

참교육이란 영혼과 영혼의 만남을 통해 잠자고 있는 영혼에 불을 지피는 것이다. 그러나 대량교육에 물들은 학교교육은 인격적 교감을 통한 인간교육을 무시하고 영혼의 각성에 거의 눈길을 주지 않는다. 이러한 교육행태에 김교신은 크게 반발했다. 실제로 김교신은 지리학을 담당한 교사였지만 단편적인 지리학적 지식만을 학생들에게 전달해 주는 주입식 교사가 아니었다. 그는 '사람됨'을 교육의 제일 목적이라고 보았기 때문에 지리학 시간을 통해 인간을 키우고자 하였다. 교육의 성자 페스탈로찌가 강조한 것처럼 수학 교사는 수학을 통해 인간을 만드는 것이고, 국어 교사는 국어를 통해 인간을 만드는 것이다. 그런데 김교신이 그러했다. 그러기에 그의 제자들도 김교신의 지리학 수업은 '인생철학을 배우고 사람의 정신을 배우는 귀한 시간(백소영, 2016: 43에서 재인용)'이었다고 한다

이와 관련해 김교신의 양정고보 제자인 구건은 스승의 면모에 대해 다음과 같이 밝히고 있다.

… 다만 모든 학문과 인간 자체를 살려내는 높은 차원의 인간교육 면을 일의적(一義的)으로 생각한 것이라고 느껴진다. 그리고 이가 선생의 전체 근본 교육정신이었다(전집 별권, 188)

박물시간에는 거미의 결사적인 연애 이야기에서 끝에는 남녀간의 사랑에 언급, 다시 이어서 춘향의 이야기에서 롱펠로우의 에반젤린의 사랑의 애가에 비화(飛火), 마침내는 이와나미 문고로 최근에 나온 것이 있다고 소개해 주시곤 했다. 이런 이야기 속에는 인간의 근본적인 것이 깃들여 있었고 또한 소개하신 책은 거의가 그러한 책들이었다. 선생은 언제고 자기를 분명히 알아가는 것이 인생의 근본이라고 하셨다(전집 별권, 177).

이처럼 김교신은 강의내용의 중핵만 간략히 설명한 후 나머지는 학생들 스스로 학습하게 하고 남는 시간에는 사람됨의 교육에 치중하였던 것이다(전집 별권, 185). 물론 당시의 상황으로 보면 일본의 지리와 박물에 강의 중점을 두어야 하겠지만 민족혼이 투철한 김교신에게 가당한 일이겠는가? 참으로 시대상황에 적절히 대처한 김교신만의 특유한 민족교육이요 인간교육이었다. 즉 그는 아래 글에서 보는 것처럼 교육의 제일 목적을 진실한 인물 즉 참사람의 양성에 있다고 보았다.

우리의 희망은 거대한 사업 성취나 혹은 신령한 사업 헌신에 있는 것이 아니라, 진실한 인물의 출현에 있다. 그가 아무 사업도 성취한 것 없이 그리스도와 같은 참패(慘敗)로써 세상을 마친다 할지라도 참 의미에서 하나님을 믿고 그와 함께 걷고 함께 생각하며 함께 노역하는 자면 우리의 희망은 전혀(오로지) 그에게 달렸다(전집 1, 35-36)

한편, 경성대 예과 입시 구두시험 때에 1) 세계에 가장 좋은 책이 무엇이냐는 물음에 "바이블(성경)입니다", 2) 놀란 안색의 시험관이

야소 신자냐고 물으니 "예, 예수를 믿습니다", 3) 너의 가정도 모두 기독 신자이냐라는 물음에 "저만 홀로 믿습니다", 4) 시험관이 다시 놀라면서 어떻게 되어 믿느냐는 물음에 "우리 학교 담임선생 김 모가 예수 믿는 고로 나도 믿습니다"라고 답변하자 군복입은 시험관이 매우 불쾌한 표정을 하면서 "나가라"라고 하였다(전집 5, 119). 이처럼 훌륭한 스승이 가는 길을 제자는 같이 가게 마련인 것이다.9) 스승을 인격적으로 신뢰하기에 제자도 스승이 믿는 종교를 믿는 것이다.

양정고보의 제자인 유달영은 김교신 선생 승천 5주년 기념강연회에서 스승의 전존재적 가르침에 대해 다음과 같이 회상한다.

> … 그 시절에는 춘원의 『이순신』이라는 소설이 동아일보에 연재되어 전민족의 가슴을 감격으로 휩쓸고 할 때였습니다. 춘원의 그 소설을 읽는 선생의 두 볼에 뜨거운 눈물이 흘러내리는 것을 보고 나도 가슴이 벅참을 느끼곤 했습니다. 역사는 직선으로 흐르는 것이 아니라 간헐천처럼 팽창하면 멎게 되고, 멎은 것은 다시 터지게 된다는 것을 열심히 설명해 주던 기억도 새롭습니다(전집 별권, 131).

질식할 것 같은 암울한 시대에 이순신을 통해 희망을 잃지 말자는 스승의 가르침이 머리를 통해서 전달된 것이 아니라, 전존재적 인격을 통해 제자에게 전달된 것이다. 이처럼 김교신은 가슴에서 가슴으로 전달되는 전인교육을 하였다.

그런데 부버의 「만남」의 교육에서는 사제 간의 인격적 교감을 무엇보다도 중시한다. 그런데 사제 간에 인격적 관계형성을 위해서는 교사 자신이 먼저 인격화되어야 한다.10) 김병옥(1981: 14-15)은, 인

---

9) 물론 구도의 길을 같은 방향으로 함께 갈 수는 있지만, 구도의 방법은 서로 다를 수 있다. 서울에서 부산까지 가는데 가는 방법은 서로 다를 수 있다는 것이다. 따라서 4절의 '독특함을 강조한 개성교육'과 모순되는 것이 아니다.

격적-실존적 관계는 먼저 자기 자신의 내부로부터 성립하며, 자신
의 인격성에 눈뜬 자는 아직 눈뜨지 못한 자에게 이를 가르칠 수 있
다고 하면서,[11] 이리하여 교육적 「만남」(Pädagogische Begegnung)이
성립한다고 보았다(강선보, 2018). 이처럼 대화적 인격은 스스로 자라
나는 인격일 뿐만 아니라 남을 자라게 하는 인격이기에 상호 촉진
적인 성격을 지니며, 동시에 인격적 「만남」을 통해 한 인간의 삶을
비약적으로 변화시키기도 한다. 부버(1962)는 이것을 다음과 같은 비
유로 설명한다.

> … 어떤 사람이 노래를 부르는데 목소리를 더 이상 높일 수 없는
> 음(音)이 있다. 바로 그때. 또 다른 사람이 다가와 그와 함께 노래를
> 부르는 데 그 사람은 그 이상의 목소리를 낼 수 있는 사람이다. 그러
> 면 첫 번째 사람도 또한 그의 목소리를 높일 수 있게 될 것이다. 바
> 로 이것이 영혼과 영혼 사이의 결합의 신비이다(84).

바로 이것이 교사와 학생간의 관계인 것이다. 즉, 교사는 학생의
잠든 영혼, 인격을 일깨워 줄 수 있어야 하는 것이다. 그러기에 교
육의 본질이 영혼과 영혼의 접합이며, 인격과 인격의 「만남」인 것이
다. 우리는 김교신과 손기정 간의 영혼의 「만남」에서 이러한 교육의
본질을 엿볼 수 있다.

> 손군이 작년(1936년) 11월 3일 동경 메이지 신궁(明治神宮) 코스에
> 서 2시간 26분 41초로 세계최고기록을 작성할 때는 '선생님 얼굴이

---

10) 김교신의 제자 박동호는 "위대한 모습"이라는 글에서 "선생님은 엄격하신 교육가였
습니다. 지식보다 인격을 항상 중시했습니다"라고 회고한다(전집 별권, 196).

11) 이와 유사하게 김교신의 스승인 우치무라 간조(內村鑑三)도 "죄에서 구원받은 자가
아직 죄에 침륜해 있는 자를 구원하고자 원하니 이것이 전도요 구제다. 내가 구제를
창도하는 것이 내가 완전무결한 위인이라서가 아니요, 내가 병들었다가 나았으니 의
유(醫逾:병을 치유함)의 쾌를 타인에게 분포하려는 원심(願心)뿐이다(전집 1, 90)"라
고 하여, 먼저 구원받은 자가 구원받지 못한 자에게 영향을 미칠 수 있다고 보았다.

보이도록 자동차를 일정한 거리로 앞서 모시오' 하는 요구에 '설마 선생 얼굴 보는 일이 뛰는 다리에 힘이 될까' 하면서도 이 때에 생도는 교사의 심장 속에 녹아 합일되어버렸다. 육향교(六鄕橋) 절반 지점에서부터 종점까지 차량에 얼굴을 제시하고 응원하는 교사의 싸협에는 제지할 줄 모르는 열루(熱漏)가 시야를 흐리게 하니 이는 사제합일의 화학적 변화에서 발생하는 눈물이었다. 그 결과가 세계기록이었다(전집 1, 36-37).

달리는 손기정 앞에서 눈물을 흘리며 기도하는 스승의 얼굴을 보고 끝까지 완주하여 1등을 하였다는 것이다. 문자 그대로 영혼과 영혼의 「만남」이 기적을 이룬 것이다. 스승의 염력이 제자에게 통했던 것이며, 스승에 대한 믿음이 「만남」을 이룬 것이다. 훗날 손기정은 김교신에 대해서 다음과 같이 평가한다.

> 교사에는 지식으로 사람을 가르치는 교사가 있고, 덕으로 가르치는 교사가 있다. 지식으로 가르치는 교사한테서는 기술자한테서 기술을 배우듯이 지식을 배울 뿐이지만, 덕으로 가르치는 교사한테서는 인생 그 자체를 배운다. 그러므로 후자의 경우는 뭘 배운다기 보다 마치 어머니의 젖과도 같이 먹으면 곧 살이 되어 성장하게 된다. 이런 교사야말로 참 교사가 아니겠는가? 선생님은 바로 그런 분이시다…. 그냥 바라만 보고 있어도, 아니 선생님이 계시다는 생각만 하고 있어도 무엇이 저절로 배워지는 것 같은 분이 바로 선생님이셨다고 생각된다…(전집 별권, 154).

손기정의 고백처럼 선생님의 곁에 그냥 있기만 해도 무언가가 저절로 배워진다는 것은 무언의 대화 속에서 사제 간에 영혼과 영혼의 교감이 이루어진다는 것이다. 이것이 「만남」이다. 부버의 「만남」의 교육에서는 교사는 자신이 먼저 인격성에 눈뜨고, 전인이 되어야 한다. 그리고 그 인격은 흐르는 물처럼 가슴에서 가슴으로 전달된다. 그래서 부버(1979)도 다음과 같이 역설하였다.

> 교사는 자기와 같은 인간에게 흉금을 터놓고 의견을 소통하는 살
> 아있는 전인(全人)이 되어야 한다. 이 살아서 움직이는 교사의 생동력
> 은 교사가 학생들에게 영향을 미치려고 생각하지 않을 때에도 아주
> 강력하고 순수하게 학생들에게 스며들어 영향을 미치게 된다(180).

살아있는 전인이 된다는 것은 전인을 목적으로 하는 교육에서 '교
사가 모범이 되어야 한다'는 의미이다. 그럴 때만이 교사의 생동력
있는 행위가 학생들에게 의도하든 하지 않든 진정한 대화적 관계에
서 저절로 스며들게 된다. 제자 손기정이 위에서 고백한 내용과 부
버가 역설한 내용이 일치하고 있다.

또한 양정고보 제자 손정균은 자신을 참된 신앙인으로 거듭나게
한 김교신을 '생명의 은사'라고 추앙하면서, 그리고 제자 최남식은
자신의 사람됨을 만들어주신 스승을 기리면서 다음과 같이 회상한다.

> 선생님은 보통 직업적 교사처럼 우리에게 학문적인 지식을 넣어
> 주는데 그치지 않고, 자신의 진실된 인격을 통해 참되게 바르게 민족
> 을 위해 살도록 우리에게 끼친 감화력은 한없이 컸다고 생각된다(전
> 집 별권, 158, 손정균).

> 시험 감독을 하실 때는 항상 제일 뒤 책상에서 독서를 하시면서
> 엄한 감독을 하셨다. 한번은 수험 중 뒤에서 통곡 소리가 나서 뒤돌
> 아보니 선생님께서 『에반젤린 Evangeline』 시를 읽으시면서 우시는
> 것이었다. 우리들은 와아하고 웃다가 벌을 받고 꼭 이 책을 읽어라는
> 숙제를 받아 이와나미 문고(岩波文庫)로 이 책을 감명 깊게 읽은 일이
> 있다(전집 별권, 165, 최남식).

이처럼 손정균의 회상에서 보듯이 김교신의 가르침은 인격적 감

화를 통한 사람됨의 교육이었고, 이를 몸소 실천하였다. 부버의「만남」의 교육 또한 사제간의 인격적 교감을 통한 교육이기에 우리는 김교신을「만남」의 교육가라고 할 수 있을 것이다.

2. 구도적 동반자를 자임한 스승

교육상황에서는 교사와 학생과의 관계를 우열적 상하관계로 보지 않고 진리와 삶 앞에 적나라하게 서 있는 동등한 구도자의 관계로 보는 것이 바람직하다(殷俊寬, 1980: 64). 이것은 부버(1954a: 101)가 말하는 우정의 관계이기도 하다. 이때 교사가 학생이 되기도 하며, 학생이 교사가 되기도 한다. 진리와 삶 앞에서는 교사가 교사이기를 그치고, 학생은 학생이기를 그치는 한에서「만남」이 가능한 것이다. 그러므로 비록 학생이 교사와 만나는 경우라고 하더라도 그것은 특별한 교육학적 만남의 특수 형태가 아니라, 어디까지나 단순히 인간과 인간의 만남이라는 것이다(李奎浩, 1977: 138). 따라서 삶과 진리 앞에 교사와 학생이 동등한 구도자적 인간으로 마주설 때「만남」이 가능한 것이다. 인도의 성자 '선다 씽'의 이야기에 나오는 다음의 예를 검토해 보자.

눈 내리는 추운 겨울날 나그네가 길을 떠났다. 목적지에 도달하기 위해서 깊은 산을 넘어야 했다. 계곡을 가다보니 웬 나그네 하나가 추위로 인해 눈 위에 쓰러져 있었다.

1) 이 나그네는 망설였다. 쓰러진 나그네를 보살피거나 업고 가다가 지체하면 자기마저도 동사(凍死)할 것이라는 생각에 못 본 체하고 지나쳤다. 결국 이 나그네도 얼마 못 가 추위로 동사(凍死)하고 말았다(「나-그것」의 관계의 결말).

2) 이 나그네는 쓰러진 나그네를 업고 목적지를 향해 부지런히 걸었다. 이마에는 구슬 같은 땀이 흘렀으며, 등에서는 따스한 체온이 발

(發)하여 업힌 나그네의 가슴으로 전달되어 언 몸을 녹여 주었다. 결국 둘다 살았다(「나 - 너」의 관계의 결말).

이 예에서 보듯이 1)의 나그네는 삶과 진리 앞에 떳떳이 맞서지 못했기에 결국 공멸(共滅, dying together)하고 말았지만, 떳떳이 맞선 2)의 나그네는 공생(共生, living together)을 하게 된 것이다. 즉 1)에서는 '너도 죽고(lose) 나도 죽었지만(lose)', 2)에서는 '너도 살고(win) 나도 살은 것(win)'이다. 이처럼 부버(1962: 84-85)는 진흙에 빠진 사람을 구하기 위해서는 진흙 속으로 뛰어들어야 한다는 하시디즘[12]의 가르침을 강조한다. 따라서 교사도 학생의 실존에 동참해야 한다 (강선보, 2018). 김교신은 학생들의 삶과 고뇌에 동참하면서 구도적 동반자적인 삶을 살았다.

스승과 함께 구도의 길을 걷다가 『성서조선』 사건으로 김교신과 함께 투옥되어 고초를 겪기도 했던 제자 유달영이 회고하는 김교신의 양정고등보통학교 부임 인사는 다음과 같다.

"여러분은 이 나라의 희망입니다. 참되이 배워갑시다. 그리하여 이 나라의 앞날을 위해 꾸준히 준비합시다. 나도 여러분들과 똑 같이 한

---

12) 부버의 사상을 이해하는 데 필수적인 두 기둥은 하시디즘과 「만남」의 철학이다. 그런데 「만남」의 철학은 하시디즘을 발판으로 생성된 것이기 때문에 하시디즘을 모르고는 부버를 이해할 수 없다. 하시디즘은 18세기에 이른바 "바알 쉠 토브(Baal Shem Tov)"라고 불리우는 "이스라엘 벤 엘리에저(Israel ben Eliezer)"에 의해 동유럽의 폴란드에서 생겨난 유대교의 경건주의적 신비운동이다. 하시디즘에서는 인간이 세계와 하나님간의 교량역할, 즉 중재자의 역할을 수행해야 하는 존재임을 강조한다. 인간에게 주어진 이러한 역할을 인간은 하나님과 세계에 대한 봉사(아보다)를 통해 수행할 수 있다. 그런데 이러한 봉사는 특별한 봉사가 아니라 일상생활 속에서 접하고 행하는 모든 것들에 대한 봉사를 뜻한다. 곧 일상 생활의 신성화를 통해 세계를 구원할 수 있다는 것이다. 다시 말해 세계 속에 흩어져 숨어 있는 신성한 불꽃들을 해방시켜 그 근원으로 복귀시킬 수 있는 자는 인간뿐이라고 본다. 이런 의미에서 인간은 하나님과 공조관계에 놓여 있는 것이다. 따라서 바로 이러한 것들을 인간으로 하여금 깨우치게 하고 실현하게 하는 것이 교육의 과업이라고 할 수 있다. 하시디즘의 이러한 인간관이 부버의 인간교육론의 모태가 된다(강선보, 2018).

학도로서 함께 배우며 걸어가고자 합니다"(별권, 130).

부임사에서 보듯이 김교신은 교사와 학생의 관계를 상하의 관계, 우열의 관계, 주종의 관계로 보지 않았다. 오히려 학생과 함께 조국의 앞날을 위해 구도적 동반자 자세로 함께 배우고자 하였다. 그리고 이를 몸소 실천하였다. 1936년 11월 13일의 그의 일기 내용과, 양정고보 제자 최남식의 회고담을 보면 다음과 같다. 특히 제자 최남식은 회고담에서 김교신을 1) 실천가이신 선생님, 2) 무서우신 선생님, 3) 눈물 많으신 선생님, 4) 마지막 뵈온 선생님으로 분류하여 회상하면서, 선생님의 실천적 모습을 아래와 같이 밝히고 있다.

"… 교외 마라톤 대회. 홍제천 사장(砂場)에서부터 구파발리까지 왕복 7리 반을 전교 생도와 함께 뛰다. 참바람에 북한산 영봉을 바라보면서 뛰는 쾌미는 비할 데 없었다 … 완전히 결승점까지 온 자 302인중에 제22위로 귀착하다 … 장거리 선수의 본산지인 양정 생도들과 뛰어서 낙오 안한 것만 다행인가 하다"(전집 6권, 128, 김교신일기).

… 교내 마라톤 대회가 있었다. 그 때의 양정의 마라톤이라면 손기정 선수 재학 시절이라서 국내외에 이름을 떨치는 일류 육상 선수가 교내에 많았는데, 선생님이 당당 10위로 주파하신 기억이 난다. 그것도 도중 모든 학생들의 감독을 하시면서 얼마나 잘 뛰셨던고! 빡빡 깎으신 머리에 런닝 셔츠, 팬츠 차림이니 통행인들은 학생들로만 알았을 것이다(전집 별권, 163-164, 최남식 회고).

이처럼 그는 학생들과 더불어 정규 수업이 아닌 교내 마라톤 행사까지도 몸소 참여하여 학생들과 어울려 씨름도 하면서 동고동락하는 사제동행의 모범을 보였다.[13] 또 다른 예로, 그는 "학생들에게

---

13) 제자 구건이 쓴 "스승님의 면모"라는 글에서 "선생은 사실 늘 근무의 틈을 타서는

일기를 쓸 것을 의무화하고, 자기 자신도 꼭 일기를 썼다(김정환, 1980; 60에서 재인용-)"고 한다.

> "선생은 일단 학교에 나오면 성서연구 및 집필시간을 제외하고는 학생들과 생활을 같이 하였다. 특히 운동장에서는 농구 코우치로 학생과 같이 뛰었고 등산도 같이 하기를 좋아 했으며, 심지어는 씨름까지도 함께 어울려 했다고 전해지고 있다. 이리하여 학생들과 완전히 호흡을 같이하는 것이었다"(김정환, 1980; 55-56).

이것이야 말로 교사와 학생이 한데 어우러져 한 길을 걸어가는 사제동행의 표본이요, 구도적 동반자의 전형일 것이다. 또한 줄탁동시이다. 그것은 "한 학도로서 함께 배우고 걸어가겠다"는 부임사의 실천이요, 교사로서의 모범이다. 양현혜(2009)는 김교신의 이러한 인격적·구도적 특질을 아래와 같이 깔끔하게 정리한 바 있어 이것으로 본 절의 마무리를 대신하고자 한다. 기실 김교신의 교육관을 압축해 놓은 것으로 볼 수 있다.

> 교사로서 김교신이 가장 중시한 교육목표는 '진리의 구도에 의한 자기 확립'이었다. 김교신은 교육이라는 것은 인간의 귀중한 영혼에 관계되는 것으로 그 목표는 하나님 외의 어떤 것도 두려워하지 않는 인격을 형성하는 것에 있다고 생각했다. 따라서 인간의 귀중함을 무시하는 대량생산적 속성의 방법을 지양하고, 오지 스승과 제자의 인격적 만남 가운데 진리를 함께 추구해 가며 인격적인 감화를 통해 '자기'를 형성해 간다는, 말하자면 종교적인 구도와 같은 '점진적인 만성(晩成)14)'의 방법을 주장했다(10-11).

학생들 속에서 같이 호흡하시며 시간을 즐기셨던 것이다(전집 별권, 190)"라고 회고한다

14) 김교신은 교육과 종교의 관계를 논하면서 '만성'에 대하여 다음과 같이 설명하였다. "교육은 종교에 이르는 도정이니 종교에 미치지 못하는 교육은 미성품(未成品)이요

3. 종교적 평화주의자로서의 피스메이커

세계 속에서 변화하고 타락하는 것은 신이 아니라 인간이다. 따라서 불화의 원인을 인간 자신에게서 찾아야 한다. 그러기 위해서는 인간과 인간 사이의 「관계」를 회복하여야 하고, 신에 대한 믿음을 회복하여야 한다. 인간이 인간을 신뢰할 수 있을 때 신과의 신뢰도 회복될 수 있는 것이다. 그래서 부버(Buber, 1958a: 10; Buber, 1962: 82)는 "인간을 사랑하지 않는 자는 신을 사랑하지 않는 자이며, 진실로 신을 사랑하려는 자는 먼저 인간을 사랑하여야 한다"고 했던 것이다. 바로 이러한 것이 부버의 평화관인 것이다.

> 우리의 성현은 이렇게 말한다. 즉, "너 자신의 자리에서 평화를 구하라. 너 자신 속에서만이 평화를 발견할 수 있을 뿐이다"라고. 그리고 시편에는 이렇게 적혀있다. "나의 죄악 때문에 내 몸에는 어떠한 평화도 없다"라고. 따라서 인간이 자신의 마음 속에 평화를 이룰 때 전 세계의 평화를 이룰 수 있는 것이다(Buber, 1958a: 157-158).

평화는 인간의 사회질서 문제이다. 이것은 인간과 인간 「사이」의 문제이다. 따라서 인간과 인간 사이의 「관계」는 중요한 의미를 지닌다. 그런데 「관계」의 상실은 신뢰의 상실을 의미하며, 이는 비인간화로부터 비롯된다. 우리는 서로를 신뢰하고, 각자가 서 있는 자리에서 마음의 평화를 이룰 때 세계평화가 구현된다는 것이다. 김교신이 제자들에게 크게 강조해 온 교육내용 중의 하나가 바로 '신의'인데, 이를 제자의 입을 통해 들어보도록 한다. 즉 양정고보 제22회

실패다. 또한 종교는 교육적으로 수련할 것이니 기적적으로 일조일석에 '속성(速成)'한다기보다 보물을 바치고 시일을 걸려서 점진적으로 '만성(晚成)' 할 것이다. 쉽게 말하면 통상 위인이 기독신자 됨에는 적어도 '10년'은 '공부'하여야 할 것이다. 깊이 알려면야 50평생도 부족하려니와(전집 1, 87-88)."

졸업식의 감사지사(感謝之辭)에서 갑조 대표가 낭독한 내용은 다음과
같다.

> 타(他)로부터 신임을 받는 인간이 되라고 우리 선생이 외치신 것은
> 실로 우리들이 제1학년 여름방학을 맞는 날이었다. 선생은 소시에 자
> 기 모친에 대해 신의를 깨뜨린 일이 있음을 참회하시며 교장(教場)에
> 서 손수건을 적시셨도다. 우리 이를 목도하였음이여! 아, 그 날 이래
> 심중에 굳게 잡고 놓치지 않는 노력이란 실로 신의 있는 사람 되는
> 것이로다. 신의! 이 있어 인간은 왜 천국이 아니겠는가! 평화향(平和
> 鄉)이 못 될 것인가! 선생이여, 우리들은 다 신의를 위해 목숨을 버릴
> 것임이니이다. 원컨대 마음을 놓으시기를!(전집 1, 68-69)

이처럼 김교신은 제자들에게 신의(신뢰)를 강조하였다. 그의 신
(信)에 대한 애착은 유교의 영향일 수도 있으나, 어쨌든 신뢰라는 덕
목을 핵심적인 교육내용으로 선정하고 이를 강조하며 가르친 것이
중요하다. 그리하여 제자들의 가슴에 신의를 각인시키고 이들을 통
해 평화향을 실현하게 할 수 있는 마음을 굳히게 한 것이다. 이러한
교사야 말로 진정한 피스 메이커(peace maker, 평화를 만드는 자)이다.
부버(1954a: 106) 또한 참된 학습이 성립되기 위해서는 무엇보다도
신뢰(confidence)가 전제되어야 한다고 본다. 즉 ① 교사가 학생을 인
격으로 대하고, ② 학생은 교사가 자기를 인격으로 확인하고 있음을
느끼게 하고, ③ 학생의 교사에 대한 신뢰가 형성되고, ④ 학생은
교사를 하나의 인격으로 수용하고, ⑤ 이리하여 묻고 배우는 교육작
용이 성립된다고 보았다. 이처럼 학생의 전존재에 참으로 영향력을
행사할 수 있는 것은 오직 교사의 전존재와 자발성뿐이다(Buber,
1954a: 103). 신뢰를 바탕으로 교사와 학생간의 인격적 교감이 이루어
지고, 이를 통해 참된 교육작용이 일어난다는 것이다(강선보, 2018).
김교신의 사제관계도 그러했고, 김교신의 교육도 그러했다. 이러한

참 교육을 통해 신뢰로운 참 사람을 키워내는 일이야 말로 진정 평화를 만드는 일이다.

이와 관련된 김교신의 양정고보 제자가 보낸 편지의 한 구절을 보자.

> … 저로 하여금 예수를 알게 하신 선생님을 원망했습니다. 차라리 내가 예수를 몰랐더라면 이러한 영적 고통은 없었을걸 … 그러나 지금은 예수를 알고, 세상을 이렇게 살고 간 사람도 있었다는 것을 배운 후로는 이러한 생각(입신출세할 생각, 필자주)은 간곳없이 자취를 감추었습니다. 어찌하면 의로운 생활을 보낼 수 있을까, 어찌하면 깨끗하고 죄를 범치 않는 생애를 보낼 수 있을까 하는 일면으로 소극적 인간이 되고 만 듯합니다…(전집 1, 83)

김교신을 통해 성서와 예수를 알고, 그리하여 제자의 삶이 신의롭고 죄 없는 삶이 된다면, 그리고 그러한 깨우침을 얻은 제자들이 넘쳐난다면,[15] 그러한 사회 즉 조선사회는 평화로운 사회가 될 것이다. 즉 김교신이 염원했던 "성서조선"이 될 것이다. 김교신과의 만남을 통해 제자의 삶이 온전하게 거듭나 마음의 평화를 얻었다면 김교신은 피스메이커이다.

한편 부버는 「관계」의 회복, 비인간화의 극복을 「만남」의 철학으로 이루고자 한다. 전쟁과 평화의 근본동인(根本動因)은 인간이고, 인간의 문제는 교육의 문제이므로 우리는 평화의 문제를 교육에서 다루어야 한다. 즉, 평화를 이룩하는 일(peace-making)은 평화교육을 통해서 이루어져야 한다. 왜냐하면 우리는 잘못된 교육이 평화를 파괴한다는 사실을 잘 알고 있기 때문이다. 예컨대, 나찌의 집단 처형

---

15) 그 같은 여러 제자들 중 구본술 박사(실명예방협회 부회장)는 지금도 십일조 삼아 가난한 사람들을 위한 무료개안수술을 행하고 있는데 "스승의 제자로 부끄럽지 않게 살기위해 노력한다"고 한다(조성희, 1993:124).

장(death camp)은 고등교육을 받은 자들에 의해 계획되고, 건축되고, 조종되었으며, 나찌시대의 교육기관들은 프로퍼겐더의 수단으로 기여했을 뿐만 아니라 대학살(Holocaust)을 합리화하고 수행하는 데 필요한 인력을 제공하는 데 기여했다(강선보, 2018).

김교신 또한 잘못된 교육이 평화를 파괴한다는 사실을 잘 알고 있었기 때문에 제자들에게 이에 대해 각별한 교육을 했다. 실제로 그는 학생들의 숭배 인물을 무조건 다 인정해 주지 않았다. 한창 제국주의적 전쟁이 진행되던 터라 영웅심에 사로잡힌 학생들이 가끔 히틀러나 무솔리니를 존경하는 인물로 제시하면 김교신은 크게 분노했다고 한다(백소영, 2016: 43). 양정고보 제자인 이호국의 회상에서 이를 알 수 있다.

> 학생 하나 하나에게 이 세상 인물 중 가장 숭배하는 인물이 누구냐고 묻는 대답에 물론 별별 진답이 많이 속출되었다. 그 중에서도 히틀러나 무솔리니를 숭배한다고 대답한 데 대하여는 선생님은 대노하시고, 이들은 늑대와 같은 야수적이고도 비인도적인 파괴분자라고 비난 하시면서 만약 학생들 중에 이런 인물의 액자가 벽에 걸려 있다면, 당장에 부쉬버리라고 호통을 치셨다. 그 후 히틀러나 무솔리니도 결국 같은 비극의 이슬로 사라지지 않았는가?(전집 별권, 175)

이처럼 김교신은 잘못된 교육이 기형적 인간을 만들어 내고, 그러한 인간들이 인류의 평화를 파괴한다는 사실을 직시하고 있었던 것이다.16) '성서조선'을 꿈꿨던 김교신은 종교적 평화주의자임에 틀림없다. 그래서 그는 여러 항쟁 중에서도 무력항쟁을 택하지 않고, 종교항쟁과 교육항쟁을 택했다. 이와 관련하여 경기중학 제자인 김성태는 다음과 같이 회고한다. 즉 일제의 침략에 무력적인 투쟁을

---

16) 사실 필자의 어린 시절에는 인류평화의 파괴자인 히틀러 등이 위인전으로 소개되어 읽혔다. 크게 잘못된 사회교육과 학교교육의 일면을 엿볼 수 있다.

해야 우리의 살길이 열린다고 항변하는 과격한 제자에게 김교신이
한 말이다.

> … 그 때 선생님은 웃으시면서 "일본인에도 훌륭한 사람이 있단다"
> 고 외치시면서 우리가 살길은 일인이 거꾸러지는 것으로 되는 것이
> 아니라, 우리들 자신이 잘 살 수 있는 참 인간이 되는 것이라는 말씀
> 을 하셨다…(전집 별권, 211)

김교신이 무력항쟁을 택하지 않고 종교항쟁과 교육항쟁을 택하였
던 이유가 극명히 드러난다. 참 인간이 많은 나라는 살아날 수가 있
는 것이다. 역사적으로 볼 때, 누가 건드리지 않아도 스스로 자멸하
는 나라들은 참 인간의 양성에 실패하였기 때문이다.

종교적 휴머니즘을 강조하는 부버는 종교적 평화주의자이다. 오
늘날의 기계문명에 의한 전쟁위기를 기계문명으로 극복하기에는 너
무나 암울한 상황이다. 무기와 무기의 대결에 무기가 개입하여 이를
해결할 수 있다고는 볼 수 없다. 결국은 종교적 차원의 평화운동,
교육적 차원의 평화교육만이 이를 해결할 수 있으리라 본다. 부버의
철학사상은 이러한 입장에서 인간성 회복을 통하여 평화문제에 접
근하고 있다.[17] 이러한 부버의 평화사상은 종교항쟁과 교육항쟁을

---

17) 부버의 「나-너」관계의 출발점은 형이상학이나 신학이 아니라 철학적 인간학
(philosophical anthropology), 즉 인간의 문제이다. 결국 그의 철학적 인간학은 대화
철학이 확장·발전된 것이다(Buber, 1965). 그는 철학적 인간학을 '인간의 전체성(the
wholeness of man)'에 관한 탐구로 규정한다(Buber, 1954a). 따라서 부버의 교육론의
주조음은 '학생의 전체성'에 관여하는 것이라고 볼 수 있다. 그는 '인간'을 강조하면
서, 절대자와의 관계 확립을 종교적 차원에서 강조한다. 비록 현재의 이스라엘의 상
황(엄밀한 의미에서 국경이 없는 상황, 그리고 종교국가로서의 상황)이 우리 나라의
상황과 일치하지는 않지만, 그같은 부버의 인간학적 관점을 우리의 현실에 부분적으
로 원용할 수 있는 가능성은 충분히 있다. 즉, 그에 대한 시각을 유대교적 차원에서
국한하여 보지 않고 휴머니즘적 차원에서 본다면 그의 절대자관이 보다 쉽게 이해
될 수 있다. 어쨌든 부버의 평화사상은 인간으로부터 출발하고 있다(강선보, 2018).

택한 김교신의 철학과 일치한다. 요컨대 김교신 또한 부버와 마찬가지로 종교적 휴머니즘을 강조하는 종교적 평화주의자라고 평가할 수 있다.

4. 독특함을 강조한 개성 교육

김교신의 신앙생활은 일상적인 신앙인들과는 남다른 데가 많았다. 그는 의존적 신앙이 아니라 성서에 토대한 자립적 신앙을 강조하였을 뿐만 아니라, '성서를 조선에' '조선을 성서위에'(『성서조선』, 75호, 권두문)에서 보듯이 조선애에 토대한 민족적·토착적 신앙을 강조하였다.

> … 아무리 훌륭한 교회에 속하였고 고명한 교사의 강의를 들었다 할지라도 자기 스스로 성경 본문을 읽어 거기서 참 생명의 영량(靈糧)을 무궁하게 뽑아 마시지 못한다면 저는 아직 자립한 신자는 못 되었느니라. 그 하는 말은 풍월에 지나지 못한 것이요, 그 드리는 기도는 모방 이외에 아무것도 없느니라…(전집 1, 76).

이러한 관점에서 그는 조선 민족의 역사와 가슴으로 성서를 보지 않고서는 우리 민족에게 주어진 신의 사명을 깨달을 수 없다고 보았다.

이와 같은 김교신의 독특한 신앙세계에 대해 양정고보 제자인 박동호도 다음과 같이 회상하였다.

> … 선생님의 신앙은 뚜렷한 특색이 있었습니다. 우리 개인의 영혼의 구원을 물론 모르신 바 아니지마는, 이 우리 민족을 진정 사랑한 신앙으로 민족애를 빼고는 선생의 믿음을 논할 수 없는 남다른 믿음이었습니다. 신앙잡지의 이름도 『성서조선』이었습니다. 또 선생님의

믿음은 자립의 믿음이었습니다. 사람이고 집단이고 어디에 의존한 믿
음이 아니고 스스로 신에게만 의지한 믿음이었습니다(전집 별권,
195).

이처럼 김교신은 그 신앙세계가 독특할 뿐만 아니라 그 신앙을
몸소 실천한 것으로 제자들에 의해 회자되고 있다. 그는 자신의 신
앙세계만 독특한 것이 아니라 그것을 토대로 제자들에게 독특한 삶
을 살도록 가르쳤다. 사실 그가 개성 있는 인간을 길러야 한다고 깨
달은 것은 일본 유학 시절이었다. 언젠가 김교신이 동경 근교의 독
신경건한 가정에 객(客)이 되었을 때, 그 댁의 딸들이 싸움을 하는
것을 가끔 목도했는데, 그 때마다 아버지는 언니를 조용한 소리로
"000야, 동생도 너와 꼭 같은 사람이 되게 해 버리려고 하니까 싸움
이 되는거야. 아버지가 보기에는 언니는 언니대로 좋고, 동생은 동
생대로 좋다(전집 1, 243-244)"라고 하면서 설득하는 것을 보고 큰
깨달음을 얻었다고 고백한다. 김교신도 어린 시절 동생에게, 자기가
생각하는 대로 동생에게도 생각하게 하고 자기가 행하는 대로 동생
에게도 행하게 하려고 했을 뿐만 아니라, 훗날 결혼한 후에는 어버
이가 생각한 대로의 형(型)으로 자녀들을 만들 수 있다고 생각하고
이를 실천했다고 한다. 하지만 동경에서의 일본인 댁에서 우연히 겪
게 된 경험을 통해 인간교육에 대한 큰 깨달음을 얻게 된 것이다.
교육학적으로 말하면, 김교신의 교육관이 '만들다의 교육관'에서 '각
성적 교육관'으로 바뀐 것이다. 즉 독특한 개성을 중시한 교육관으
로 바뀐 것이다.

이러한 계기로 제자들에게 독특한 삶을 살도록 가르치게 되었는
바, 양정 제자 이호국은 정릉 자택의 서재에서 김교신이 늘 교시하
신 말씀을 다음과 같이 회상하였다.

이 방에서 늘 교시하신 말씀, 인간은 항상 숭고한 이념의 소유자라
야 하며 무엇이고 하나 특징을 지닌 사람이 되어야 한다고 교시 하시
던 것이 지금도 나의 뇌리에 아롱져 있다(전집 별권, 175).

즉 김교신은 늘 제자들에게 누구나 공히 꼭 같은 사람이 되지 말
고 자기만의 색깔을 지닌 특징적인 삶을 사는 사람이 되어야 한다
고 가르쳤다는 것이다. 그런데 부버의 「만남」의 철학의 모태가 되는
하시디즘(Hasidism)에서 강조하는 것 또한 인간으로 하여금 자기 자
신만의 독특한 길(particular way)을 걸어가라는 것이다. 그래서 랍비
는 다음과 같이 말한다.

인간들은 본질적으로 서로 다르다. 랍비 수샤(Susya)는 임종 직전
에 다음과 같이 말했다: "내세에서 나는 '너는 왜 모세(Moses)가 아니
었느냐?'라고 질문 받지 않고, '너는 왜 수샤가 아니었느냐?'라고 질문
받을 것이다"(Buber, 1958: 140).

여기서 우리가 볼 수 있는 것은 인간들은 서로가 본질적으로 다
르다고 하는 사실이며, 그러기에 인간들을 획일화하지 않는다는 사
실이다. 따라서 혹자를 모방하여 혹자처럼 되지 말고, 김교신의 말
처럼 자기만의 색깔을 지니라는 것이다. 다시 말해 학생이 교사를
모방하여 교사와 꼭 같은 사람이 되라는 것이 아니다. 왜냐하면 교
사나 학생 모두가 독특한 개성적 주체이므로 각자 자기 나름대로의
독특한 삶의 방식, 즉 길을 택해야 하기 때문이다. 하시디즘의 한
일화는 이 상황을 잘 나타내고 있다.

어떤 짜딕이 "왜 당신은 당신의 스승이 행한 모범(example)을 따
르지 않습니까?"라는 질문을 받았을 때 대답하기를 "그와 반대로 나
는 스승의 모범을 따르고 있습니다. 왜냐하면 나의 스승이 그의 스승

을 떠난 것처럼 나도 나의 스승을 떠나고 있기 때문입니다(Bender, 1969: 118).

이처럼 하시디즘에서는 정형화, 체계화를 거부하는데, 하시디즘에 토대한 부버의 교육철학에서도 마찬가지이다. 즉 각자가 개성에 맞는 자기만의 독특한 길을 걸어 가라는 것이다. 김교신의 말처럼 자기만의 색깔을 지니라는 것이다. 김교신은 그의 스승 우치무라 간조(內村鑑三)로부터 순수한 신앙과 애국의 방법을 배웠지만, 자신의 삶의 방식을 스승의 삶과 합치하려고 하지 않았다.

> 현재 무교회주의자의 대가들과 우리의 보조가 일치하지 않다고 우리를 시비하지 말라. 우치무라 선생의 싸우던 싸움과 다르다고 우리를 책망하지 말라. 저들은 저들의 입장이 다르고 저는 저의 시대가 있었다. 루터의 항쟁, 바울의 변론도 우리가 계승할 아무 의무를 느끼지 않는다(전집 1, 329).

오케스트라의 악기는 저마다 생김새가 달라 독특하고 개성 있는 소리를 내지만, 이들이 한데 어우러져 아름다운 앙상블을 이룬다. 마친가지로 독특한 개성을 가진 사람들이 모여 조화롭고, 아름답고, 풍요로운 사회를 이룰 수 있는 것이다. 그래서 부버도, 김교신도 각자의 개성있는 색깔 즉 독특성(uniqueness)을 강조했던 것이다.

5. 비에로스적인 교육의 구현

부버는 교육이 비(非)에로스적이어야 한다고 보았다. 그에 의하면 에로스는 선택을 의미하며, 기호(嗜好)에 의해 취해진 선택인데 이것은 교육이 아니라는 것이다(Buber, 1954a: 94). 에로스를 사랑하는 사람은 그가 사랑하려는 사람, 즉 대상을 취사선택하게 되는데, 이는 교육의 본래적 정신에 어긋난다는 것이다.

현대의 교육자들은 자기 앞에 앉아 있는 다양한 학생들을 접하게 되는데 바로 이같은 비에로스적 상황 속에서 부버는 현대 교육자의 위대성을 발견하게 된다고 역설한다(Buber, 1954a: 94). 즉, 교사가 교실에 들어갔을 때 그는 그가 선택한 학생들을 향해 들어간 것이 아니다. 학생들은 교사의 선택권 밖에 있는 존재들로서 천차만별의 학생들이 그 학급에 놓여 있는 것이다. 그야말로 창조된 세계의 현재 모습 그대로이며, 인간세계의 축소인 것이다. 그렇지만 교육자는 그들 모두를 인정하고 받아들이게 된다(강선보, 2018).

> 교사가 처음으로 학급에 들어갔을 때 각양각색의, 모순투성이의 접근하기 어려운 학생들이 그의 앞에 놓여 있는 바, 이는 마치 인간세계의 축소와도 같다. 이때 그는 느낀다. "내가 이들을 선택한 것이 아니라 내가 여기에 놓여진 것이다. 따라서 나는 현재 있는 그대로의 그들을 받아들여야 한다. 생성적 존재로서의 그들을 말이다"(Buber, 1954a: 112).

이런 의미에서 부버는 교사를 신의 대변자라고 평가한다(Buber, 1954a: 94). 또한 기호에 의한 선택을 배제해야 한다는 점에서 교육에는 금욕주의(asceticism)가 존재한다(Buber, 1954a: 95). 다시 말해 우리에게 맡겨진 학생들의 삶에 대하여 철저한 인격적 책임을 가지고 감수해야 할 금욕인 것이다.

부버가 지적한 바로 이러한 비에로스적인 교육관을 우리는 김교신에게서도 엿볼 수 있다. 즉 김교신은 1939년 3월에, 초기 교사시절을 회상하면서 교사로서의 심경변화를 다음과 같이 밝히고 있다

교사의 초기에는 교단 위에서 볼 때에 생도의 순량한 자와 불량한
자가 확연히 갈라져 보였다. 그리고 순량한 자가 귀엽게 보이는 반면
에 불량한 자는 심히 가증해 보였었다. 그러나 오늘날 당해서는 선량
한 자와 불량한 자가 모두 한결같이 귀여워 보이며 사랑스러워 보여
서 가르치기보다 먼저 어루만지고 싶으니 이제 비로소 교사 자격이
생겼다 할 것인가. 우리가 스스로 판단키 어려우나 심판적 태도가 자
취를 감추고, 동정 연민의 정이 노출하게 된 변화의 흔적만은 숨길
수 없다(전집 1, 67).

즉 교사 초기의 김교신은 학생들을 불량학생과 선량학생으로 구
분하여 심판하고 편애하였다. 그의 고백대로 교사 초기에는 불량한
학생을 배척하고 축출하는 것이 선량한 학생을 위하는 길이요 교육
애인줄 알았으나, 심경의 변화가 온 지금에는 가르칠 수 없는 학생
이 없다고 보았다. 그리하여 불량한 학생들의 마음 속에서 속사람,
참사람을 발견할 때의 기쁨은 이루 말할 수 없었다고 토로하였다.
즉 그는 교육의 비에로스적인 특성을 깨닫고 실천한 기쁨을 토로하
였던 것이다. 부버에 의하면 상대를 수단시하고, 저울질하고, 판단하
고, 이용하는 관계는 「나-그것」의 사물적 관계이며 비인격적 관계
이다. 동시에 그러한 관계에 토대한 교육은 에로스적인 교육이다.
김교신은 학생들을 저울질하고 불량학생을 심판하던 자기 자신의
에로스적인 교육관을 뉘우치고 비에로스적인 교육관으로 전향한 것
이다.

6. 세계 자체가 교육의 마당

부버는 세계 자체를 하나의 교육장으로 생각하였다. 하나의 개인
에게 인격을 형성시키는 것은 세계이다. 다시 말해 세계, 즉 자연과
사회라고 하는 환경 전체가 인간을 교육한다는 것이다(Buber, 1954a:

89). 그러므로 세계 자체가 우리의 교사가 되는 것이다.

세계는 때때로 자연으로서 혹은 사회로서 아동에게 영향을 미치게 되며, 아동은 이러한 여러 요소에 의해 교육을 받게 된다. 즉, 한 폭의 그림, 동식물의 생태, 웅장한 산 등의 여러 요소들에 의해 아동은 교육을 받게 된다. 이런 의미에서 학교 교사는 이같은 여러 교사들 중의 단지 조그마한 한 요소에 불과하게 된다. 따라서 교사는 겸손해야 할 수밖에 없다.[18]

하시디즘에서도 세계나 하나님에 대한 헌신의 길은 직업이나 학벌 등에 관계없이 누구에게나 열려 있다고 본다. 이처럼 모든 피조물들은 하나님에게 봉사하기 위해 생겨났으므로 누가 누구보다 잘났다고 할 수 없다. 교사의 경우도 마찬가지이다. 그래서 하시디즘에서는 겸손과 자애를 강조한다. 그런데 이러한 교사로서의 자세는 김교신에게서도 그대로 발견되는데, 그의 제자들의 회고가 이를 입증한다.

경성제대 의과를 졸업하고 의사로 활동한 김교신의 양정고보 제자인 손정균은 김교신의 가르침에 대해 다음과 같이 회고한다.

> 김선생님의 가르침은 하나하나의 사물을 모두 무조건 암기시키는 주입식이 아니고, 체계를 세우고 원리원칙을 제시하여 학도들이 흥미를 갖고 스스로 탐구하고 정리하여 소화시켜 나가도록 하셨다. 선생님이 소개하여 주신 헉슬리의 명언 '자연은 곧 살아 있는 책이어서 누구나 자유로이 이를 읽을 수 있다'는 말은 40년이 지난 지금도 나의 기억에 생생하다(전집 별권, 157).

---

18) 부버는 참다운 교사가 갖는 두 가지 요소를 지적한다. 그 첫째는 겸손으로서, 교사 그 자신은 학생에게 영향력을 미칠 수 있는 수많은 요소들 중의 한 존재에 불과하기 때문에 겸손해야 한다는 것이며, 둘째는 자기인식으로서, 교사는 모든 사람에게 영향을 미치고자 하는 유일한 실존이라는 느낌을 가지고, 그가 학생들에게 제시하는 현실의 선택에 대한 책임을 지는 것을 말한다(Buber, 1954a: 106).

또한 제자 이경종은 양정고보 4학년 재학 중 일본 유학에 안달이
나서 부모를 졸라대니, 유학을 반대하던 그 부친이 상경하여 이경종
과 함께 정릉의 김교신 댁으로 찾아가 유학상담을 하였는데, 김교신
은 두 사람의 얘기를 듣고 난 후, 다음과 같이 답변하였다.

> 조선 사람이 조선의 것을 잘 알고 난 후에 딴 나라에 가서 공부하
> 여야 할 것이 아니겠느냐? 한 줌의 흙에서도 무한한 공부를 할 수 있
> 다지 않느냐? 그러니 삼천리 강토에서는 배울 것이 산더미 같으리라.
> 여기에 보성전문도 있고, 연희전문도 있지 않느냐? 이런 학교를 졸업
> 하고 난 뒤에 일본이라든지 미국이라든지 가서 공부하는 것이 좋을
> 것이다…(전집 별권, 173).

이처럼 부버와 마찬가지로 김교신도, 우리를 가르치는 선생은 학
교교사만이 아니고 자연 혹은 세계 그 자체가 교사이기 때문에, 자
연과 세계를 하나의 교육장 즉 교육마당으로 본 것이다. 한 줌의 흙
에서도 우리는 많은 배움과 큰 깨달음을 얻을 수 있다. 흙과 나무
산과 바다 등 훌륭한 스승들이 세계 도처에 산재해 있다. 그럼에도
불구하고 오늘날의 학교교육에서 지적 교육에 치중하고 있는 교사
의 비중이 절대적인 것임을 생각하면 현대교육의 위기가 그대로 눈
에 드러난다. 거만한 지적(知的) 교사들로 가득 찬 오늘날의 학교는
인간교육을 상실하고 있다. 부버는 이러한 위기의식에서 자연과 인
간, 인간과 인간, 그리고 인간과 영적 존재와의 대화적 관계, 즉「나-
너」의「만남」의 관계를 촉구하고 있으며, 이때의「너」는 누구나가
진정한 의미의 교사가 된다고 본다. 김교신 또한 전술한 바와 같이
자연(세계)과 인간 그리고 하나님이 인간의 진정한 교사가 될 수 있
다고 보았다.

7. 「영원한 너」로의 인도자

부버(1958b: 6f & 100f)는 「나-너」의 관계가 성립되는 영역을 세 가지로 나누는데, 첫째는 자연과 더불어 사는 삶이며, 둘째는 사람들과 더불어 사는 삶, 셋째는 정신적 존재들(혹은 영적 존재)과 더불어 사는 삶이다. 우리는 이러한 삶의 각 영역을 통해 「나-너」로서의 관계를 맺을 수 있다.

> 각각의 「나-너」관계는 「그것」으로부터 생겨나며, 「그것」으로 되돌아 올 운명임에 반해 「영원한 너」(Eternal Thou, 하나님)는 본질상 결코 「그것」이 될 수 없다. 참된 관계를 유지하게 하고, 항상 우리에게 말을 거는 것이 「영원한 너」의 변함없는 특색이다(Buber, 1958b: 112).

이처럼 우리는 세 가지 영역(자연, 사람, 정신적 존재)과 관계를 형성하게 되는데, 셋째 영역에서 말하는 정신적 존재란 하나님을 말하며, 곧 「영원한 너」(Eternal Thou)이다. 그런데 우리는 각각의 「너」를 통해 「영원한 너」의 옷자락에 접하게 된다. 즉, 우리는 낱낱의 「너」를 통해서 「영원한 너」를 들여다 볼 수 있다(Buber, 1958b: 75). 자연 및 사람과의 「나-너」 관계형성을 통해 우리는 「영원한 너」를 접하게 될 수 있다는 것이다. 예컨대 우리가 참된 사람(혹은 자연)과의 진실한 교제 속에서 절대자의 이미지를 자각하는 순간이 바로 「영원한 너」를 접하는 순간이라고 할 수 있을 것이다(강선보, 2018).

만약 우리가 테레사 수녀님이 불우한 이웃을 위해 헌신적으로 봉사하는 보습을 옆에서 접하게 될 때, 그러한 수녀님을 통해 "만약 하나님이 살아 계신다면 바로 저러한 모습과 행동을 하고 계실거야!"라고 생각하게 된다면, 바로 그 순간 테레사라고 하는 「너」를 통해 「영원한 너」인 하나님을 접하는 것이다. 이처럼 우리는 낱낱의

「너」를 통해 「영원한 너」를 접하게 되는데, 결국 「영원한 너」는 「너」
의 연장선상에 있다고 보아야 할 것이다.

그런데 김교신을 회상하는 제자들의 글에서 이러한 사례를 볼 수
있다. 여기에 비기독교 가정에서 태어난 양정 제자 이창호의 회상을
인용해 본다.

> 나는 선생님의 강직, 근면, 의를 위하여 분기하시는 태도, 신념있
> 는 생의 태도 그것이 바로 그리스도에 대한 신앙에서 나온 것이라는
> 사실을 알았을 때, 나는 더욱 더 기독교 신앙을 탐구하게 되었으며
> 선생님이 하시는 일요집회는 물론 모든 집회에 빼놓지 않고 출석했던
> 것입니다. 나는 선생님을 통해 그리스도의 모습을 바로 볼 수 있게
> 되었으며 성서에 대한 올바른 마음의 자세를 갖게 되었습니다(별권,
> 167).

인용에서 보듯이 이창호는 김교신이라는 「너」를 통해 「영원한 너」
인 그리스도를 접하게 되었다. 이창호에게 있어서 김교신은 「그것」
이 아니라 「너」였기 때문에 가능한 일이었다. 즉 김교신은 이창호를
「영원한 너」에게로 안내한 것이었다. 결국 비신자였던 이창호가 그
리스도를 영접하고, 양정고보 졸업 후 일본의 신학대학에 유학하여
목사가 된 것은 김교신의 인격적 「너」 때문이었다.

8. 아가페적 사랑의 실천

교사는 아가페적 사랑을 몸소 실천하는 자이어야 한다. 인격적
관계의 이상적인 형태는 훌륭한 결혼에서 잘 표현이 되는데, 여기에
서 각 반려자는 자기 자신을 상대방에게 비이기적으로 주며, 또 그
주는 것 안에서 자기 생의 실현을 보게 된다(대한기독교서회편, 1977:

89). 즉 어떠한 선입견이나 편견 없이 상대방을 있는 그대로 받아들이면서 상호존중적·이타적인 삶을 영위하는 것이다. 이처럼 참된 교사는 학생들의 삶에 동참하면서 자기 자신을 비이기적으로 주는 아가페적 사랑 속에서 진정한 자기 삶을 발견하는 것이다. 즉 교사의 사랑의 포용성에 의해 학생들은 그들 자신의 삶을 또한 교사에게 드러내어 주는 상호포용적 관계가 형성된다.

'네 이웃을 네 몸과 같이 사랑'하라는 기독교 정신이 바로 이러한 것이다. 다시 말해 이웃을 버리는 것은 자기 자신을 버리는 것이다 (Buber, 1962: 83). 환언하면 학생을 버리는 것은 교사가 자신을 버리는 것이다. 학생은 미성숙자이기에 결점 투성이이다. 학생의 결점조차도 사랑할 때에, 즉 학생의 삶을 있는 그대로 포용할 때, 학생도 교사의 삶을 포용하게 되어 비로소 상호포용적 관계가 성립되는 것이다(강선보, 2018). 김교신의 기독교 정신도 그러했다. 그는 과학이 발달할수록 무구(武具, 무기)와 전술이 발달하지만, 살아가는 것 자체가 전투인 이 세상에서 크리스천에게 필요한 무기는 그리스도가 이미 2천 년 전에 준비해주셨다고 하면서 다음과 같이 말한다.

> … 사랑으로써 사랑하는 것, 이웃 사랑하기를 내 몸과 같이 하는 것이 최강의 무구요, 최신의 전술이란 말씀이다 … 사랑이란 무엇이냐 … 나를 사랑하는 자를 사랑한들 그것이 무슨 나을 것이 있느냐 … 가장 미워하는 사람 혹은 가장 저주하고 싶은 나라와 민족, 그것을 열애하라는 것이 기독교의 사랑 즉 아가페이다. 우리가 진심으로 사랑할 수 없는 개인 혹은 국가가 남아 있을 동안까지 우리는 무구 없는 병사이다. 가짜 예수쟁이이다 … 사랑의 열도를 어디까지 높일까. 최후의 사랑, 결별의 사랑(요한 13장 이하)까지 높이라. 이 사랑으로써 사랑하는 순간에 우리는 주와 함께 벌써 세상을 이긴 자이다. 내일이나 내년을 기약하지 말고 오늘 밤에 겟세마네로 갈 각오로써 최후의 사랑을 경주하자…(전집 2, 148-149).

이처럼 지금 여기 서있는 이 자리에서 타자(개인 혹은 국가)를 진심으로 사랑할 수 있을 때까지, 사랑으로써 사랑하자는 것이다. 잠언 27장 19절의 말과 같이, 물과 멀리 떨어져 있을 때 자기의 물에 비친 모습은 자기와 두 사람을 이루나, 물에 아주 가까이 접근하면 둘은 하나로 직접 결합하여 일치를 이룬 자기만이 존재하듯이 우리는 사랑에 의한 통일을 완전히 이룰 수 있다는 것을 시사한다.

성경에 예수가 제자의 발을 씻겨주는 구절(요한 13:1－13:15)이 있다. 백 번의 사랑한다는 말보다도 예수의 이 같은 단 한 번의 행동에 얼마나 깊은 감동이 묻어나는가? 이러한 예수에게 무한한 신뢰를 가지지 않을 사람이 어디 있겠는가? 바로 이것이 부버가 주장한 바 있는 인간의 혼과 혼이 서로 포용하는 우정인 것이다(Buber, 1954: 171). 교사와 학생 간에 우정이 존재하는 상황이야말로 가장 바람직한 교육적 상황인 것이다.[19] 제자와 함께 뛰어 놀고, 제자와 함께 생활하고, 제자와 함께 고통을 나누었던 김교신의 아가페적 제자 사랑은 목숨이 다하는 날까지 지속되었다. 단, 그의 마지막은 아가페적 동포사랑이었다. 그가 성서조선 사건으로 투옥되었다 풀려난 이후 취업한 곳은 흥남질소비료공장이었는데 동포들을 위해 헌신적인 일들을 하던 중에 노무자 숙소에서 악성 발진티푸스가 발생하였고, 격리수용되면 죽을 수밖에 없는 상황이어서, 가족들은 환자를 숨겨

---

19) 교사와 학생간에 이러한 우정관계가 성립되지 않으면, 학생은 교사를 거리감 있는 권위적 존재로 경원시하게 된다. 즉 마주 대하기 어려운 존재로 교사를 파악하게 된다. 예컨대 우리의 경우 여러 조사결과를 보면, 학생들이 고민거리가 있을 때 주로 상담하는 대상은 교사나 부모가 아니라 친구나 선배라는 사실에 주목해야 할 필요가 있다. 이러한 결과들은, 학생들이 보기에 우리의 교사나 부모는 너무나 권위적인 존재여서 편하게 마음을 털어놓기 어려운 상대임을 암시하고 있다. 이러한 결과들이 우리에게 시사하는 바는 교사나 부모들의 권위적인 태도가 바뀌어야 한다는 것이다. 즉 우정관계가 성립할 수 있는 "친구 같은 교사", "친구 같은 부모"로 변했을 때 비로소 아이들이 그들의 친구들에게 털어놓듯이 교사나 부모에게 그들의 속마음을 털어놓을 것이다(강선보, 2018).

놓은 채 불안과 공포에 떨고 있었다. 이에 김교신은 음식을 전폐하다시피 하면서 환자의 방안 깊숙이 들어가 계몽과 간호를 하였고, 수 일간 밤을 새다시피 하다가 결국 그마저 감염되어 7일 만에 서거하였다[20](김정환, 2006: 180–183). 열악한 환경의 불쌍한 동포 노무자들을 위해 자신의 목숨을 기꺼이 던진 김교신의 아가페적인 사랑은 그 실천적 사랑으로 인해 더욱 빛이 난다.

IV. 맺는 말

이상에서 처럼 부버의 교육철학에 토대하여 김교신을 해석해 보고자하였다. 그 결과, 부버철학에 부합되는 김교신의 특질을 1) 인격적 감화를 통한 사람됨의 교육, 2) 구도적 동반자를 자임한 스승, 3)종교적 평화주의자로서의 피스메이커, 4) 독특함을 강조한 개성교육, 5) 비에로스적인 교육의 구현, 6) 세계자체가 교육의 마당, 7) 「영원한 너」로의 인도자, 8) 아가페적 사랑의 실천의 8가지로 해석해 보았다. 그는 암울했던 일제하에서 자신만의 독특한 방식으로 제자들을 교육하였다. 즉 사제 간의 인격적 교감을 통해 「나-너」의 「만남」의 관계를 형성하였다. 이로 인해 많은 제자들이 대오각성하고 새로운 삶으로 거듭날 수 있었다.

현대 사회 및 학교에서의 비인간화 현상을 극복하기 위해 다양한 노력들이 이루어지고 있지만, 우리는 특히 인간화 교육에 있어서 교사와 학생간의 참된 관계 확립이 문제해결의 실마리라고 본다. 그래

---

20) 김정환(1974: 43)은 김교신의 제자에 대한 사랑 및 죽음을 불사하는 외곬의 구도 정신을 예찬하면서 그의 삶의 방식을 '교육=학문=인생'으로 정리한 바 있는데, 실제로 김교신은 그러한 삶을 그대로 살다가 갔다. 그러한 스승을 제자 유달영(1977:35)은 "옳은 것을 위해서 자신이 입을 손해를 계산할 줄 모르는 단순한 성격의 인물"이라고 평가하였다.

서 인간화 교육을 위한 인간주의 교육과정에서 강조되는 것은 교사
와 학생간의 관계 즉 인격적 만남이다. 교육의 인간화 방안은 여러
측면에서 고찰될 수 있겠으나, 그 중에서도 특히 교사와 학생간의
참된 관계가 인간화 교육의 가장 중요한 핵심이라고 본다. 왜냐하면
교사와 학생은 교육내용 및 방법에 선행하기 때문이다. 인간화 교육
을 위해서 교사는 학생과의 관계를 중시해야 하며, 그 자신 또한 인
간적인 품성(humanistic character)을 지녀야 한다. 부버는 말하기를, 교
사는 그가 가르치는 과목에 정통해야만 하며, 그것을 풍부한 인간적
활동을 통해서 나타내야 한다고 했다(강선보, 2018). 즉 교사가 그의
순수한 내적 체험을 진실한 행동으로 나타내 보였을 때 교사와 학
생은 인격으로 만날 수 있다는 것이다. 결국 참된 삶의 의미는 이
같은 인격적 관계의 확립 속에서 재발견될 수 있을 것이다. 앞에서
살펴본 것처럼 부버의 이러한 지적에 꼭 부합되는 사람이 바로 김
교신이다. 그는, 부버가 지적한대로, 자신의 교과에 정통하였고, 인
간적인 품성을 지녔으며, 가르치고자 하는 바를 풍부한 인간적 활동
을 통해 나타내 보이면서 제자들과 인격적 교감을 나누었다. 이러한
근거로 우리는 김교신을 「만남」의 교육가라고 칭할 수 있을 것이다.

참고문헌

강선보(2018). 『마르틴 부버: 만남의 교육철학』. 서울: 박영스토리.

김교신선생기념사업회(2016). 『김교신, 한국 사회의 길을 묻다』. 서울: 홍성사.

김병옥(1981). "人格敎育의 이념「인적敎育의 理念과 方法」한국교육학회 교육사교육철학연구회 창립 17주년 기념 학술발표회 자료. 1-16.

김정환(1973). 『교육의 본질과 과제』. 서울: 경지사.

김정환(1974). "김교신의 교사로서의 특질분석"『나라사랑』 17. 외솔회.

김정환(1980). 『김교신』. 서울: 한국신학연구소.

김정환(2006). 『김교신: 그 삶과 믿음과 소망』. 서울: 한국신학연구소.

노평구 엮음(2001). 『김교신 전집 1』. 서울: 부키.

노평구 엮음(2001). 『김교신 전집 2』. 서울: 부키.

노평구 엮음(2001). 『김교신 전집 5』. 서울: 부키.

노평구 엮음(2001). 『김교신 전집 6』. 서울: 부키.

노평구 엮음(2001). 『김교신 전집 별권』. 서울: 부키.

朴聖源(1982). 『危機에 處한 者를 위한 相談方法의 研究: 욥기를 중심으로』. 서울: 長老會 神學大學 出版社.

백소영(2016). 『버리지 마라 생명이다』. 의왕: 꽃자리.

양정의숙(2015). "한국 사학 교육, 김교신에게 길을 묻다". 김교신 선생님 서거 70주기 기념 포럼.

양현혜(2009). "머리말"『김교신』. KIATS 엮음. 서울: 홍성사.

유달영(1977). "민족의 스승 김교신"『사학』. Vol.4.

殷俊寬(1976). 『敎育神學: 基督敎 敎育의 理論的 根據』. 서울: 大韓基督敎書會.

이규호(1977). 『敎育과 思想』. 서울: 博英社.

조성희(1993). "젊은이들의 가슴에 민족정기를 심어놓고 간 평교사 김교신."『중등 우리교육』. 120-125.

Bedford, M.(1972). *Existentialism and Creativity*. N. Y.: Philsophical Library, Inc.

Bender, H. E.(1974) *The Philosophy of Martin Buber*. N. Y.: Monarch Press.

Bollnow, O. F.(1967). *Existenzphilosophie und Pädagogik*.(실존철학과 교육학). 이규호 역. Stuttgart: Kohlhammer.

Buber, M.(1954a). *Between Man & Man*. Translated by Ronald Gregor Smith. Lodon: Routledge & Kegan Paul.

Buber, M.(1958a). *Hasidism and Mordern Man*. Translated by Maurice Friedman, N. Y.: Horizon Press.

Buber, M.(1958b). *I and Thou*. Translated by Ronald Gregor Smith. N. Y.: Charles Scribner's Sons.

Buber, M.(1962). *Ten Rungs: Hasidic Sayings*. Translated by Olga Marx. N. Y.: Schocken Books.

Buber, M.(1962). *Ten Rungs: Hasidic Sayings*(열계단: 영혼을 위한 깨달음). 강선보·고미숙 역. 서울: 대한기독교서회.

Buber, M.(1963). *Israel and the World: Essays in a Time of Crisis*. 2nd ed. N. Y.: Schocken Books.

Buber, M.(1964). *Reden über Erziehung*(교육강연집). 우정길 역. 서울: 지식을 만드는 지식.

Buber, M.(1965). *The Knowledge of Man*. Translated by Maurice Friedman & Ronald Gregor Smith. N. Y.: Harper & Row, Publishers.

Buber, M.(2010). *Reden über Erziehung*, 8th ed., (부버의 교육강연집). 우정길 역. 서울: 지식을 만드는 지식.

Friedman, M.(1976). *Martin Buber: The Life of Dialogue*, 3rd ed. Chicago: The University of Chicago Press.

Gordon, H.(1986). *Dance, Dialogue, and Despair: Existential Philosophy and Education for Peace in Israel*. Alabama: The Univ. of Alabama Press.

Landgrebe, L.(1961). *Philosophie des Gegenwart*(현대철학의 근본조류). 최동희 역, 서울: 법문사.

Patterson C. H.(1973). *Humanistic Education*. New Jersey: Prentice-Hall Inc.

김교신 연표*

1901년 함경남도 함흥 사포리에서 부친 김념희와 모친 양신 사이에 장
      자로 태어남(음력으로는 광무 5년 3월 30일). 선생의 가문은 참수
      된 함흥차사 박순과 함께 함흥에 갔다가 요행히 죽음을 면하고
      정평에 정주하게 되었던 김덕재의 후예임. 이 해의 국사 주요
      사건은 화폐조례를 공표, 금본위 제도의 실시(2월), 경부철도 부
      설공사 시작(8월) 등이고, 세계사의 것으로는 미국의 파나마 해
      협 독점지배권 획득(11월), 대서양 횡단 무전연락 성공(12월) 등
      이다.
1903년 어릴 때부터 서울을 오르내려 18세에 이미 정원이 되어 장래가
      촉망되었던 엄친 김념희가 폐환으로 21세로 요절함. 동생 김교
      량 탄생.
1912년 함흥 주북의 한씨 가문의 4세 연상인 한매와 결혼. 두 분 사이
      에 정손, 정민의 두 아들과 진술, 시혜, 정혜, 정옥, 정복, 정애
      의 여섯 딸을 두었음.
1916년 3월, 함흥공립보통학교 졸업. 보통학교 입학 전에 한학을 수학
      했다는데 연대와 연수는 불명. 장녀 진술 탄생.

---

* 이 연표는 『나라사랑』 제17집, "김교신 선생 특집호"〔1974년 12월〕의 "김교신 선생
  해적이"〔노평구 작성〕를 바탕으로 김정환(2006)이 작성한 것임.

1919년 3월, 함흥공립농업학교를 졸업하고 일본에 건너가 동경정칙영
　　　어학교에서 당대의 저명한 영문학자 사이또오(齊藤秀三郎) 밑에
　　　서 영어 수학. 이 때 부터 주간지 『런던 타임즈』를 읽기 시작하
　　　여 제2차대전 종말 직전까지 계속 구독. 이 해가 기미운동의 해
　　　인 바, 선생은 태극기를 많이 만들어 집안 아이를 시켜 소학교
　　　예배당에 전달. 이때 이웃에 계셨던 숙부 충희씨 댁 가택수사에
　　　서 구한국시대의 불온서적과 권총이 발견되어 크게 문제되었
　　　다 함.

1920년 4월, 동경 우시고메 구에서 성결교회의 노방설교를 듣고 입신을
　　　결심하고 야라이정 성결교회에 들어감. 6월, 세례를 받음. 11월,
　　　교회의 온건한 시미즈 목사가 반대파의 술책으로 축출되는 과
　　　정을 지켜보고 교회에 실망하여 우찌무라 간조의 성서강의를
　　　청강. 이후 7년간 계속 청강하고 우찌무라 성서연구회에서 연
　　　성서 희랍어반에도 출석.

1922년 4월, 동경고등사범학교 영문과 입학. 이듬해 지리 · 박물과로 전
　　　과. 20년 연상이며 명치학원(현 명치대학 전신)을 나와 보성의숙
　　　(현 고대)에서 법학을 가르치던 당조부 김달집 서거.

1927년 3월, 동경고등사범학교 이과 제3부(갑조) 졸업. 4월, 귀국하여
　　　함흥영생여자고등보통학교에서 교편을 잡음. 7월, 내촌문하의
　　　동지 함석헌, 송두용, 정상훈, 유석동, 양인성과 함께 『성서조
　　　선』을 동인지로 발간. 이 해의 국사 주요사건은 신간회 조직(2
　　　월), ML조선공산당 조직(12월) 등이고, 세계사 주요 사건은 일본
　　　의 중국 출병(3월), 제네바 미 · 영 · 일 군축회의 개최(6월) 등이
　　　다.

1928년 3월, 서울 양정고등보통학교로 전근하고 주간격인 정상훈을 도
　　　와 『성서조선』 간행에 힘씀.

1929년 남강 이승훈과 사귐. 이 밖에 기독교의 원로인 김정식, 오산고
　　　보의 교장을 지냈던 유영모, 신앙문제로 상의를 청한 적도 있던
　　　춘원 이광수, 창조적 개척정신을 청년에게 심어 준 김주환, 또
　　　일본인으로는 전쟁 중 동경대학을 추방당했다가 해방 후 동경
　　　대학 총장이 된 야나이바라 다다오 등과 교분을 두터이 함.

1930년 5월, 『성서조선』 제16호부터 주필로 책임편집 간행. 남강이 5월
　　에 서거하자 6월 『성서조선』에 남강 특집호를 냄. 서울에서 경
　　성성서연구회 개최, 이후 매년 일주일간의 동기성서집회와 함께
　　10여 년 계속함. 함석헌의 『성서적 입장에서 본 조선 역사』도
　　이런 집회에서 집중발표된 것임.

1933년 7월, 『산상수훈연구』 발간, 소록도의 나환자들에게 『성서조선』
　　을 통해 복음과 사랑을 전하고, 그들의 신앙간증도 『성서조선』
　　지상에 게재.

1935년 12월, 제자 류달영을 시켜 『최용신 소전』을 지어 성서조선사에
　　서 발행. 양정보고 재직시 처음 수년간은 "무레사네"(물에산에)
　　라는 써클을 만들어 주일마다 청년학도들과 서울 근교의 모든
　　고적, 능묘, 명소를 탐방 · 참배.

1940년 3월, 복음전도에 전념하기 위해 10년 만에 양정중학교 사임. 4
　　월 함석헌과의 공저 『내촌감삼선생과 한국』을 간행. 9월, 경기
　　중학교 교사 취임, 단 6개월 만에 사임. 동경고등사범학교 선배
　　인 경기중학교 교장 이와무라와 총독 당국의 회유책으로 취임
　　한 것으로 추측되고 있음.

1941년 10월, 개성 송도중학교에 부임.

1942년 3월 30일, 『성서조선』의 제158호의 권두문의 "조와"가 발단이
　　되어 세칭 <성서조선사건>으로 전국 수백 구독자와 동지와 더
　　불어 검거됨. 그중 함석헌, 송두용, 류달영 등 12인과 함께 1년
　　간 서대문 형무소에서 미결수로 옥고를 치룸. 창씨개명을 끝까
　　지 거부. 이 해의 국사 주요사건은 중국 국민정부 국방최고위원
　　회의 대한민국 임시정부 승인안 통과(4월), 조선어학회 사건(10
　　월) 등이 있고, 세계사의 것은 일본의 싱가폴 점령(2월), 인도의
　　간디, 네루 등의 체포 · 투옥 등이다.

1943년 3월 29일, 불기소로 출옥, 전국 각지를 순회하면서 신앙동지 격려.

1944년 7월, 함경남도 흥남 일본질소비료회사 입사. 서본궁공장에 강제
　　징용당한 5천 한국노무자의 복리를 위해 교육, 주택, 대우 등의
　　처우 개선에 진력하면서 해방을 고대. 한편 전국의 신앙동지 독
　　자청년을 모아 질소비료공장에서 전화를 피하게 함.

1945년 4월 25일, 발진티푸스에 감염 급서. 8.15해방 후부터 선생의 신
　　　앙동지 및 제자들에 의해 서거일에 해마다 기념강연회가 열려
　　　왔음.

공저자

강선보
고려대학교 교육학 박사, (전)한국교육학회 회장, (현)고려대학교 교육학과 명예교수.

〈저술〉
마르틴 부버: 「만남」의 교육철학(저서, 대한민국학술원 우수학술도서), 성인교육철학(공역), 죽음에 관한 교육적 논의(논문) 외 다수.

김정환
히로시마대학교 교육학 박사, (전)한국교육철학학회 회장, 고려대학교 교육학과 명예교수(2019년 작고).

〈저술〉
김교신: 그 삶과 믿음과 소망(저서), 은자의 황혼(역서), 페스탈로치의 교육철학과 교육방법론 연구(논문) 외 다수.

박의수
고려대학교 교육학 박사, (전)한국교육철학학회 회장, (현)강남대학교 교육학과 명예교수.

〈저술〉
도산 안창호의 생애와 교육사상(저서), 루돌프 슈타이너의 교육론(공역), 율곡교육사상의 인식론적 연구(논문) 외 다수.

송순재
독일 튀빙겐대학교 사회과학 박사, (전)감리교신학대학교 교수, 한국인문사회과학회 회장.

〈저술〉
상상력으로 교육에 말걸기(저서), 사유하는 교사(역서), 근대 기독교 민족운동에서 기독교와 민족 간의 관계 해명: 함석헌과 그룬트비(N.F.S. Grundtvig)의 관점에 비추어(논문) 외 다수.

양현혜

동경대학교 종교사학 박사, 나카무라 하지메 종교 연구상 수상(1996), (현)이화여자대학교 교수.

〈저술〉

윤치호와 김교신(저서), 국가와 종교: 유럽 정신사에서의 로마서 13장(역서), 역사 철학적으로 본 함석헌의 통일에 관한 사유(논문) 외 다수.

임희숙

독일 함부르크대학교 철학 박사. (전)한신대학교 학술원 연구교수, 한국여성신학회 회장.

〈저술〉

기독교 근본주의와 교육(저서, 대한민국학술원 우수학술도서), 한국 여성종교인의 현실과 젠더 문제(공저, 문화체육관광부 우수학술도서), 세계화 시대의 민족 담론과 여성신학(논문) 외 다수.

민족의 스승
김교신의 삶과 교육

초판발행   2021년 4월 25일

지은이   강선보, 김정환, 박의수, 송순재, 양현혜, 임희숙
펴낸이   노 현

편 집   우석진
기획/마케팅   노 현
표지디자인   벤스토리
제 작   고철민 · 조영환

펴낸곳   ㈜ 피와이메이트
             서울특별시 금천구 가산디지털2로 53, 한라시그마밸리 210호(가산동)
             등록 2014. 2. 12. 제2018-000080호
전 화   02)733-6771
f a x   02)736-4818
e-mail   pys@pybook.co.kr
homepage   www.pybook.co.kr
ISBN   979-11-6519-171-9   93370

정 가   17,000원

박영스토리는 박영사와 함께하는 브랜드입니다.